谨以此书献给千百万风里来

雨里去的农产品经营商户们！

全国城市农贸中心（批发市场）联合会农产品批发市场理论丛书

为了百姓的绿色餐桌

赵尔烈　著

中国财富出版社

图书在版编目（CIP）数据

为了百姓的绿色餐桌/赵尔烈著.—北京：中国财富出版社，2013.6

（全国城市农贸中心（批发市场）联合会农产品批发市场理论丛书）

ISBN 978-7-5047-4678-8

Ⅰ.①为… Ⅱ.①赵… Ⅲ.①农产品市场—批发市场—中国—文集 Ⅳ.①F323.7-53

中国版本图书馆CIP数据核字（2013）第087124号

策划编辑 寇俊玲　　**责任印制** 何崇杭　王　洁

责任编辑 曹保利　彭佳逸　　**责任校对** 杨小静

出版发行 中国财富出版社（原中国物资出版社）

社　　址 北京市丰台区南四环西路188号5区20楼　　**邮政编码** 100070

电　　话 010-52227568（发行部）　010-52227588转307（总编室）

010-68589540（读者服务部）　010-52227588转305（质检部）

网　　址 http://www.cfpress.com.cn

经　　销 新华书店

印　　刷 北京京都六环印刷厂

书　　号 ISBN 978-7-5047-4678-8/F·1955

开　　本 787mm×1092mm　1/16　　**版　　次** 2013年6月第1版

印　　张 21　　**印　　次** 2013年6月第1次印刷

字　　数 344千字　　**定　　价** 48.00元

序　一

农产品流通是关系国计民生的一件大事。我国幅员辽阔、人口众多，有着13亿余人口，其中6.6亿为农民，做好农产品流通工作，对引导生产、保障民生、稳定物价有着重要的意义。改革开放以来，党中央、国务院一直高度重视农产品流通问题，出台了许多重大的方针政策，投入大量资金和力量，有力地推动我国农产品流通的改革发展。广大理论工作者，对农产品流通进行了广泛深入的研究，不断探索总结农产品流通的规律，取得了许多重要成果；活跃农产品流通经营第一线的千百万从业者，不畏艰辛地承担起全国农产品流通的重任，在实践中不断摸索创新，闯出了一条中国特色的农产品流通之路。

赵尔烈同志是一名从事农产品流通多年的理论工作者，也是一名长期奋斗在农产品流通经营第一线的实践者。他边干边学边思考，写出了许多理论与实践结合性很强的文章，为政策制定提供了有益的参考。我希望有更多的理论工作者、政策制定执行者和企业工作者，都能积极投入到农产品流通的研究中去，不断总结经验、探求规律，完善政策、指导实践，为中国特色的农产品流通现代化建设作出新的贡献。

商务部副部长

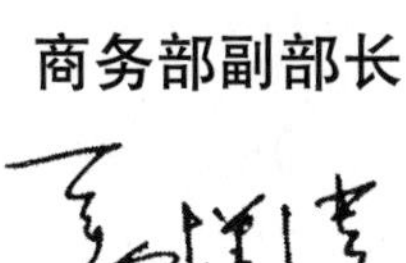

2013年2月

序 二

我一口气读完了赵尔烈同志所著《为了百姓的绿色餐桌》一书，因为此书涉及当前两大热点：一是农产品价格的波动是影响居民价格消费指数的重要因素，农产品流通环节多、速度慢、成本高、损耗大，一直受到批评；二是食品安全成了全国人民关心的头等大事，民以食为天，食以安为先，如何真正做到农产品的“绿色”，成了一大难题。

本书是进入21世纪以来赵尔烈同志发表的各种文稿的汇集，分四章：第一章我国农产品流通的现状、问题和对策；第二章我国农产品批发市场的发展、建设与管理；第三章建设“绿色批发市场”的探索；第四章关于农产品流通的企业发展建议和方案。

本书有四大特点：

第一，理论性。赵尔烈同志1981年就进入原商业部商业经济研究所从事商业理论研究，后在政府部门，特别是在企业担任领导职务，2013年已经68岁了，仍担任北京八里桥农产品中心批发市场总经理，他有很深的理论功底。在本书中，对中国农产品流通中的许多理论问题，对中国农产品批发市场的许多理论问题，提出了卓有见识的见解。

第二，政策性。本书中有不少是他向政府提交的建议与方案，正如他自己所书，有的已被采纳并制定到国家政策中，有的引起了有关部门的关注与重视。比如，建设农产品集配中心、农产品批发市场公益性、培育农产品流通“国家队”、推进绿色批发市场进程，等等，都呈现出重要的现实意义。

第三，实践性。实践性是本书的鲜明特点。赵尔烈同志长期在企业工作，接触实际、了解实情，所以写的文章既有定性概念，更有定量概念，力戒空谈，有极强的可操作性。他提出的城市菜篮子、农批农超对接、农产品批发市场建设与改造、鲜活农产品从田间到百姓餐桌等都是实实在在的，大家可以从中受益。

第四，探索性。如何实现农产品流通的现代化是一个没有完全解决的问题，从理论到实践都需要探索与突破，而赵尔烈同志敢于大胆提出自己的观点，这是非常可贵的。进入21世纪以来，中央连续发了十个中央一号文件，探索“三农”的发展，特别是2013年的一号文件提出了许多新的思维，是贯彻十八大关于创新驱动战略的具体体现。所以在农产品流通问题上，我们要大胆跟进，有所创新，有所突破。

我推荐赵尔烈同志的这本书，希望大家从书中得到启迪。

丁俊发

（原国家内贸局副局长，中国著名流通经济、消费经济、现代物流资深专家，享受国务院政府特殊津贴，研究员）

2013年2月

自 序

20世纪80年代初，我在原商业部商业经济研究所工作，出差到河南搞调研，正逢售粮时节，亲眼看到农民拉着架子车，到粮库卖粮。然而，在计划经济加上短缺条件下形成的粮食收购体制和设施，对农村改革带来的丰收，毫无准备。农民长长的卖粮队伍绵延20多里，一眼望不到头。这是一种改革初期阶段，丰收喜悦的“卖难”，也是新旧体制碰撞的“卖难”。

21世纪初，我又曾随着商务部调查组，到海南了解尖椒滞销情况，亲眼看到成片成片该采摘的尖椒，因无人收购而烂在地里，农民那痛苦无奈的眼神，深深地刺痛着我的心。近年来，我作为一家农产品批发市场的总经理，几乎每年都要组织商户，随着商务部、农业部和各市场协会工作组一起，到“卖难”处对接收购，在市场内则要采取多种方式，扶持商户经营，保证供应，平抑菜价。这是出现在改革发展的深化阶段，新体制“分娩阵痛”中的结构性“卖难”。

尽管我国目前，在大多数情况下，就总体而言，农产品流通的渠道还是畅通的，供求还是有保障的，价格也还是平稳的。但是，当这种结构性的“卖难”或“买贵”，作为一种常态频繁发生时，就不能不引起我们的高度重视了。它说明，现行的农产品流通体制和体系，还远远不能适应社会经济新发展的需要，因此，探讨一条有中国特色的社会主义市场经济的农产品流通模式，仍是摆在我们面前的一项重要的任务。这些年来，各级政府部门、理论界和企业界，都为此做了大量的工作和探索。我本人作为业内人士，也参与其中，边干边学边思考。这本书，就是这种实践和思考的产物。因为“改革尚未成功，大家仍在努力”，集结这些文章，或许还有一些现实意义，如能起到一点儿抛砖引玉的作用，我就十分满足了。

整理这些内容，大体可分为三类：第一类是带有理论性的探讨，由于知识不足，时间有限，多是论而不深；第二类是为政府提交的建议和方案，有的已被采纳制定到政策中去了，有的引起了重视，也有的不合时宜而弃之一边了；第三类是为企业提供的部分建议和方案，也同样是或被采纳或被弃置，原因则多种多样，也收在书中，或许对其他企业的同行们，会有某种启发吧。

在这里，我要感谢一直鼓励我和支持我的政府、有关部门和各市场协会的领导们；感谢启发我进行理论研究的专家学者；感谢共同实践交流的业界同行，特别感谢支持我工作的中商集团和北京八里桥市场的领导和同人，是他们的帮助，激发了我的写作热情。

最后，愿与从事农产品流通业的领导、学者和企业界人士，继续共同努力，把探索和建设中国特色农产品流通体制和体系的工作，不断推向前进，让我们共同努力吧。

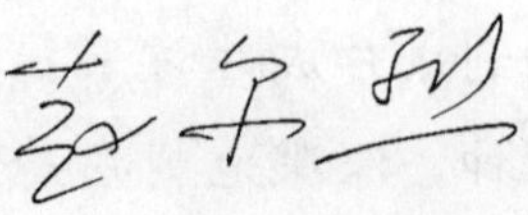

2013 年 2 月

目 录

第一章　我国农产品流通的现状、问题和对策

第一节　我国农产品流通的现状分析

进入21世纪的我国农产品流通业[①]

我国是一个农业大国，农产品流通业的发展，对于促进农业生产发展，增加农民收入，满足人民需求，保持市场的繁荣稳定，以及实现全面建设小康社会的战略目标，都有着十分重要的意义。进入21世纪，我国的农产品流通面临着一个新的发展阶段。

一、我国农产品生产和消费的重大变化

（一）农产品生产的变化

20世纪90年代中期，我国主要农产品的供给，由长期短缺转变为总量基本平衡、丰年有余。这标志着我国农业进入一个新的发展阶段。从1998年开始，我国加大了农业结构的调整。

2000年中央进一步做出了对农业和农村经济结构进行战略性调整的重大部署，对我国农产品的生产供给带来了重大变化。

1. “菜篮子”产品的生产扩大，产量大幅度增加。经过几年的调整，种植业的粮食作物面积减少，经济作物，尤其是蔬菜、水果种植面积增加，

①本文是2003年9月为一本年鉴撰写的研究性文章，其中对我国农产品流通体制的分析有些开创性的探索性，或许尚有些意义。

养殖业快速发展，“菜篮子”产品产量大幅度增加，见表 1、表 2。

表 1　　1990—2001 年“菜篮子”产品生产情况

年份	1990	1995	2000	2001	2001 年比 2000 年（±%）
蔬菜播种面积（千公顷）	6338	10616	15237	16339	＋7.2
果园面积（千公顷）	5179	8098	8932	9043	＋1.2
水产品养殖面积（千公顷）	4259	5385	6508	6686	＋2.7
猪牛羊存栏（万头）	67531	85240	86580	88393	＋2.1

资料来源：据 2002 年《中国农业发展报告》、《中国农村统计年鉴》整理

注：本文所讲的农产品主要限于：蔬菜、水果、肉禽蛋、水产品等“菜篮子”产品，有时涉及粮油

表 2　　1990—2001 年“菜篮子”产品产量情况

年份	1990	1995	2000	2001	2001 年比 2000 年（±%）	2001 年比 1990 年（±%）
蔬菜（亿吨）	1.5	2.6	4.2	4.8	＋14	＋320
水果（万吨）	1874	4215	6225	6658	＋6.9	＋55.3
水产品（万吨）	1237	2517	4279	4381	＋2.4	＋54.2
肉类（万吨）	2857	5260	6125	6334	＋3.4	＋21.7
禽蛋（万吨）	795	1677	2243	2337	＋4.2	＋94.0

资料来源：据 2002 年《中国农业发展报告》、《中国农业统计资料》数字计算

注：1990 年蔬菜产量为推算数

2. 生产区域布局发生了新变化。在产品总量增加的同时，主要农产品的生产向优势地区集中，具有自然比较优势的老产区进一步扩大规模，新的优势产区快速发展，出现了集中的产业带和作物带。

2001 年，全国蔬菜产量前 5 位的省份依次是：山东、河北、河南、湖北、四川（见表 3）。尤其是山东、河北的蔬菜暖棚基地，海南、广西、云南的冬菜基地，以及黄淮海地区春淡基地，河北、内蒙古、陕甘的秋淡基地等，都成为供应全国的货源基地，蔬菜供应以城市“郊区为主”的格局已经打破。

表 3　　2001 年前 5 位蔬菜生产大省产量

省份	山东	河北	河南	湖北	四川	合计	占全国产量（%）
产量（万吨）	8500	4590	4300	2900	2500	22790	47.5

资料来源：据 2002 年《中国农业年鉴》数字计算

肉禽蛋的生产，逐渐形成了以长江中下游地区和中原地区的集中产区，东北地区由调入区变为自用有余。长期以来的“南肉北调”的格局完全改变了，猪、牛、羊、禽肉的布局，也日显集中化，见表 4。

表 4　　2001 年肉禽蛋产量分布

产品	地区	产量占全国（%）	地区	产量占全国（%）
猪肉	四川、重庆、湖北、湖南、江苏、浙江、安徽	43.8	河北、山东、河南	21.6
牛肉	河南、山东、河北、安徽	47.2	黑龙江、吉林、辽宁、内蒙古	20.0
羊肉	新疆、内蒙古	25.0	河南、山东、河北、四川、安徽	45.0
禽肉	山东、广东	25.0	江苏、吉林、辽宁、河北、安徽	33.0
禽蛋	山东、河北、河南	44.0	江苏、辽宁、安徽、湖北、四川	28.0

资料来源：据 2002 年《中国农业年鉴》整理

3. 产品质量水平显著提高。农业生产结构调整，是以“优质增效”为中心，这就有力地促进了农产品品质的全面提高。绿色食品、有机食品，无公害食品以及各种名、特、优、新农产品，得到了快速发展。特别是农业部推行“无公害食品行动”效果显著，到 2001 年年底，全国已有 22 个省、市、自治区，制定了无公害农产品管理办法。我国农产品安全的标准体系、检测检验体系、认证体系、生产体系和市场流通体系建设，都取得了长足进展。我国的农产品生产，由数量扩张阶段，进入了质量提高阶段。

4. 农产品规模化生产有了新的发展。我国的农产品生产，总体上还是以农民家庭为单位的小生产，规模小而散，组织化程度低。2001 年，全国平均每位农业人口占有耕地 2.14 亩，每个农户占有耕地 7.98 亩。农户平均每人主要农产品出售量还很低，见表5。

表5　　2001年农户平均每人主要农产品出售量　　单位：千克

产品	蔬菜	水果	猪肉	牛肉	羊肉	家禽	牛羊奶	禽蛋	水产品
数量	132.94	48.21	30.85	2.76	2.31	5.03	3.65	5.96	6.53

资料来源：2002年《中国农业年鉴》

同时，随着农业产业化经营的有力推动和农业结构的优化调整，出现了两个显著的变化：一是各地出现了大批的专业户、专业村和专业乡，形成了集中专业生产的地区规模，如山东的寿光已有优质菜田80万亩，成为全国的大“菜篮子”。二是全国产生了一批具有一定规模的各类农业产业化经营组织，通过公司＋农户、基地＋农户、协会＋农户等多种形式，将分散的一家一户组织起来，形成了有中国特色的规模经营，见表6、表7。这种情况对流通带来了新的因素。

表6　　2001年生猪、鸡规模饲养情况

产品及规模	年出栏50头以上的生猪饲养业	产品及规模	年存栏500只以上的商品蛋鸡饲养业
场（户）数（万户）	92.37	场（户）数（万户）	62.51
全年出栏合计（万头）	14122.93	全年产蛋量合计（万吨）	981.15
占全国年出栏（%）	25	占全国禽蛋产量（%）	41.99

资料来源：据2002年《中国畜牧业年鉴》数字整理

表7　　2001年农业产业化组织情况

	数目	占全国（%）
全国农业产业化组织（个）	66000	
带动农户（万户）	5900	25
带动种植面积（千公顷）	26667	16.1
带动牲畜饲养量（亿头）	5.3	24
带动禽类饲养量（亿只）	53	40

续　表

	数目	占全国（%）
带动养殖水面（千公顷）	2853	42.7

资料来源：据 2002 年《中国农业发展报告》、《中国农业统计年鉴》、《中国畜牧业年鉴》数字整理

（二）农产品消费领域的变化

2001 年，我国人均 GDP 达到 7543 元人民币，跨过了 900 美元的关口，经济和社会的发展，总体上达到了小康水平，开始了全面建设小康社会的新阶段。与之相适应，农产品的消费也进入了一个新的时期。

1. 居民收入增长，消费水平提高，农产品消费量增加、结构变化。2001 年农村居民家庭人均纯收入达到 2366 元，城镇居民人均可支配收入 6860 元，分别比 1990 年增长 2.4 倍和 3.5 倍；全国居民平均消费水平达到 3611 元，其中：农村居民 2156 元，城镇居民 7761 元，分别比 1990 年增长 3.5 倍、2.8 倍和 3.6 倍，见表 8。

表 8　　1990—2001 年城乡居民收入和消费水平　　单位：元

年份	1990	1995	2001	2001 年比 1990 年（倍）
农村居民家庭人均纯收入	686	1578	2366	3.84
城镇居民家庭人均可支配收入	1510	4283	6860	4.54
全国居民消费水平	803	2236	3611	4.5
农村居民消费水平	571	1434	2156	3.78
城镇居民消费水平	1686	4874	7761	4.60

资料来源：据 2002 年《中国统计年鉴》、2003 年《中国统计摘要》数字整理计算

注：倍数按当年价格计算

同居民收入和消费水平增长相适应，我国城乡居民的农产品消费，也由温饱阶段进入了小康阶段，见表 9、表 10。

表 9　　1990—2001 年城乡居民家庭人均食品消费量　　单位：千克

地区/年份	粮食		蔬菜		食油		猪牛羊肉		家禽		水产品	
	农村	城市	农村	城市	农村	城市	农村	城市	农村	城市	农村	城市
1990	262.0	130.7	134.0	138.7	5.2	6.4	11.3	21.7	1.3	3.4	2.1	7.7
1995	258.9	97.0	104.6	118.6	5.8	7.6	11.3	19.7	1.8	4.0	3.4	9.2
2001	238.0	79.7	109.3	115.9	7.0	8.1	14.5	19.2	2.9	7.3	4.1	12.3
2001 比 1990（±%）	−9.2	−39.0	−18.4	−16.4	34.6	26.6	28.3	−11.5	23.1	14.7	95.2	59.7

资料来源：据 2002 年《中国农业发展报告》数字计算

表 10　　1990—2001 年城乡居民家庭恩格尔系数　　单位：%

年份	1990	1995	2001	2001 年比 1990 年（±%）
农村居民家庭	58.8	58.6	49.9	−8.9
城镇居民家庭	54.2	47.7	37.9	−16.3

资料来源：2002 年《中国统计年鉴》

从表 9 和表 10 中可以看到，10 年间城乡居民家庭消费的恩格尔系数分别降低了 16.3 个百分点和 8.9 个百分点，均降到 50%以下，从温饱消费阶段进入了小康消费阶段。同时城乡居民的食品消费结构中，粮食、蔬菜和城市居民的猪肉消费量大幅度减少，而其他品种大幅度增加。

2. 城市化程度提高，地区发展不平衡，收入差距拉大，带来农产品消费水平结构变化。2001 年，我国的城市化率达到 37.66%，比 1990 年提高了 11.25 个百分点；城镇总人口达到 48064 万人，增加了 17869 万人。这带来了城市人口的粮食以外的农产品消费总量大幅度增加，见表 11。其中还不包括每年 1 亿多农村到城市工作的流动人口消费量。

表 11　　1990—2001 年城镇人口和主要农产品消费总量

年份	城镇人口（万人）	粮食（亿千克）	蔬菜（亿千克）	食油（亿千克）	猪牛羊肉（亿千克）	家禽（亿千克）	水产品（亿千克）
1990	30195	694.6	418.9	19.3	65.5	10.3	23.3
1995	35174	341.2	417.2	26.7	69.3	14.1	32.4

续 表

年份	城镇人口（万人）	粮食（亿千克）	蔬菜（亿千克）	食油（亿千克）	猪牛羊肉（亿千克）	家禽（亿千克）	水产品（亿千克）
2001	48064	383.1	557.1	38.9	92.3	35.1	59.1
2001年比1999年增长绝对数	17869	－11.5	138.2	19.6	26.8	24.8	35.8
2001年比1990年（±%）	＋59.2	－2.9	＋33.0	＋101.6	＋40.9	＋240.8	＋53.6

资料来源：根据2002年《中国统计年鉴》、《中国农业发展报告》数字整理

由于经济发展的不平衡，居民人均生活消费支出，在城乡间和东部、中部和西部地区间的差距，进一步拉大，见表12。反映在农产品消费数量上，也存有明显的结构差异，见表13。

表12　　2001年城乡和东、中、西部地区居民生活消费支出情况　　单位：元

地区	农村居民人均生活消费支出	城镇居民人均生活消费支出	城乡居民人均生活消费支出比
全国	1741	5309	3.0∶1
东部地区	2211	6402	2.9∶1
中部地区	1581	4414	2.8∶1
西部地区	1321	4985	3.8∶1
东部∶中部∶西部	1∶0.7∶0.6	1∶0.7∶0.8	

资料来源：据2002年《中国农业发展报告》数字整理

表13　　2001年城乡和西部地区居民人均食品年消费量　　单位：千克

	粮食	蔬菜	食油	猪牛、羊肉	家禽	鲜蛋	水产品
城镇居民	79.7	115.9	8.1	19.1	5.3	10.41	12.3
农村居民	238.0	109.3	7.0	14.5	2.9	4.72	4.1
城镇居民比农村居民	1∶2.99	1∶0.94	1∶0.86	1∶0.75	1∶0.55	1∶0.45	1∶0.33
西部12省（市、区）城镇居民	78.7	107.84	7.84	21.25	5.87	7.68	5.4

续 表

	粮食	蔬菜	食油	猪牛、羊肉	家禽	鲜蛋	水产品
全国城镇居民比西部12省城镇居民	1∶0.99	1∶0.93	1∶0.97	1∶1.11	1∶1.44	1∶0.74	1∶0.52

资料来源：依2002年《中国统计年鉴》《中国农业发展报告》，个别数字有调整

城市居民收入差距也越来越大，对食品消费的需求水平和结构，也显现出很大的层次性，见表14。

表14　2001年按收入等级分的城镇居民家庭平均每人全年主要食品消费量

单位：千克

项目	总平均	最低收入户	中等收入户	最高收入户	最低收入户与最高收入户比
蔬菜	115.86	100.74	116.45	135.14	1∶1.34
食油	8.08	7.91	8.43	7.68	1∶0.97
猪牛羊肉	19.12	15.09	19.81	22.34	1∶1.48
家禽	5.30	3.75	5.55	6.47	1∶1.73
鲜蛋	1041	8.73	10.76	11.83	1∶1.36
鱼虾	5.59	4.12	5.9	6.87	1∶1.67
水果	50.88	33.27	51.99	68.25	1∶2.05
鲜奶	11.90	5.61	11.78	19.60	1∶3.49

资料来源：据2002年《中国统计年鉴》数字整理

农产品消费需求的另一个重大变化，就是居民对产品的质量要求越来越高，并呈现出层次化、多样化趋势。一是居民消费总体的各个阶层，普遍地把食品安全放在了首位；二是不同收入阶层居民，随着收入的高低不同，对品质的要求标准也不同，收入越高一般越追求名特优新的产品；三是在同一收入阶层中，不同的消费群体，对产品的需求，表现出不同的特点，如儿童讲营养，老人讲健康，青年人讲时尚等。这种以品质优化为中心的消费多层次化，是21世纪农产品生产和流通面临的新课题。

二、进入21世纪我国农产品流通的基本状况与新的发展趋势

经过20多年的改革与发展，我国的农产品流通，除了个别产品（主要是棉、粮）的部分数量外，旧的计划经济的体系已经基本解体，一个以批发市场为枢纽，以城乡集贸市场为末端，以个体商户为主体的初级的市场经济的农产品流通体系已经形成，并迅速发展壮大。

从20世纪90年代后期开始，以物流配送为中心，以连锁超市为末端，以公司为主体的新的现代农产品流通形式，开始产生发展起来，虽然还未形成完整的全国性体系，但在部分大城市发展的势头很快。目前就总体而言，传统的交易市场体系，仍然是我国农产品流通基本的主导体系，所以，我们的叙述还是以传统体系为主，兼顾其他流通形式。

（一）农产品交易市场的发展和作用

到2001年年底，全国共有农副产品交易市场27167个，交易额达到7762亿元，交易的粮食、食油、肉禽蛋、水产品、蔬菜、干鲜果品等6大类农产品2045.6万吨。同1996年相比，市场数增加了10.3%，成交额受物价下降因素影响降低了3.6%，成交量增加了80.5%，见表15。

表15　　1996—2001年农产品交易市场情况

年份	1996	2000	2001	2001年比1996年（±%）
市场数（个）	24626	27445	27167	+10.3
成交额（亿元）	8054.4	7554.7	7762.5	−3.6
成交量（万吨）	18800.4	33270.0	33943.6	+80.5

资料来源：据《中国市场统计年鉴》数字整理

注：成交量为粮食、食油、肉禽蛋、水产品、蔬菜、干鲜果品等6大类产品

2001年，在农副产品市场中，有批发市场4351个，成交额3423.1亿元，分别比1996年增长13.2%和79.6%。2001年与2000年相比，批发市场数量减少4%，交易额增长2.1%，说明市场的单体交易规模扩大了，见表16。

表 16　　1996—2001 年全国农副产品批发市场情况

年份	市场数（个）			成交额（亿元）		
	合计	城市	农村	合计	城市	农村
1996	3844	1545	2299	1906.0	1240.3	665.7
2000	4532	1954	2578	3351.1	2283.4	1067.5
2001	4351	1923	2428	3423.1	2309.2	1113.9
2001 年比 1996 年（±%）	+13.2	+24.5	+5.6	+79.6	+86.2	+67.3

资料来源：《中国市场统计年鉴》

随着中国农产品流通市场化改革的发展，农副产品交易市场在农产品流通中的作用日益显著，成为当前我国农产品流通的主渠道。表 17 是按国家统计局对农村居民人均销售农产品数量，推算出来的农民农产品年销售总量，同农村农副产品交易市场的年成交量的比较。从中可以看出，除粮食因政策因素进入市场流通比重尚小之外，其他主要农产品主要是通过交易市场出售，其中还不包括农民直接进入城市交易市场的交易数量。

表 17　　2001 年全国主要农产品农民销售与农村商品市场交易量情况　单位：万吨

项目	农村商品市场交易量	农村居民销售总量	市场交易量占农民销售总量（%）
粮食	3846.8	21326.1	18.0
蔬菜	6841.8	10577.1	64.7
水果	2337.3	3835.7	60.9
肉禽蛋	2377.9	3732.3	63.7
水产品	924.7	519.5	178.0

资料来源：据《中国统计年鉴》《中国商品交易市场统计年鉴》《中国农业发展报告》数字整理

表 18 中反映的是城市居民主要农产品消费总量，与城市农副产品交易市场主要农产品交易量的比较情况，其中经市场交易的产品有两个或多个流通环节，所以市场交易量数大于消费总量数，但扣除流通环节因素，仍可看到在城市中农产品交易市场，也仍然是农产品流通的主渠道。

表 18　　2001 年全国主要农产品城市居民消费量与城市商品交易市场交易量情况

单位：万吨

项目	城市商品市场交易量	城市居民消费总量	市场交易量占居民消费总量（%）
粮食	2050.5	3830.2	53.5
蔬菜	8150.0	5568.7	146.4
水果	3241.3	2445.5	132.5
肉禽蛋	2014.3	1173.7	171.6
水产品	1123.2	496.5	226.2

资料来源：据《中国统计年鉴》《中国商品交易市场统计年鉴》《中国农业发展报告》数字整理

（二）农产品交易市场的结构变化

1996—2001 年，全国各类农产品交易市场数量增长 10.3%，其中城市增长 33.4%，农村减少 0.9%，导致城市市场占市场总数比重逐年上升，农村市场所占比重逐年下降，见表 19。

表 19　　1996—2001 年农产品市场城乡分布结构情况

年份	城乡合计（%）	城市占（%）	农村占（%）	农村比城市（±%）
1996	100	32.64	67.35	+34.71
2000	100	38.29	61.71	+23.42
2001	100	39.50	60.50	+21.00
2001 年比 1996 年（±%）	0	+6.86	−6.85	−13.71

资料来源：据《中国市场统计年鉴》数字整理

从批发和零售市场结构来看，1996—2001 年变动不大，批发市场占全部农产品市场的比重大体在 16%左右，即批发市场与零售市场之比，大体在1∶5左右，见表 20。

表 20　　1996—2001 年农产品市场中批发市场与零售市场结构

年份	市场总数（个）	批发市场数（个）	批发市场占总数（%）	零售市场数（个）	零售市场占总数（%）	批发市场比零售市场
1996	24626	3822	15.6	20782	84.4	1∶5.4
2000	27445	4532	16.5	22913	83.5	1∶5.1
2001	27167	4351	16.0	22816	84.0	1∶5.2
2001 年与 1996 年相比	+2541	+529	+0.4	+2034	−0.4	

资料来源：据《中国市场统计年鉴》数字整理

从市场的综合性和专业性结构来看，综合农产品市场数，由 1996 年的 17190 个，增加到 2001 年的 20139 个，增长 17.2%；专业市场数由 7436 个减少到 7028 个，减少了 5.5%，见表 21。

表 21　　1996—2001 年农产品综合市场与专业市场结构变化

年份	市场总数（个）	综合市场数（个）	占总数（%）	专业市场数（个）	占总数（%）
1996	24626	17190	69.8	7436	30.2
2000	27445	20006	72.9	7439	27.1
2001	27167	20139	74.1	7028	25.9
2001 年比 1996 年	+2541	+2949	+4.3	−408	−4.3

资料来源：据《中国市场统计年鉴》数字整理

2001 年，全国年交易额超过亿元以上的农产品市场共有 1210 个，其中东部地区 971 个，中部地区 137 个，西部地区 102 个，分别占 80.2%、11.3%和 8.4%。地区间结构差别明显，见表 22。

表 22　　2001 年全国亿元以上农产品市场地区分布情况

地区	全国（个）	占（%）	东部（个）	占（%）	中部（个）	占（%）	西部（个）	占（%）
各类亿元市场	1210	100	971	80.2	137	11.3	102	8.4

续　表

地区		全国（个）	占（%）	东部（个）	占（%）	中部（个）	占（%）	西部（个）	占（%）
其中	综合市场	858	100	711	82.7	80	9.3	67	7.8
	专业市场	352	100	260	73.9	57	16.2	35	9.9

资料来源：据 2002 年《中国商品交易市场统计年鉴》数字整理

（三）农产品市场的经营规模状况

1996—2001 年，全国农产品市场平均交易额受价格下降因素的影响，由每年平均 3270 万元降到 2857 万元；成交量由每年平均成交 7634.4 万吨，增加到 12494.4 万吨，增长 63.7%；其中批发市场的平均交易额，虽受价格下降影响，仍增长 58.8%，见表 23。

表 23　　1996—2001 年农产品市场交易规模情况

年份	全部市场平均交易额（万元）	全部市场平均交易量（万吨）	批发市场平均交易额（万元）
1996	3270.7	7634.4	4958.3
2000	2752.7	12122.4	7394.3
2001	2857.3	12494.4	7867.4
2001 年比 1996 年	－12.7%	＋63.7%	＋58.8%

资料来源：据《中国市场统计年鉴》数字整理

2001 年，全国亿元交易市场比 2000 年增加 68 个；交易总额 4017.2 亿元，比 2000 年增长 9.5%；亿元市场在全国农产品交易市场中所占比重加大，作用增强，见表 24。

表 24　　2000—2001 年全国亿元农产品市场交易规模情况

年份	全国亿元市场数（个）	亿元市场数占全国市场数（%）	亿元市场总交易额（亿元）	亿元市场交易额占全国市场（%）	亿元市场平均每场交易额（亿元）
2000	1142	4.2	3667.8	48.5	3.2
2001	1210	4.5	4017.2	51.8	3.3

续 表

年份	全国亿元市场数（个）	亿元市场数占全国市场数（%）	亿元市场总交易额（亿元）	亿元市场交易额占全国市场（%）	亿元市场平均每场交易额（亿元）
2001 年比 2000 年	+68	+0.3	+349.4	+3.3	+0.1

资料来源：据《中国市场统计年鉴》数字整理

从表 23 和表 24 中可以看到，我国农产品市场的平均交易规模还很小，到 2001 年，全国农产品市场年平均交易额只有 2857.3 万元，批发市场 7867.4 万元，亿元以上的大市场也只有 33200.3 万元。

（四）农产品市场的投资、面积和收益状况

据国家统计局调查，截至 1999 年 6 月，全国 27668 个农产品市场，累计固定资产投资为 4103622 万元，平均每个市场投资 148.3 万元，见表 25。

表 25　　全国农产品市场固定资产投资情况（截至 1999 年 6 月）

项目		市场数（个）	投资金额（万元）	平均每场投资额（万元）
合计		27668	4103622	148.3
其中	综合市场	22828	3944502	172.8
	粮油市场	730	159120	218.0
	果品市场	687	318514	463.6
	水产品市场	312	175769	563.4
	蔬菜市场	1818	471822	259.5
	肉禽蛋市场	427	171552	401.8
	土畜产品市场	866	93156	107.6

资料来源：据《中国商品交易市场》数字整理

1999 年全国 27668 个农产品市场，共有营业面积 109938020 平方米，平均每场 2973.5 平方米。2001 年全国亿元农产品市场 1210 个，总营业面积 21583084 平方米，平均每场营业面积 17837.3 平方米，见表 26。

表 26　　农产品市场营业面积情况

项目		1999 年全国农产品市场			2001 年全国亿元农产品市场		
		市场数（个）	总营业面积（m²）	场均营业面积（m²）	市场数（个）	总营业面积（m²）	场均营业面积（m²）
合计		27668	109938020	2973.5	1210	21583084	17837.3
其中	综合市场	22828	82913991	3632.1	858	12512126	14582.9
	粮油市场	730	3467825	4750.4	46	835775	18169.0
	果品市场	687	4544755	6615.4	61	1587730	26028.4
	水产品市场	312	1863731	5973.5	57	1306642	22923.5
	蔬菜市场	1818	13258458	7292.9	146	4422553	30291.5
	肉禽蛋市场	427	1347723	3156.3	23	322513	14022.3
	土畜产品市场	866	2541537	2934.8	19	595745	31355.0

资料来源：据《中国商品交易市场统计年鉴》数字整理

1998 年，全国农产品市场 26236 个，全年共收入租金 698838 万元，场均收入 26.6 万元；上缴税金共 519451 万元，场均 19.8 万元；征收市场管理费共 565968 万元，场均 21.6 万元。其中：税金为商户向国家上缴的税金，租金为市场出租摊位的收入，市场管理费除少部分为市场向商户收的水、电、卫生、管理等费用外，大部分为商户向国家缴纳的工商管理费，见表 27。

表 27　　1997—1998 年全国农产品市场收益情况

年份	市场数（个）	市场管理费总额（万元）	场均市场管理费（万元）	税金总额（万元）	场均税金（万元）	摊位租金总额（万元）	场均租金（万元）
1997	25673	496164	19.3	466051	18.2	615687	24.0
1998	26236	565968	21.6	519451	19.8	698838	26.6
1998 年比 1997 年（±%）	＋2.2	＋14.0	＋11.9	＋11.5	＋8.8	＋13.5	＋10.8

资料来源：据《中国商品交易市场统计年鉴》数字整理

从表 27 中可见，1997—1998 年，全国农产品市场对国家上缴的税费都以2位数增长，年缴税费达100多亿元，其中尚不包括市场作为一个独立的企业上缴国家的税费（大体上与此数相当）。这对于以公益性的农产品批发市场为主体的低值微利行业来说，已实属不易。

目前，在我国农产品市场的经营中，乃至在整个的农产品流通的经营中，商户仍然是经营主体。一般说来，商户多为一户租赁一个摊位进行经营，所以大体上可以以一个摊位为一个商户来计算商户的经营状况。表28所列为：2001年亿元农产品市场摊位（商户）经营状况，从中可见总共710419个摊位（商户），年交易总额为40172369万元，平均每摊位（户）年交易额为56.5万元。亿元市场是大型农产品批发市场，数量仅占全国农产品市场的4.5%，亿元市场商户为批发大户。可见全国农产品经营规模还是个十分弱小的，处于一种散、小、弱的状态，虽然规模正逐年有所扩大，其中也不乏一批年经营额超过千万元、亿元以上的大户。

表28　　　　2001年亿元农产品市场商户交易情况

项目		摊位（商户）数（个）	年交易总额（万元）	平均每摊位（户）年交易额（万元）
合计		710419	40172369	56.5
其中	综合市场	526336	26070465	49.5
	粮油市场	8430	1880311	223.0
	果品市场	18776	1846746	98.4
	水产品市场	29134	3407871	117.0
	蔬菜市场	106278	5594929	52.6
	肉禽蛋市场	3138	707542	225.0
	土畜产品市场	18327	664505	36.3

资料来源：据《中国商品交易市场统计年鉴》数字整理

每一商户的经营成本，除了有人工费用、流动资金、储运、包装、加工等费用外，占大头的是摊位租赁费、市场管理费和上缴税金这三项“铁定费用”。表29所列为根据国家统计局1998年对市场费用统计数据计算出的商户费用表，这类费用大体以年10%以上的幅度增加。

表 29 1998 年全国农产品市场商户平均三项费用成本情况

项目		租赁摊位数（个）	市场管理费总额（万元）	摊均管理费（元）	税金总额（万元）	摊均税金（元）	摊位租金总额（万元）	摊均租金（元）	每商户三项费用合计（元）
合计		4072671	565966	1390	519451	1276	698838	1716	4382
其中	综合市场	3535670	473957	1341	434321	1228	620042	1754	4323
	粮油市场	37942	4616	1217	7656	2018	8002	2109	5343
	果品市场	60877	12366	2031	22924	3766	16946	2784	8581
	水产品市场	37948	9202	2425	12459	3283	18060	4759	10467
	蔬菜市场	314866	57214	1817	23950	761	29988	952	3530
	肉禽蛋市场	28748	5529	1923	10427	3627	3880	1350	6900
	土畜产品市场	56620	3082	544	6714	1186	1920	339	2069

资料来源：据《中国商品交易市场统计年鉴》数字整理

从表 29 中可见，1998 年全国农产品市场每位商户约年负担市场管理费 1390 元、税金 1276 元和租金 1716 元，三项合计 4382 元。作为批发商户和城市市场经营商户的负担要远远高于此平均数。负担过重，利润过薄，风险过大，是农产品经营主体——商户成长缓慢的重要原因。

（五）农产品交易市场发展的新趋势

进入 21 世纪，我国的农产品交易市场流通体系，开始由数量扩张转入质量提高，进入了以批发市场升级改造为重点的现代化建设新阶段。其主要表现在：

1. 增加投资，扩大规模。一大批新建市场和已经完成了自身积累进行改造的批发市场，投资达亿元以上，占地数百亩甚至上千亩，亿元交易市场快速增加。

2. 齐备设施，完善功能。大部分市场从露天经营转为厅、棚内封闭经营，水电、道路、仓储、运输、加工、包装、治安、消防、卫生、检测、结算、信息和生活服务等设施不断完善；商品集散功能、价格形成功能、信息发布功能、资金结算功能和综合服务功能等日益增强。

3. 转换体制，规范管理。越来越多的批发市场实行了公司化改制，推进投资主体多元化，逐步开始建立现代企业制度，改变了过去落后的体制和粗放的管理，计算机网络化管理手段也已经开始进入批发市场。

4. 主体壮大，中介萌发。越来越多的商户在完成了原始积累后，加大生产经营投入，由个体户经营发展成公司经营，实力和规模增大；一批流通中介组织，如经纪人、协会等发展起来，市场主体组织化程度逐渐提高。

5. 提高质量，改进方式。确保食品安全已成为农产品市场的首要职责，商品质量水平不断快速提高。代理制、拍卖、网上交易等新的交易方式，已在一部分市场进行试行，有的取得了较为成功的经验。传统的批发市场与现代化的物流配送、连锁超市经营方式开始相结合，向生产、加工、配送、连锁超市、进出口贸易等多元化经营，以及横向兼并扩张联合，都为批发市场的发展开拓了新的天地。

6. 退路进厅，规范零售。作为农产品流通末端的集贸市场，在城市中普遍实行了退路进厅，消除马路市场，在部分大城市开始了“农改超”的试点；在农村也逐步实行固定交易场所，增修厅棚设施。集贸市场的管理正一步步走上规范化的道路。

上述农产品市场流通体系的变化，虽然还仅仅是初步的，但它昭示着传统的交易市场农产品流通体系，正在与时俱进，向着现代化的潮流迈进，仍然存在着强大的生命力。

（六）超级市场和配送中心的发展

以经营食品为主的超级市场和设有较大的食品经营区的大型综合超市，是食品流通，包括生鲜农产品食品流通的现代化经营方式。超市采取连锁化经营，与食品配送中心相结合，实行公司化运作，则是居民生活消费的农产品和食品的现代化流通体系。

20 世纪 90 年代初，我国产生了第一家现代意义的食品超级市场，在随后的 10 多年的时间里，随着经济的快速发展和人民生活水平的提高，连锁超市和配送中心有了长足的发展，成为我国农产品、食品流通一支充满生机和活力的生力军，对以批发市场为枢纽的农产品流通体系，提出了挑战。

我国官方对超市和配送中心尚无专门统计数字。从 2000 年开始，中国连锁经营协会开始对全国部分连锁超市（包括大型综合超市）企业，进行统计，虽然统计数字不能覆盖连锁的小型超市企业，每年的统计口径又有所调整，但从这些统计数字中，尤其是进入全国连锁百强企业的超市和大型综合超市企业中，仍可看到我国超市和与之相关联的配送中心的发展主流和态势。

1. 连锁超市和大型综合超市快速发展

到2002年，中国连锁协会统计的全国连锁超市和大型综合超市达148家，据其中数据上报完整的108家计算，共有门店12420个，年销售总额2070亿元。其中进入全国连锁百强企业的63家（不含中外合资的11家），共有门店9063个，年销售总额1676.7亿元，分别比2000年增长6.8%、1.6倍和2.7倍，见表30。

表30 2000—2001年连锁百强企业中经营超市和大型综合超市连锁企业情况

年份	企业（个）	门店（个）	销售额（亿元）
2000	59	3466	458.2
2001	59	6489	962.8
2002	63	9063	1676.7
2002年比2000年（±%）	+6.8	+161	+266

资料来源：据《中国连锁100强排序》数字整理

注：门店和销售额数含统计企业中超市和大型综合超市兼营的其他业态数字

2. 连锁超市和大型综合超市的企业规模扩大

2002年，连锁超市和大型综合超市企业，平均拥有门店143.9个，年平均销售额26.6亿元，分别比2000年增长1.5倍和2.4倍，见表31。

表31 2000—2001年连锁百强企业中经营超市和大型综合超市企业规模情况

项目	2000年	2001年	2002年	2002年比2000年增加倍数
每企平均有门店（个）	58.7	110	143.9	1.5
每企年平均销售额（亿元）	7.8	16.3	26.6	2.4

资料来源：据《中国连锁企业100强排序》数字整理

注：门店数和销售额数字均含统计企业兼营业态数字

在连锁超市和大型综合超市的企业发展中，上海的联华超市股份有限公司，2002年以拥有1921个门店，年销售183.3亿元居连锁超市和大型综合超市类企业榜首。

3. 经营连锁超市和大型综合超市的企业业态状况

在连锁百强企业中，2002 年，以经营连锁超市为主的企业 19 家，以经营大型综合超市为主的企业 19 家，同时经营超市和大型综合超市的企业 25 家，比 2000 年，分别减少 32.1%、减少 9.5%和增加 1.5 倍，三种类型的企业所占比重也发生了相应的变化，见表 32。

表 32 2000—2002 年连锁百强企业中经营超市和大型综合超市企业业态情况

年份	企业	经营超市为主企业（个）	占（%）	经营大型综合超市为主企业（个）	占（%）	经营超市和大型综合超市企业（个）	占（%）
2000	59	28	47.5	21	35.6	10	16.9
2001	59	19	32.2	15	25.4	25	42.4
2002	63	19	30.2	19	30.2	25	39.7
2002 年比 2000 年（±%）	+6.8	−32.1	−17.3	−9.5	−5.4	+150	+22.8

资料来源：据中国连锁经营协会《中国连锁百强》年报数字整理

4. 连锁超市和大型综合超市的食品经营比重

据抽样调查，目前我国连锁食品超市和大型综合超市的食品，尤其是生鲜食品经营的比重，都在逐年增加，但仍略低于国际同类业态的食品经营的一般比重，见表 33。

表 33　2002 年中国超市和大型综合超市食品经营比重与国际比较

项目		食品占门店总营业面积（%）		食品占门店总销售额比重（%）	
		全部食品（%）	生鲜食品（%）	全部食品（%）	生鲜食品（%）
超市	中国	50 左右	30 左右	40～50	20～30
	国际	60 左右	40 左右	50 左右	30～40
大型超市	中国	30 左右	20 左右	30 左右	15 左右
	国际	50 左右	30 左右	60 左右	30 左右

资料来源：抽样调查。各国、各企业情况差别较大，此表只是一般概况，仅供参考

5. 连锁超市和大型综合超市的经营效益

连锁超市和大型综合超市的企业经营效益没有可靠的统计数字，但从一般了解到的情况看，多数处于亏损状态，只有少数大型连锁超市公司和大型综合超市公司，凭借规模和多角化、多业态经营处于赢利状态。据中国连锁经营协会的调查，2002 年大型综合超市和连锁超市企业的门店经营中，毛利率和费用率均比 2001 下降，而净利润率略有上升，见表 34。

表 34　2001—2002 年全国部分连锁超市和大型综合超市门店效益状况　单位：%

项目		费用率	毛利率	纯利润率
2001 年	超市	11.0	12.9	3.8
	综合超市	8.8	11.9	1.4
2002 年	超市	9.0	12.7	4.0
	综合超市	8.4	11.7	1.6

资料来源：据中国连锁经营协会研究报告整理

在连锁超市经营中，费用中很大的一部分份额是由总部承担，所以有时门店虽有纯利，而反映到全连锁公司往往还是亏损的；大型综合超市多数是单店独立核算，门店纯利率虽然较低，也有可能企业有赢利。

6. 连锁超市和大型综合超市的配送中心情况

目前，我国连锁超市和大型综合超市的物流配送尚处起步阶段，企业统一配送率，尤其是生鲜食品配送率还比较小。大型综合超市的日用百货商品和加工食品，有许多是由企业规定进货渠道，由厂家直接送货，企业统一配送率约为 50%左右，其中又分为公司自设配送中心和利用第三方物流配送。连锁超市的配送率达到 70%以上，实现全部配送的门店达到 25%左右。大型综合超市和连锁超市的生鲜食品配送比率，一般高于日用百货和加工食品类商品。配送的方式有企业自建配送中心，利用第三方生鲜食品配送中心和与生产基地挂钩，由生产基地按订单配送，这样三种形式。目前所配送的商品的品牌化、规格化、标准化和商品的优质化，以及包装加工，都有待进一步提高。见表 35。

表 35　　2001—2002 年全国部分连锁超市和大型综合超市配送情况

年份	每企业平均拥有配送中心（个）	平均每企业配送中心面积（m^2）	超市商品平均配送率（%）	大型综合超市商品平均配送率（%）
2001	1.2	14400		
2002	1.6	18500	76	48

资料来源：据中国连锁经营协会研究报告整理

2001 年，全国连锁百强企业中，有经营广义超市业（包括：食品超市、便利店、大型综合超市、仓储店）企业 69 家，共有配送中心 121 个，配送中心总面积 119.4 万平方米，平均每个配送中心面积 9867 平方米，见表 36。

表 36　2000—2001 年全国连锁百强中 69 家广义超市企业配送中心情况

年份	2000 年	2001 年	2001 年比 2000 年增长（%）
配送中心总数（个）	97	121	24.7
配送中心平均面积（平方米）	6953	9867	41.9
配送中心总面积（万平方米）	67.4	119.4	77.2

资料来源：据中国连锁经营协会研究报告数字整理

7. 中外合资、合作企业在中国的连锁超市和大型综合超市情况

到 2002 年年底，中外合资、合作的大型零售企业中，经营大型综合超市的有 11 家，其中两家兼营超市，一家兼营会员店和社区店。这 11 家企业共有门店 606 个，年销售额共计约为 591 亿元，见表 37 和表 38。

表 37　　2002 年中外合资、合作零售企业中经营连锁超市和大型综合超市企业情况（一）

业态	企业数（个）	门店数（个）	年销售额（亿元）	每企业年平均销售额（亿元）	每门店年平均销售额（亿元）
经营大型综合超市	8	164	427	53.4	2.6
经营大型综合超市及超市	2	416	104	52.0	0.26

续　表

业态	企业数（个）	门店数（个）	年销售额（亿元）	每企业年平均销售额（亿元）	每门店年平均销售额（亿元）
经营大型综合超市、会员店、社区店	1	26	60	60	2.3
合计	11	606	591	53.7	0.98

资料来源：据中国连锁经营协会调查数字整理，其中部分数字为估算

表 38　　2002 年经营连锁超市和大型综合超市的部分中外合资、合作零售企业情况（二）

企业	约年销售（亿元）	店铺（个）	经营业态
家乐福	120	36	综合超市
好又多	100	52	综合超市
大润发	90	35	综合超市
华润万佳	86	397	综合超市、超市
沃尔玛	60	26	综合超市、会员店、社区店
乐购	50	22	综合超市
易初莲花	35	12	综合超市
百佳	18	19	综合超市、超市
华粮洋华堂	17	3	综合超市
欧尚	8	2	综合超市
吉之岛	7	2	综合超市
合计	591	606	

资料来源：据中国连锁经营协会调查估算

2002 年，全国内资连锁百强中，经营连锁超市和大型综合超市的企业 63 家，门店 9050 个，年销售额 1672 亿元。将中外合资、合作企业数字加入，则为企业 74 家，门店 11328 个，年销售额 2263 亿元。中外合资、合作企业所占比重分别为：占企业数 14.9%，占门店数 5.3%，占销售额的 26.1%。中外合资、合作企业在全国企业中所占门店比重数小，占销售额

的比重大，是因为中外合资、合作的零售企业，主要是经营大型综合超市，只有2家兼营连锁超市。但就同样是经营大型综合超市的中外零售企业比较，可以看出，内资企业的规模也要明显小于中外合资、合作企业，见表39。

表39　2002年部分大型综合超市内资企业与中外合资、合作企业销售规模比较

项目	企业数（个）	店铺数（个）	年销售总额（亿元）	每企平均销售（亿元）	每店平均销售（亿元）
内资企业	19	759	646.64	34.03	0.85
中外合资、合作企业	8	164	427.0	53.40	2.60

资料来源：据中国连锁经营协会数字整理

中外合资、合作的11家大型综合超市和连锁超市的零售企业，按年销售额规模，2002年可全部入围全国同类企业的前50名。

（七）我国农产品流通的其他形式

改革开放以前，我国的农产品流通实行的是以国有企业和供销社为主体，以政府计划为中心，以国营粮店、食品店、副食店为零售末端的统购统销的计划分配体制。改革开放20多年，这个体制从总体上已经瓦解了。代之以初级的市场经济的农产品流通体制。但在市场经济的体制中，仍有部分商品品种和部分数量，仍受国家计划直接或间接调控，仍有部分国有企业和供销社在从事农产品流通。因此，除了个体户这个农产品流通主体之外，还存在着一批相当数量的多种经济成分的农产品流通的经营企业。

1. 限额以上部分农产品、食品行业的批发零售业企业情况

2001年，我国的农产品流通中，除烟草、棉花仍由指定机构专营外，粮食收购在一部分地区、品种和数量上，由国有粮食企业指定经营，“菜篮子”产品全部放开经营。在这样的体制下，限额以上的农产品流通企业，主要集中在经营专营商品和粮油食品领域。除去专营类商品经营企业外，2001年全国限额以上经营食品、饮料的批发企业共有2185个，产业活动单位3872个，从业人员398363人，其中从事粮油类商品的批发企业分别占到46.5%、50.3%和46.1%，见表40。

表 40　2001 年全国限额以上经营食品、饮料批发企业情况

项目	企业（个）	产业活动单位（个）	从业人数（人）
经营食品饮料	2185	3872	398363
其中：经营粮油	1016	1946	183565

资料来源：据中国市场统计年鉴数字整理

2001 年，全国限额以上从事粮油食品零售业的企业只有 356 个，从事副食品零售业的企业 539 个，见表 41。

表 41　2001 年全国限额以上从事粮油食品、副食品零售业企业情况

项目	企业（个）	产业活动单位（个）	从业人数（人）
粮油食品业	356	718	59263
副食品业	539	1115	115522

资料来源：中国市场统计年鉴

2001 年限额以上批发零售贸易企业，在主要食品分类销售统计中，肉禽蛋、其他食品、饮料等，批发额都在减少，而零售额都在增加，说明在这类食品饮料批发业中，一方面，原国有企业仍在退缩，而非国有经济的批发企业尚未大幅度壮大起来；另一方面，零售额的增加，说明了连锁超市业快速发展的新趋势，见表 42。

表 42　2000—2001 年全国限额以上批发零售贸易业主要商品分类销售额

单位：亿元

项目	批发			零售		
	2000 年	2001 年	2001 年比 2000 年（±%）	2000 年	2001 年	2001 年比 2000 年（±%）
肉禽蛋类	337.9	292.2	－13.6	167.6	181.8	＋8.5
其他食品类	1220.0	1203.4	－1.4	652.3	735.6	＋12.8
饮料类	109.7	103.7	－0.5	119.0	139.4	＋17.1
合计	1667.6	1599.3	－4.1	939.9	1056.8	＋12.4

资料来源：据《2002 年中国统计年鉴》数字整理

表 42 所列的三大类商品，2000 年的批发和零售销售总额为 2607.5 亿元，2001 年为 2656.1 亿元。2001 年比 2000 年销售总额增长 1.9%，批发额降低 4.1%，零售额上升 12.4%。批发额和零售额的比重结构，由 2000 年的 1∶0.56，转变为 1∶0.66。从经济效益来看，2001 年，据国家统计局公布的数字，限额以上粮油批发企业和零售企业均于处于严重亏损状态；其他食品饮料批发企业和副食品零售业销售处于赢利状态。

2. 农产品流通中介组织的发展

近年来，我国农业中介组织有了较快的发展，据农业部 2001 年对 31 个省市区的 2464 个县的调查，在全国各类农业产业化经营组织中，中介组织带动型的有 22000 多个，占 33%，这其中有相当一部分是流通中介组织，如运销协会等。另有经纪人、专业大户带动型的 9600 多个，占 14%，这其中的经纪人则是流通的中介性组织。这些流通中介组织有的活跃在产区，有的活跃在销区，沟通农产品的生产和经营双方，起到了桥梁作用。这类流通中介组织的形式，有的是合同性质，有的是股份性质，有的是合作性质，有的是代理性质，有的仅仅是中间介绍。就规模来看，尚处于散小的状况，没有形成大规模的全国性和省、市范围的中介组织。在流通领域发展中介组织，发挥其中介作用，是摆在我国农产品流通中的一个新课题。

三、对目前我国农产品流通几个热点问题的建议

（一）关于我国未来 20 年农产品流通的体系选择问题

党的十六大提出，要在 21 世纪头 20 年，实现全面建设小康社会的目标。那么，与这个目标相适应的，应该建立一个什么样的农产品流通体系，来为实现这一宏伟目标服务呢？这是摆在我国农产品流通，乃至整个经济发展中的一个大问题。这里有两种不同的意见：一种意见主张，通过对农产品批发市场的升级改造，建立一个以批发市场为枢纽，以具备一定组织化程度的农产品经营者为主体，以规范化的集贸市场和超市为末端的较为现代化的农产品流通体系；另一种意见主张，要大力发展以物流配送为枢纽，以连锁公司为经营主体，以超市为末端的现代化农产品流通体系，并取代批发市场体系。

我主张在未来20年内，我国应该选择第一种模式。理由有三：①由我国经济发展的总体水平决定的。配送中心和超市体系代替批发市场体系，在欧美发达国家是从20世纪70年代开始，到90年代才成为主体。在日本，是从20世纪80年代加快速度，到90年代超市成为末端主体，但配送中心并未能取代批发市场的流通枢纽的主体地位。我国经济比欧美和日本要落后30年以上，20年后还不能从总体上达到欧美和日本目前的水平。②由我国农业生产的水平决定的。配送中心和超市化体系，要求农业生产现代化、组织化、规模化；农产品实现标准化、品牌化。我国在近20年内，还只能是处在向这个方向推进的过程中。在这个过程完成之前，农产品流通不会以配送中心和超市体系为主体。③由居民收入水平和消费习惯决定的。20年内，我国的发展任务还是全面建设小康社会，在此期间，居民收入水平仍达不到普遍承受超市食品价格的水平。另外，中国人的食品消费习惯和方式，不是短期内可以改变的。我国的台湾省目前人均国内生产总值已达到13000多美元，仍未能实现以超市为生鲜农产品零售末端主体，就是明证。更不要说我国大陆20年后，也还不能达到目前台湾省的人均国内生产总值水平。

这样说，并不排斥配送中心和超市体系发展的必要性和可能性。在一些发达地区，尤其是大城市，还会有较快的发展，甚至在10年之内成为重要力量，但即使如此，批发市场的作用仍不会被取代，相反，我国的生鲜配送中心，还必须依托批发市场，才会生存和发展起来。

（二）关于农产品批发市场流通体系的建设问题

目前的农产品批发市场流通体系，是适应农产品数量扩张阶段发展起来的，已远远不能适应质量提高阶段的需要。必须进行五个方面的升级改造：①批发市场的设施要完善，制度要健全，功能要齐备，管理要现代化；②农产品流通的信息要现代化，生鲜农产品、食品的储运要冷链化；③农产品的经营主体要组织化、企业化；④农产品的产品要标准化、规格化、品牌化、优质化，加工、包装要标准化；⑤农产品批发市场要法制化管理，由政府制定标准、科学规划、监管运行。政府要把批发市场定性为社会公益事业，加大投入和扶持。至于交易方式是采取拍卖还是相对交易，结算方式是采取统一结算还是个别结算，则应因市场，因商品，因经营需要而定，不可由政府强制推行一种方式。

（三）关于“农改超”的问题

近年来，主张将农贸市场改为超市的意见，颇为流行。我认为“农改超”应该慎行。因为：①超市代替集市，必须与经济发展水平相适应，不可拔苗助长；②超市代替集市，必须与农业生产的水平相适应，不可本末倒置；③超市代替集市，必须与居民收入水平相适应，不可脱离大众；④超市代替集市，必须与百姓消费习惯相适应，不可入乡脱俗；⑤超市代替集市，必须与企业效益和能力相适应，不可不计成本；⑥超市代替集市，必须与农产品和食品整体的流通体制相适应，不可孤军冒进；⑦超市代替集市，必须与我国现阶段农民进城务工增收和城镇居民就业相适应，不可谋新生乱。当然，这并不是说，在现阶段，在任何地方，一律不能搞“农改超”了。这里要强调的只是不能单纯从良好的愿望出发，脱离国情、地区实际、企业实际，去搞“农改超”，因为那样做是不会长久的。当然，在一些发达的城市，作为一种试验，还是可以的，并且随着经济的发展，“农改超”也会在越来越多的地区逐步推行起来。但是，在现阶段，乃至未来的一段时期内，与其大张旗鼓地推行“农改超”，倒不如下力气办好规范化的厅内集市和社区生鲜食品店更切实际一些。

总之，我国的农产品流通，已进入一个新阶段，必须与时俱进适应经济发展的新形势，但一定要进而有序，进而有度，不能脱离中国是社会主义初级阶段，这个最基本的国情；不能脱离全面建设小康社会，这个最基本的目标。不进，明天就不能生存和发展；冒进，今天就会失去立足之地。探索一条适合现阶段国情和全面建设小康社会目标的，有中国特色的农产品流通现代化之路，是摆在我们面前的一项必须完成的重要任务。

第二节　我国农产品流通的问题和对策

我国农产品流通的问题及政策建议①

农产品流通关系国民经济发展的全局和社会的安定，及时地解决农产品流通中的问题，对于促进农业生产发展，增加农民收入，满足人民需求和保持市场繁荣稳定，都有着十分重要的意义。当前，我国农产品流通的问题，主要反映在以下几个方面。

一、农产品流通信息不畅，市场调节的盲目性大

我国农产品的流通，已经形成了“买全国，卖全国”的全国统一大市场，绝大部分的农产品，也已经完全由市场来进行调节。市场调节的关键，是全面、准确、快捷的现代化农产品流通信息网络系统。近年来，农业加快推进农村经济信息体系建设，全国各类涉农网站已达 2800 多家；商业提倡电子商务，全国的大中型商业企业普遍实现了联络或开通了企业网站。但是，这些现代化的网络信息系统，对于农产品流通来说，却存在着三个问题：一是信息不集中。已有的网站大都处于条块分割之下，小而散，多而杂，全国没有一个能全面集中反映全国农产品供求和流通的权威性信息网络系统。二是农民和商户用不上。农民和商户是农产品生产和流通的主体，他们对流通信息的需求最迫切。但是，目前他们对已有的现代化网络系统不能直接有效利用，获取信息主要还是靠传统渠道和经验。三是信息质量低。现在网上发布的信息缺少加工和处理，反映不出供求对象、交易数量，缺少预测和分析。像每天各大媒体发布的农产品主要批发市场价格，就反映不出品种的规格、等级和质量，对于经营者指导意义不大，有时还会产生误导。由于缺少全国集中、统一、有效的农产品流通网络信息系统，农产品流通只能接受市场的盲目性调节。

---

①本文曾摘要发表于 2002 年 12 月 3 日的《农民日报》，题目改为《用现代化手段解决农产品流通问题》。

二、农产品批发市场培育滞后，功能作用难以有效发挥

我国农产品流通，已经形成了以批发市场为枢纽的流通体制，在相当长的时期内，不会根本改变。目前，全国有农产品批发市场4500多家，其中大部分是在农产品供求追求数量扩张阶段建立的，已经远远不能适应现在供求质量提高新阶段的需要。主要问题是：①管理无专法，发展无规划，建设无标准，导致重复建设，规模狭小，布局失当，难以发挥大批量商品集散的功能。例如，1999年全国年成交额超过10亿元的农产品批发市场不超过30家；2000年，全国农产品批发市场平均每场年成交额7394万元，日均成交额只有20万元，还有许多有场无市。②投资力量不足，设施简陋落后。全国还有约40%的农产品批发市场露天经营，环境脏乱差；大多数市场没有冷藏设施和检测手段，食品质量安全难以保证；由于缺少必要的消防和治安设施，安全隐患成了头等大事；多数市场没有计算机统一结算系统，税费收缴难以控制；由于信息中心没有建立起来，对许多批发市场还谈不上信息发布功能。③绝大多数市场还是批零合一，现金对手交易，形不成科学的市场价格发现功能。④市场管理普遍粗放，秩序混乱不为少见。大量的低水平的批发市场，已经成为我国实现农产品流通现代化的瓶颈。

三、农产品经营主体弱小分散，流通成本高、效率低、效益差

我国现阶段从事农产品流通经营的主体，还是遍布全国的1000多万个体运销户，其他新型的流通组织还刚刚起步。这1000多万个运销户，基本是以家庭为单位分散经营，大多数尚处于谋生和原始积累阶段，普遍实力弱，规模小，效率低，效益差。据对一家进入全国50强大型批发市场的调查，前50名经营大户，户均自有资本20多万元。其中，粮油大户，每户平均周转资金40多万元，每天平均销售10吨左右；蔬菜大户，每户平均周转资金1万多元，每天销售4吨蔬菜。从该市场总体来看，粮油经营户日均销售1.8吨，蔬菜经营户日均销售1.6吨。弱小的经营，却要承担着不断加大的交易成本和风险。例如蔬菜经营，从山东生产者手中到北京消费者手中，一般要经过5～7个环节，价格要增加1～2倍，但是头道运销商的进批差率

只有10%，一斤菜的毛利只有1角钱。从河北玉田运10吨土豆到北京，六七项费用要达到960元，其中路上要经过4次罚款80多元，两天卖一车土豆，收入200元。蔬菜经营的市场风险大，产品易耗不耐储，商户正常收益靠抓住行情和增大批量，但一般不易做到。许多商户只有靠非正当手段增加收益：一是靠汽车大量超载降低成本，一般超载达70%到一倍；二是收购时对农民压级压价压秤，销售时以次充好短斤少两。一个商户一年的收入只有几万元，少数大户也不过十多万元，难以扩大再生产。这种状况，导致了我国的农产品流通只能维持高成本低效率的简单再生产，交易行为难以规范。

四、流通的农产品质量偏低，食用安全缺少保证，经济效益难于提高

我国农产品的供求格局，已经由卖方市场转变为买方市场，生产优质的农产品和消费优质的农产品，成为不可逆转的大趋势。但是，目前市场上流通的农产品却品质堪忧，食品安全成了举国关注的大问题：一是有害食品波及面广。蔬菜、水果、粮油、肉类、水产品、家禽等都有发生。二是不合格率高。据有关部门2001年对4个大城市的第一次抽检，蔬菜农药残留超标率高达42.8%，猪的盐酸克伦特罗（瘦肉精）的检出率达28.9%。三是危害性大。有害物趋于高科技化学化，消费者识别不出处理不净，对身体又特别有害。面对有害农产品的泛滥，流通领域显得应对乏力：①认识不够。市场和商户担心“我限你不限”，竞争中“优不敌劣”。②管理不严。相关法规标准不统一，制度松、处罚轻，政出多门基层反感。③设施不足。经营场所普遍缺少检测设备，现行的设备技术又存在投资大成本高，操作复杂时间长的弊端。生鲜食品的运输、储藏和销售环节，没有形成冷链，二次污染十分普遍。流通环节把不住有害农产品的市场准入关，反而有时加大了污染，扩大了集散，这是农产品流通中一个亟待解决的问题。

农产品流通中另一个质量问题，就是如何实现优质优价。近年来，随着农业生产结构的调整，农民对生产优质农产品投入加大，产量迅速增加，迫切需要通过流通实现优质优价，增加收入。同时，随着生活水平的提高，消费者对优质农产品的需求也不断扩大。但是，现有的农产品流通体制，流通组织，流通设施，流通方式，流通管理等，都不能适应农产品供求优

质化的需要。不仅不能保证农民优产增收，反而加大了高投入和高风险，不仅不能满足消费者新的需求，反而抑制了内需的扩大。所以，全面加快推进我国农产品流通现代化的进程，用优化的体制来保证优质农产品的流通，是摆在我们面前又一项迫切的任务。

当前，针对农产品流通中的问题，建议采取以下几项主要措施。

第一，制定我国农产品流通现代化发展规划。农产品流通存在的问题，不是个别性的临时问题，而是整个农产品现行流通体制不适应我国经济发展新阶段的根本性问题。必须从经济发展的全局高度，用长远的战略眼光，密切结合我国农产品生产、流通和消费的实际，借鉴国外经验，制定出有我国特色的农产品流通现代化发展规划并形成方案，有步骤地组织实施。为此，建议由国家经贸委牵头，会同有关部门，组织有研究的专家学者，有实践经验的政府官员，有理论修养的企业家，成立专门的课题组，脱产集中，用几个月的时间调查研究拿出方案，广泛征求意见，充分论证，经国务院批准后组织实施。将我国农产品流通现代化作为一项战略工程，有目标、有组织、有计划、有步骤地推动起来。

第二，着手抓紧建设农产品流通网络信息体系。建议由国家经贸委会同与农产品流通有关的各政府部门，成立农产品流通信息体系建设工作领导小组，下设专门办事机构，筹建全国农产品流通信息中心，整合已有的与农产品流通相关的信息网络资源，构建全国集中统一的农产品流通网络平台。对农产品流通信息，进行全面、及时、科学的收集、加工、分析、处理和发布。同时将此项工作与电子商务、连锁超市、物流配送等流通现代化事业结合起来，成为其有机的组成部分。近期，可以从建立全国农产品批发市场信息网络起步，借助这个商流物流枢纽，构建信息流枢纽，并与农村经济信息网络合作并网，同时采取适当方式大力解决农民和商户上网问题。

第三，实施农产品批发市场现代化工程。对农产品批发市场在我国农产品流通中的地位和作用，要有一个正确的再认识。那种“自由发展论”和“关闭取消论”，都是错误的。正确的态度应该是“整顿规范，扶持提高，向现代化推进”。为此，要制定《农产品批发市场法》，编制农产品批发市场建设标准，编制全国及地方农产品批发市场发展规划和整顿规范方案；参照国际惯例，将农产品批发市场界定为社会公益性事业，设立国家农产品批发市场专项基金予以扶持，在建设贷款的条件、额度、期限和利率上予以优惠，适当减免市场的税费负担，如调低现行33%的高额所得税率；清理对农产品批发市场的不当管卡；同时加强对农产品批发市场的监管，加快推进农产品批发市场的现代企业制度建设，提高市场内部的管理水平和人员素质。此外，对目前全国22000多个农产品集贸市场要逐步推行超市化①，可先从大城市和发达地区做起。

第四，实施农产品流通主体组织化计划，培育农产品流通龙头企业。①按照农产品流通产业化的发展方向，推动商户企业化，在税费、资金和经营上予以支持。②借鉴农业产业化龙头企业扶持的成功做法，由国家经贸委和各相关部委联合发布农产品流通产业龙头企业扶持政策办法，重点是加大对农产品批发市场，农产品运销企业、进出口企业、物流配送企业和大型食品连锁超市的扶持力度。③鼓励引导农产品运销户的多种形式的联合、合作；以产地批发市场和销地批发市场为依托，组织农产品运销户协会；鼓励生产基地加商户，加工企业加商户，运销公司加商户和配送中心加商户的联合。④加快农产品流通引进外资的进度，鼓励多种形式的合资合作。⑤在加强对商户管理的同时，要加强对个体商户的培训、教育和业务支持，提高素质，开拓经营。

第五，实施农产品流通质量优化工程。首先，要制订实施农产品流通质量安全计划。包括：制定农产品流通质量安全标准，市场准入制度，检测制度；制定农产品经营者市场准入制度，设施标准，经营管理要求；建立市场农产品质量安全检测体系；鼓励扶持企业投资检测设施，政府要组织开发适用的检测设备和技术；规范政府部门对检测的管理，减轻企业、商户的负担；实行质量公示制度和信息反馈制度。其次，要推动农产品优质流通计划。包括：开通优质农产品信息网站，公布供求信息；推动农产品流通的冷链体系建设；鼓励生产者与市场、商户联合；在批发市场开专营区、集市开专设摊位、超市开专柜，鼓励商户专营和优质配送，品牌经营；举办优质农产品交易会等。

---

①“超市化”的观点不当，作者后来有了大的改变。此处仍存旧。

总之，我国农产品流通中的问题，是发展中的问题，只要我们从战略的高度予以重视，通过现代化发展的途径是完全可以得到解决的。

发展产地集配中心　带动农民共同运销①

关于中国农产品协会的必要性，中国流通业的现状，我从企业角度来谈几点。

一、在农业协会里，要特别突出流通协会的作用

农业产业结构调整就是讲优质增效。优质的前提就是提高投入，这样就带来了高风险。种一亩麦子的风险要比种一亩大棚菜的风险小一百多倍。如果让优质农产品卖不出去，不仅不能增收，反而把农民推向了高风险的危险边缘，这是一个严重的问题。最近中央提出一些农产品流通的措施是对的，在中央农村工作会议上有了具体的阐述，希望借此机会更好地实施。

我们农产品流通的现状是散、小、弱。规模化小，农民受气，处于劣势。举个例子我们市场的商户到海南采购扁豆，那里当地的采购商和经纪人想尽办法欺负农户，对扁豆压等级，称重量的时候压重量，算成本的时候压价格，农民完全处在被宰割的地位。同时，有些运销户的能力不是很强，以家族性运输为主，不能很好地做到专业化，更厉害的是运输过程中还会遇到许多不合理的现象，比如公路“三乱”现象。从海南到北京，一车菜的成本也就1万元，一车菜的运输成本也要1万多元，这中间就包含公路的乱收费、乱罚款等。比如一车土豆从河北玉田到北京也就几百千米的路程，沿途要过六七道关卡，收的费用高达960多元。就这样，到了我们市场，实事求是地讲，虽然我们的服务态度很好，但我们还要对他尽可能地收取管理费，这可以看成是“资本家的思维和品质”。在这种情况下，农民只好用他们自己的办法来对付。

提高农民进入市场组织化程度是改变这种状况的一种途径。在流通领

①本文2003年2月发表于《农民日报》。

域，流通协会很重要。在我国台湾，农业生产中一种主要措施叫“共同运销”，其法律也认同了，我想我们可以借鉴。为此，我提出：“发展产地集配中心，推动农民共同运销。”

我们搞农产品流通协会，实现共同运销，要有一个有效的切入点，那就是在广大产地建立农民协会的集配中心。现在广大的消费地区搞配送，麦当劳等商业巨人就有自己的配送中心。现在在产地成立一个集配加工中心，使它成为协会的一个载体，只能在产地，就是在农民自己的地方进行。在日本，日本农协就是有这样的模式：在产地，一般一个几百平方米的车间、五六十万元投资的生产线，由农协组织上市，使农民有了一个共同依托的实体。现在我们的现实是由经纪人到田间直接装车，将来不是这样，我们的协会还可以提出或制定相关的标准，保证更好地实施。

针对这种运销模式，我认为有三点：一是购销，对农产品实行买断，这样农民无风险，农民利益大，但协会集配中心对资金的要求也很高；二是代理，协会对农产品实行代理制，日本农协与批发市场就大多是这种形式；三是普惠制，用统一的品牌（要求有成熟的品牌等），再划分等级，这样就很好地解决了批量生产的问题，整个乡村都可以共同划分等级，再进入市场，失去了等级标准化。

二、对农产品协会的看法

1. 政府的支持。给协会法律上的地位，要规范行为，更要保护大成员的利益。

2. 要有资金上的支持。资金可以从几个渠道来解决，对于具体的设施建设如信息中心的建设（对信息建设要重视），有利形成有效地准确的信息资源。鼓励农民采取共同运销，有利减少相关环节，要有一些相关的优惠政策。

3. 给予指导。现在的感觉是中央制定政策就完事了，没有落实，应该有一个专门机构一直抓下去。我们可以抓典型、抓试点，这是适合中国老百姓的心态的，跟当年学大寨一样。共同运销和集配的模式如果成功，再搞绿色工厂，搞生产等环节上的网络，借鉴农村建设电网的形式，就一定能成功。

农产品零售终端：农贸市场与超市孰优孰劣[①]

超市的发展和对经营包括农产品在内的生鲜食品的日益重视给农贸市场带来了一定的威胁，但目前还远没有达到能使农贸市场退出“舞台”的地步，这种先进的零售业态与农贸市场在农产品流通方面并未占到丝毫便宜。相反，很多超市经营生鲜产品无法赢利甚至长期处于亏损状态，而农贸市场则不仅没有被“农改超”所取代，反而在竞争中活得有滋有味。那么，在我国目前特有的国情和现阶段的农产品流通状况下，超市与农贸市场这两种农产品的零售终端到底孰优孰劣？

一、农贸市场 VS 超市

超市与农贸市场的区别在于：超市采取的是统一采购、统一配货、统一定价的连锁经营方式。统一采购，就是直接从农产品生产基地进货，最大限度地减少了传统批发诸多的中间环节，解决了成本高的问题；统一配货，不仅能保持生鲜食物的新鲜，而且做到货物多元化，全方位满足市民需求，这些产品在配送中，往往经过严格的筛选、包装和加工，方便了购买。还有原来农贸市场根本无法做到的，那就是安全问题。统一采购、配货后的产品要经过严格的检测关，倘若检测不过关，则把货物退回产地或销毁。

记者从营业时间、购物环境、价格、质量、品种、付款方式等几个方面，对超市和农贸市场进行了一下对比。

1. 营业时间。超市营业时间普遍没有农贸市场早，农贸市场大部分从早上 5 点后就陆续营业，而超市一般要到 9 点左右。让一些习惯于早上买菜的中老年人感到不便。不过，超市的营业时间可延续到晚 9 点，而农贸市场则关门较早。

2. 购物环境。这是超市最大优势，明显优于农贸市场。据一份调查报

---

①本文是刊于 2004 年 8 月 19 日《超市周刊》的记者陈岳峰的采访综述，其中谈到了作者对“农改超”的看法。

告显示，在品种与价格相同的情况下，近八成的消费者不会去相对“脏、乱、差”的农贸市场，而愿到整洁、井然有序的超市去购物。

3. 商品价格。超市与农贸市场互有高低，如肉类和蛋类，由于超市走货量大，成本相对较低，价格也相对低于农贸市场。但蔬菜、水果价格却明显高于农贸市场。而且，农贸市场可以讨价还价，而超市却是“不二价”。与农贸市场相比，价格是超市最明显的劣势。

4. 质量和称重。相比之下，超市比农贸市场更让人放心，超市的采购渠道比较正规，有的超市还与农贸或蔬菜基地“挂钩”；而农贸市场某些商品让人感到不放心，以次充好、以假乱真、缺斤短两等现象时有发生。

5. 品种与数量。超市由于场地有限，果蔬品种没有农贸市场多，但基本品种一般也能满足需求。农贸市场的蔬菜水果数量、品种相当丰富，但很多摊位经营着雷同的蔬菜和水果。许多超市和农贸市场进货时的新鲜度已相差无几，但由于超市的水果、净菜比农贸市场的贵，销量低于农贸市场，商品周转慢，新鲜度降低，因此也处于一定的劣势。

6. 付款方式。这方面超市与农贸市场各有利弊。超市是在自由选购之后统一在收款台前一次结账付款，而农贸市场每次消费完毕就付款一次。超市付款排队现象时有发生，高峰时经营等候十几分钟，农贸市场则没有这种现象。

7. 商品包装。农贸市场的塑料袋五花八门，卫生没有保证。而超市里则多使用一次性环保包装袋或包装盒，并贴有标签，价格、保质期等一目了然。这是农贸市场无法相比的。

当然，超市在很多方面也并不如人们想象的那么标准和规范。比如说在农副产品的采购上，目前有不少超市都是直接从批发市场进货的。而在食品卫生安全检测上，目前国内超市自身拥有检测设备的几乎没有，更多的是委托第三方进行检测，对检测也并非十分严格，这也就是为什么目前超市依然会出现问题食品的原因。

二、短期内超市无法取代农贸市场

关于应该建立一个什么样的农产品流通体系，目前有两种不同意见：一种是通过对农产品批发市场的升级改造，建立一个以批发市场为枢纽，以具备一定组织化程序的农产品经营者为主体，以规范化的集贸市场和超市为零售终端的较为现代化的农产品流通体系；另一种是要大力发展以物流配送为枢纽，以连锁公司为经营主体，以超市为零售终端的现代化农产品流通体系，并取代批发市场体系。

作者表示，我国应该选择第一种模式。他认为，在10～20年内，农产品批发市场和集贸市场不可能被超市这种业态所取代。理由有三：

1. 这是由我国经济发展的总体水平决定的。配送中心和超市代替批发市场和集贸市场，在欧美发达国家是从20世纪70年代开始的，到90年代才成为主体。日本超市是从20世纪80年代加快速度，到90年代才成为主体，但配送中心并未取代批发市场成为农产品流通的枢纽环节。我国经济虽有飞速发展，但比欧美和日本，仍落后相当长时间。

2. 是由我国农产品生产的水平决定的。配送中心和超市化体系，要求农产品生产现代化、组织化、规模化；农产品实现标准化、品牌化。我国在近20年内，还只能是处在向这个方向推进的过程中。在这个过程完成之前，农产品流通不会以配送中心和超市体系为主体。比如北京不少超市的生鲜农产品就是在八里桥批发市场采购的。

3. 是由人们收入水平和消费习惯决定的。农产品一进超市，价格就比批发市场和集贸市场高出50%～200%。20年内，居民收入水平仍难以达到普遍承受超市农产品价格的水平。此外，中国人的食品消费方式和习惯也不是短期内可以改变的。

作者称，目前包括很多专家和学者在内，普遍把集贸市场和批发市场的概念混淆了，其实这是完全不同的两种经营方式。在我国，农产品批发市场目前承担的是一个物流配送和连锁采购的作用。而这恰恰是一种最适合我国农产品流通加速发展的模式。专家表示，配送中心和超市体系的发展速度也将加快。在一些发达地区，尤其是大城市如北京、上海等地，超市还会有较快的发展，甚至在10年内成为重要力量。但由于我国农业的发展是一个缓慢渐进的过程，因此在相当长的时间内，农副产品批发市场的作用不可能被取代。相反，我国的生鲜配送中心可能还必须依托批发市场才会生存和发展起来。

三、“农改超”要慎行

近年来，“农改超”盛行各地，但成功者寥寥无几。如媒体宣传较多的“福州模式”，各方面都很好，但对于经营效益却避而不谈。实际上，有效益才会有企业的生命力。国内生鲜专家、深思顾问机构首席顾问方昕说：“媒体都把福州永辉称为是‘农改超’的成功典范，实际上这只是一家大卖场业态转型的成功。”

作者认为，目前全国各地“农改超”的现状，已经说明这种模式存在一定的问题，因此，“农改超”应该慎行。

作者分析指出，超市代替批发市场和集贸市场，必须与经济发展水平相适应，必须与农业生产水平相适应，必须与百姓消费习惯相适应，必须与企业效益和能力相适应等。而目前在这方面我国的条件都不成熟。农贸市场最突出的问题就是购物环境和食品安全，只要这两方面得到改善和提升，农贸市场在与超市竞争优势将更加明显，而最关键的就在于管理。只要管理得当，营造一个干净、卫生、安全的购物环境的目标并非难以实现。因此，在现阶段乃至未来的一段时期内，与其大张旗鼓地推行“农改超”，倒不如下力气多办一些规范化、标准化的厅内集市和社区生鲜食品店更切实际，这种方式成本低、见效快，适合我国国情和目前发展现状。如在我国香港，就有公司专门搞连锁化的集贸市场，尽管还是采取摊位出租式的经营，但非常规范，采取公司化运作模式，成本也比“农改超”要低许多。内地企业完全可以借鉴这种发展模式。

关于农产品流通的三点建议①

我是北京八里桥农产品中心批发市场的总经理，在这个岗位上已经工作了六年。此前，曾在原商业部商业经济研究所从事流通理论政策研究十五年。近年来，每日与农民和农产品经销商户打交道，深感我国农产品流

①本文是 2006 年 1 月 24 日向有关领导提交的一份建议书。

通方式不适应经济发展的需要，考虑再三，还是冒昧地就农产品流通问题，向您提出三点建议。

一、建议实施“农产品集配中心”工程

农产品流通组织化程度太低，尤其是千家万户的农民分散将农产品上市销售，往往使自己处于交易的劣势地位，任凭收购者压级压价，同时分散上市，也不利于农产品的标准化、品牌化生产和流通，不利于保证产品质量安全。

为了解决这个问题，目前采取的公司加农户和组织流通协会的办法，都有一定效果。但前者农民还是处于被动地位，就全国广大农村和农民而言，可带动的农户数量还是难以普遍；后者办协会，缺少的是一个物质基础平台，把农民凝聚起来。

从国际经验和我国一些地区的成功经验来看，在农村由政府支持，有组织地建立“农产品集中配售中心”（简称集配中心），不失为一个可行的好办法。具体做法是：在自然村一级，建一个集配中心，面积不需太大，内设：①分拣、包装车间；②质量快速检测室；③小型冷库；④一个办公室，配有一台电脑和电话。投资不大，建设简单适用即可。

以这个中心为依托，将农民在流通的初端组织起来，将农产品集中起来，实现“共同上市”达到农产品流通上市环节组织化、规模化、标准化、安全化和效率化的目的。

国家可设一个基金，专门用于扶持这个工程建设，把这件事纳入新农村建设的一个组成部分。“中心”可采用“民办官助”和“企办官助”等多种方式，调动各方面的积极性参与进来。

二、建议建立“中国国际农产品交易中心”

正在迅速推进的农业生产结构调整，目的是实现优产增效和优质增收，如何保证农民生产的优质农产品能优价畅销，是一个头等大事，否则就会使农民优产不增收，反而带来高投入高风险。

我国的农产品、食品消费，正在由数量温饱型向营养健康型转变，如何保证广大消费者对优质农产品、食品的日益增长的需求，也是一个大问题。

农产品流通的全球化、国际化，对中国是一个必然的趋势，如何使我国越来越多的优质农产品走向世界，如何正确可控地引进国际优质农产品及涉农生产资料和科技成果，也是一个新课题。

我国目前的农产品流通体系缺少解决上述农产品生产、消费和国际化新问题的环节和组织形式。

建议在北京、上海和广州，分别建立三个“中国国际农产品交易中心”。这是一个国际化的多功能的农产品流通园区。包括：①交易中心；②会展中心；③物流中心；④信息中心；⑤金融中心；⑥综合服务中心。通过这个中心，将国内外的优质农产品，集中长年展示交易，解决优质农产品“到哪卖，到哪买”的问题；通过举办国外先进的涉农生产资料和科技成果会展，促进我国农业生产的发展；通过优质农产品的集中公开交易，形成合理价格机制；通过这个中心，集中国内外优质农产品的产销信息，可以引导农业生产结构的正确调整方向；通过这个交易中心，还可带动我国农产品流通体系的现代化建设。

这个中心，可以选址新建，也可以选择有条件的现有批发市场改造建设。投资可采用“民营官助”，“中外合资”等多种方式。

三、建议加强对农产品流通现代化的研究工作

我国目前的农产品流通体系，是一个二元化的结构：一条是以批发市场为枢纽，以菜市场为末端的传统主渠道系统；另一条是以物流配送为枢纽，以连锁超市为末端的新兴现代流通系统。前者面临着如何现代化，怎样现代化的问题，后者面临着如何适应中国国情的问题。从中国国情实际出发，借鉴国际发展经验，探讨中国农产品流通现代化的模式，是一个事关经济发展的战略问题。不解决这个问题，农业的现代化和“三农”问题，就不会得到根本的解决，整个流通的现代化也不会得到正确的解决。

国际上的发达国家和地区，都下大力气，组织对农产品流通现代化的研究，为政府决策提供科学依据，收到了好的效果。而我国在这方面还有很大差距，例如，大学不开设农产品流通专业，也就培养不出来专门人才；政府和院校没有能力和水平开设对农产品流通进行专门研究的机构，遇到

问题往往是临时凑人搞课题，缺少长期专门的系统化研究，成果往往就事论事，缺少科学性战略性。

因此，我建议政府应推动农产品流通的研究和教学工作，设置研究机构，开设专业，编制研究规划，出成果出人才，以利我国农产品流通现代化的科学发展。

唯一出路在于创建“国家公益市场”①

赵尔烈现为北京八里桥农产品批发市场总经理。前15年在国家商业部经济研究所搞研究，后15年在市场上摸爬滚打从事实体经营，“学者＋企业家”的双重光环，让貌似憨厚的他却拥有非同常人的眼光。“目前，以至将来较长的时间内，传统农产品流通在我国仍是主渠道，现代流通没有几十年的时间是占据不了这个位置的。”近日，赵尔烈在接受记者专访中指出，要改变目前我国农产品流通渠道和体系不适应新的形势需要的局面，出路只有一条，就是实施“国家公益性农产品交易市场工程”。

一、谁是主渠道

记者：目前，我国农产品和食品流通是一个什么结构？

赵尔烈：我国现存两条农产品、食品流通渠道。一条渠道是以传统产品批发市场为集散枢纽，以个体商户和经纪人为经营主体，以大路货农产品为流通客体，以集贸市场和社区菜市场为零售末端，我们可以称之为传统流通渠道。另一条渠道是以物流配送中心为流通枢纽，以连锁超市公司和其他农产品公司为经营主体，以优质标准化农产品为流通客体，以连锁超市为零售末端，我们可以称之为现代化流通渠道。这两条渠道构成我国现行农产品食品流通的二元化体系。

记者：传统流通与现代流通谁是主渠道？听现在外面刮的风声，现代流通似乎要占据上风。

---

①本文为发表在2009年8月6日的《湖南经济报》的记者专访。

赵尔烈：我一直在关注这个问题。欧美在15年前，也就是1993、1994年之前，传统的批发市场还是个主渠道，但后来退居次要。从原来的占据流通市场的50%～60%退到20%～30%。这就给人一个结论，连锁超市、物流配送和现代流通渠道将代替农产品批发市场。这其实是个错误的认识，至少中国在很长时间内不是这样。前些年，商务部、经贸委等部委大声呼吁大力发展现代流通业，强调物流配送、连锁超市。另外，还有个潮流——农改超，前几年闹得沸沸扬扬。农产品批发市场改成超市喊了一顿之后，好的不多，现在又回过头来搞社区菜市场，上海、北京、南京，包括你们长沙要搞很多。闹了一阵又转回来了，这里就有个问题。

记者：什么问题?

赵尔烈：传统流通向现代流通转变，内在经济原因是什么？需要什么条件？中国什么时候才能出现这种情况？从经济发展的收入来看，这种现象是在人均GDP在1.5万～2万多美元以后产生，连锁超市集团已经完全形成，垄断了农产品流通的零售管理，比如沃尔玛。只有零售业实现垄断，这样在农产品流通中超市才能为主体，不然的话就不行。工业的垄断性要早于流通领域的垄断。零售业实现垄断是个很艰难的过程，服务必须深入千家万户，必须贴近消费者，比如买菜，最佳的零售距离是在15分钟之内。中国人均GDP才3000多美元，这注定代表传统农产品流通的批发市场仍为主渠道，而且这个过程很漫长，没有二三十年，甚至50年的时间，超市就成不了主渠道。

二、唯一的出路

记者：给人感觉，现在的农产品流通渠道和体系不适应新的形势需要。有什么解决的办法?

赵尔烈：出路只有一条，就是实施“国家公益性农产品交易市场工程”，由国家承担起农产品交易市场这个社会公益性的责任，即由政府作为投资主体，吸引社会资本参与，新建和改建一批现代化的适应优质农产品流通需要的国家公益性农产品交易市场。①可以及时地解决城市化进程中农产品供应问题，稳定市场和价格；②持续推进农产品市场的设施和管理的现代化；③为政府对农产品食品的宏观监管调控提供一个支撑的平台，尤为重要的是使信息采集发布和质量检测监管得以落实；④降低流通成本，降低流通损耗，提高流通效率；⑤促进农产品标准化优质化生产、流通、消费和国际贸易。

记者：现在实施，时机是否成熟？

赵尔烈：恰逢其时。目前，我国农产品生产、消费、流通和贸易的发展，提供了基础。在全国已有的农产品交易市场中，有了一批设施和管理较为先进的市场，国家把其中的优秀者纳入国家公益市场范围进行改造，有一定的基础。特别是随着城市建设的外扩改造，众多的批发市场正在外迁重建，这正好提供了一个难得的机会。譬如，你们的长沙红星农贸大市场其实在这方面可以先行先试。

记者：您还有什么建议？

赵尔烈："国家公益市场"要有国家立法和必要的行政规章制度作保障。过去有一种误解，总觉得我国农产品市场发育不成熟，立法难以实施。但从国际经验看不是这样。我国目前只要也针对选定的国家公益性农产品交易市场进行立法，对社会上众多的其余市场则不纳入本法约束，就不会出现有法难依的局面。并且法律本身也可以如国际通行做法那样适时进行修改。

加快农产品流通现代化拉动内需持续增长（节选）①

一、农产品供求对拉动内需的重要作用

（一）最终消费是拉动内需持续增长的关键

1. 拉动经济增长的三大需求为最终消费支出、资本形成总额、货物和服务净出口

①本文是为"2009北京批发论坛"提交的论文并收入该论坛文集。文中数字据《中国统计年鉴》《中国农业发展报告》《中国农产品交易市场年鉴》和《中国农产品贸易发展报告》等资料整理。

2. 三大需求对经济增长的贡献和拉动（见表1）

表1　　2007—2008年三大需求对经济增长作用

年份	最终消费支出		资本形成总额		货物和服务净出口	
	贡献率（%）	拉动经济增长（%）	贡献率（%）	拉动经济增长（%）	贡献率（%）	拉动经济增长（%）
2007	40.6	5.3	39.7	5.1	19.7	2.6
2008	45.7	4.1	45.1	4.1	9.2	0.8

（二）居民消费需求是最终消费需求的主体

1. 两种最终消费需求指居民消费需求、政府消费需求

2. 居民消费需求的地位和作用（见表2）

表2　　2008年两种最终消费需求的值和比重

消费类别支出 / 支出值和比重	居民消费支出	政府消费支出	合计
消费支出值（万亿元）	10.84	4.07	14.91
占比重（%）	72.7	27.3	100

3. 居民消费需求持续增长的两大条件

居民收入持续增长、居民消费力持续提升并实现。

（三）农产品供需是居民消费持续增长的重要推动力

1. 农产品销售是农民收入（消费力）的主要来源

（1）农业经营收入是农民收入的主体（见表3）。

表3　　2008年农民人均纯收入额及结构

收入来源	工资性收入	经营性收入	其中：农林牧渔收入	财产性收入	转移性收入	合计
金额（元）	1853.73	2475.56	1945.85	148.08	323.24	4800.61
占比重（%）	38.6	51.6	40.5（占总收入）	3.1	6.7	100

（2）农产品销售是农民农业经营性收入的主要实现形式。

2008年全国农民经营农林牧渔总收入约为1.4万亿元，约占当年总收入的40.9%，这些收入主要靠销售农产品价值实现（见表4）。

表4　　2008年全国主要农产品产销情况

品种	谷物	水果	蔬菜	出栏肉猪（万头）	水产品
产量（万吨）	47847	19220.2	59240.3（全国）	61016.6	4894.9
商品率（%）	70.8	95以上	98以上（大中城市）	约98以上	98以上
销量（万吨）	3387.6	18259.2	41468.2	59796.3	4797.0

2. 食品消费是城乡居民消费的重要部分（见表5）

表5　　2008年城乡居民消费支出构成

城乡＼类别	食品	衣着	居住	家庭设备用品及服务	医疗保健	交通通信	教育文化娱乐服务	杂项商品与服务
城镇（%）	37.89	10.37	10.19	6.15	6.99	12.60	12.08	3.72
农村（现金支出）（%）	43.67	5.79	18.54	4.75	6.72	9.84	8.59	2.10

3. 农产品消费是食品消费的主要部分

表6　　2008年城镇居民人均消费的主要农产品额

品类	粮油	肉禽蛋水产品	蔬菜	干鲜瓜果	合计
金额（元）	576	1268.8	409.3	293.5	2547.6

2008年，城镇居民上述四大类农产品人均消费占食品消费4259.8元的60%。全国城镇居民上述四大类农产品消费全年总金额约为1.55万亿元，占全国城镇居民全年消费性总支出6.8万亿元的23%。这还不算其他大量

的农产品及其加工产品的消费。

4. 提升农产品需求水平，将大幅拉动内需能力

全国食品销售总额若增加一个百分点，食品销售总额将增加3730亿元，相当于2009年预计家电下乡销售额1500亿元的2.5倍。其中四大类农产品在城镇销售额若增加一个百分点，将会增加消费1550亿元，也将超过家电下乡的预期总额。

二、农产品供求面临着历史性发展机遇

（一）农产品供求总量快速发展

1. 农产品产量快速增长供给猛增（见表7）

表7　　2001—2008年主要农产品产量　　单位：万吨

年份＼产品	粮食	水果	蔬菜	肉类	水产品	禽蛋
2001	45264	6658	48422.4	6105.8	3706.2	2182.0
2008	52871	19220.2	59240.3	7278.7	4894.6	2701.7
2008年比2001年增加量	7607	12562.2	10817.9	1172.9	1188.4	519.7
2008年比2001年增幅（%）	16.8	188.6	22.3	19.2	32.1	23.8

2. 农产品消费总量快速增长需求猛增

近十年来，人均农产品消费量相对稳定，但随着人口增长，尤其是城市化加快，城镇人口快速增长，全国居民，尤其是城镇居民的农产品需求总量也在快速增长。

表8　　2000—2008年人口变化　　单位：万人

	2000年	2008年	2008年比2000年净增人数	平均每年增长人数
全国	126743	132802	6059	757.4
城镇	45906	60667	14761	1845.1

表 9　2000—2008 年全国城镇居民全年主要农产品消费量　单位：亿千克

品种	粮食	鲜菜	肉类	鲜蛋	水产品	水果	合计
2000 年	377.9	526.3	92.1	51.4	53.9	263.9	1365.5
2008 年	470.8	747.1	137.7	65.2	84.3	330.5	1835.6
2008 年比 2000 年增加量	92.9	220.8	45.6	13.8	30.4	66.6	470.1
2008 年比 2000 年增幅（%）	24.6	42.0	49.5	26.8	56.4	25.2	34.4

按每年新增城镇人口 1845 万人，城镇居民每人 2008 年全年消费上述 5 大类农产品 297.54 千克计算，每年全国城镇至少要增加主要农产品消费量 54.9 亿千克。

（二）农产品供求质量水平快速提升

1. 农产品供给质量的变化

“十五”时期，我国主要农产品产量达到世界第一，农产品供给实现了总量平衡，丰年有余，结构过剩。进入“十一五”时期，随着现代农业和社会主义新农村建设的全面推进，农业生产结构正进一步进行战略性优化调整，大力发展高产、优质、高效、生态、安全的农产品，来增加农民收入，满足市场需求。这将从根本上改变我国农产品供给格局，实现由数量增加到质量全面优化的转变。

（1）优势区域化生产格局初步形成。

粮、棉、果、畜、渔等优势产区作物在全国种养的比重稳步上升。2007 年苹果达到 51%，柑橘占 54%。2007 年全国一村一品的专业村达 4.2 万个，占全国行政村 6.8%，经济总收入 1.2 亿元，所涉农户 1900 多万户，占全国农户 7.8%。人均收入 5085 元，是当年全国农民人均经济收入的 1.2 倍。

（2）农产品品质结构不断优化。

近年来，无公害、绿色和有机等绿色农业年增长 20%以上，实物量已近全国食用农产品总量的 30%。

表 10　　2007 年绿色农业状况

类别	无公害农产品	绿色食品	有机农产品
认证累计（斤）	34186	15238	3010
产品总量	2.06 亿吨	8300 万吨	322.7 万吨

另据统计，到 2009 年 9 月底，全国绿色食品企业共 6489 家，产品 17899 个；2008 年年底全国绿色食品总产量 9000 万吨，产品销售额 2772 亿元。

（3）农业标准化水平显著提高。

“十五”期间制定农业国家标准 800 多项，行业标准 2235 项，地方标准 8000 多项。创建国家级农业标准化示范区 539 个，农业标准化示范县（场）100 个，省级标准化示范区近 3500 个，带动种植面积 3333 万多公顷。

表 11　　2009 上半年累计全国绿色食品标准化基地状况

参建单位（个）	其中		创建基地（个）	总种植面积（万亩）	总产量（万吨）	对接龙头企业（家）	带动农户（万户）	增加农民收入（亿元）
	县（个）	农场（个）						
240	199	41	312	7538	4221	816	958.7	4.8

伴随着农产品质量的提高，农业的产业化、规模化、集成化和品牌化水平也都逐步提升。

2. 农产品需求质量的变化

（1）经济快速发展带来农产品消费总体优化。

2008 年，我国人均 GDP 达到 3268 美元，达到世界中等收入国家水平；城乡居民恩格尔系数分别为 37.9%和 43.9%，城镇居民人均可支配收入 15781 元，农村居民纯收入 4761 元，已达到总体小康水平。“十一五”时期，城乡居民收入仍将年均增长 5%，到 2020 年将达到全面小康水平。在此期间，居民对农产品的消费总体正进入重大的结构调升时期，实现由追求温饱的生存阶段，转变为追求安全、营养、健康、特色的优质化享受阶段。同时，城市化率也将由 2008 年的 45.7%到 2050 年达到 70%左右，基本实现城市化。农产品消费也将由以农村为主，转为城市为主，带来优质农产品的全国性大批量流通。

表 12　　2000—2008 年 GDP

2000 年	2008 年	2008 年比 2000 年增长额	2008 年比 2000 年增幅
949 美元	3268 美元	2319 美元	244%

表 13　　2000—2008 年城乡居民恩格尔系数

	2000 年	2008 年	2008 年比 2000 年
城镇	39.4	37.9	减少 1.5 个百分点
农村	49.1	43.9	减少 5.2 个百分点

表 14　　2000—2008 年城乡居民收入和消费支出

		2000 年	2008 年	2008 年比 2000 年增加额	2008 年比 2000 年增幅（%）
城镇	收入（元）	6280	15781	9501	51.2
	支出（元）	4998	11243	6245	25
农村	收入（元）	2253	4761	2508	11.3
	支出（元）	1670	3661	1991	19.2

（2）居民收入差距拉大，农产品消费层次化日趋扩大。

A. 地区间差距

2008 年，东部比西部城镇居民，可支配收入多出 6232.28 元，高 48%，食品性消费支出多出 1014.02 元，高 25.9%。

表 15　　2008 年东、中、西部城镇居民人均可支配收入和食品消费支出

	东部	中部	西部	东部比西部增加额	东部比西部增幅（%）
可支配收入（元）	19203.46	13225.88	12971.18	6232.28	48.0
食品支出（元）	4927.98	3596.91	3913.96	1014.02	25.9

B. 城乡间差距

2008年，城镇居民收入是农村居民的3.35倍，食品消费支出是2.66倍。

表16　　2008年城乡居民人均收入和食品消费支出

	城镇（可支配收入）	农村（纯收入）	城镇比农村增加额（元）	城镇与农村比（倍）
收入（元）	15781	4716	11065	3.35
食品支出（元）	4259.8	1598.7	2661.1	2.66

C. 贫富间差距

2008年，城镇居民最高收入户比最低收入户，每户全年总收入多42218.57元，可支配性收入多38860.16元，消费性支出多22449.25元，其中食品消费支出多5691.85元，分别是5.48倍、9.17倍、5.95倍和3.6倍。

表17　　2008年城镇居民按收入等级收支情况

	全国	最低收入户	低收入户	中等偏下户	中等户	中等偏上户	高收入户	最高收入户
平均全部年收入	17067.78	5203.83	7916.53	10974.63	15054.73	20784.19	28518.85	47422.40
平均可支配收入	15780.76	4753.59	7363.28	10195.56	13984.23	19254.08	26250.10	43613.75
平均消费性支出	11242.85	4532.88	6195.32	7993.67	10344.70	13316.63	17888.18	26982.13
食品支出	4259.81	2182.29	2846.86	3428.85	4181.25	5043.64	6087.25	7874.14

三大收入差距，拉大了居民农产品消费的档次，其中最为显著的是贫富差距的影响。在城镇居民收入形成的三大等级中，最低收入户和低收入户占20％，中等偏下户、中等户和中等偏上户占60％，高收入户和最高收入户占20％。收入三等级居民对粮食以外的主要农产品的消费呈现出在数量上递增，在质量上递优。

表 18　　2008 年按收入等级分城镇居民人均全年主要农产品购买量　单位：千克

收入 种类	总平均	最低收入户	低收入户	中等偏下收入户	中等收入户	中等偏上收入户	高收入户	最高收入户
肉类	22.7	15.13	19.26	21.52	23.83	25.38	27.33	27.14
鲜蛋	10.74	8.23	9.58	10.33	11.37	11.76	12.02	11.71
鲜菜	54.48	32.92	42.07	49.17	57.33	63.69	68.89	73.10
鲜瓜果	54.48	32.92	42.07	49.17	57.33	63.69	68.89	73.10

鲜奶和奶制品差距就更大了。

（3）农产品进出口贸易发展迅速。

2007 年农产品进出口总值 781 亿美元，是 2000 年 268.2 亿美元的 2.9 倍，对推动农民增收和居民消费作用越来越大。

三、目前的农产品流通体系，不适应农产品供需的新形势，不利于拉动内需增长

（一）我国目前农产品流通的二元化体系

1. 传统流通渠道

以传统批发市场为集散枢纽；以个体商户和经纪人为主体；以大路货农产品为客体；以集贸市场和社区菜市场为零售末端。

2. 现代流通渠道

以物流配送中心为枢纽；以连锁超市公司和其他农产品公司为主体；以连锁超市为零售末端。

（二）目前的农产品二元化流通体系不适应新形势的需要

1. 传统流通主渠道的不适应主要表现在经营质量上

设施简陋、商品低杂、交易原始、商户弱小、效率低下、成本高、损耗大、管理粗放、难以调控。

2. 现代流通新渠道的不适应主要表现在经营数量上

投资大、费用大、价格高、业态偏差、发展不均、市场占有率低。

（三）农产品流通体系不适应的综合征对拉动内需带来严重阻滞

（1）结构性流通不畅，导致结构性“责难”，妨碍农民增产增收。

不正常的常态：

领导批示促销；政府、协会、组织对接市场商户实行应急采购。

（2）高成本、高损耗、低效率的运销，导致农产品流通“三方获益”。

运费高、罚款高、市场收费高；运损高、储损高、销损高；信息不明、高流不畅、物流迂回；经营无规模——低效率。

农产品流通中的“两高一低”，往往使得农民低价销售，不能增收；商户维持经营，收益不保；消费者高价购买，需求受抑。

（3）农产品流通水平的低下，限制了供求“两优”的发展。

改善农产品流通来拉动内需增长，一方面要在数量上推动供需增长，另一方面还要在质量上推动供需增长。后者在当前尤为重要。而目前的农产品流通体系，恰恰在这方面差距颇大。

①流通中的农产品一无标准，二少品牌，优质品不能优价，优销不得实现。

②运销中的农产品无完备冷链，品质难得保证，价格自然下滑。

采后无预冷、储存少冷库；运输无冷藏车、销售无控温场所。

③经营中优劣混杂，优质不得优价，优销望而却步。

经营商品混杂、经营场所混杂、经营组织混杂、经营方式混杂。

④信息闭塞，优质农产品的生产、销售和消费需求，不知不便，相互脱节。

四、推进农产品流通现代化是一个系统工程，要抓紧做好

（1）要转变观念。真正充分认识农产品流通在促进经济发展，推动内需持续增长中的全局性、战略性重要作用。

（2）要制订规划。从长期发展着眼，从近期需要着手，制订我国农产品流通现代化的发展战略规划包括行业发展规划并组织实施。

（3）要建立法规。如《农产品批发市场法》《农产品流通标准规定》《农产品运输的收费标准规定》等。

（4）要继续加大政策扶持。如扶持各类市场建设、物流配送建设和冷链建设等。

（5）要创建新的农产品流通体系。在发展连锁超市和升级改造批发市

场的同时，要探索创建适合我国特点的现代化的优质农产品流通体系。

发达国家蔬菜流通现代化的几点启示①

一、在规模化和组织化的基础上，实现产销衔接，保障供求平衡

1. 依靠大型农业公司，实现农工商一体化。1997 年，美国共有专业果菜农场 16 万个，每场平均有耕地 51 公顷。1995 年，年销售额 10 万美元以上的大农业公司占农场总数仅 16%，但占耕地 54%，提供的农产品更高达 83%。这些垄断性大公司实行产供销、农工商垂直一体化经营，实现了大部分农产品包括蔬菜的产销计划性衔接。

2. 依靠合同制生产，建立稳定的产销关系。美国通过立法，推行农产品包括蔬菜的合同制生产，其中有强制性的要求，也有自愿引导性的规定，1970 年全国按合同生产购销的蔬菜已达 80%，其中包括大型农业公司以外的全国 5474 家生鲜果菜批发商和 647 家代理商和经纪人，以及大型连锁超市公司等也都参与其中。

3. 依靠合作组织，实现共同销售计划上市。日本农户平均占有耕地仅 1.2 公顷，生产细小分散，但日本的合作组织"农协"却十分发达，实现了全国农户的全覆盖和生产、销售的全覆盖。目前经过全国 5958 个农协上市团体，共同上市的蔬菜达到上市量 80%。同时，政府又通过《蔬菜生产上市安定法》，实行蔬菜"三指定"，即指定主要品种、指定主要消费地和指定主要产地，利用指导性计划和经济调控手段，通过农协组织，实现主要蔬菜的产销衔接均衡上市，把小生产组织成有序的大流通。

二、加大对农产品流通的公益性投入，改善政府服务，降低流通成本提高流通效率

1. 批发市场建设。到 20 世纪 90 年代初的前 200 多年，农产品批发市场伴随着工业化和城市化发展，一直是农产品包括蔬菜流通的主渠道和枢

---

①本文于 2010 年 10 月 16 日发表在《时事报告》刊物 2010 年第 11 期。

纽。发达国家的政府无一不通过立法形式确定农产品批发市场的社会公益性地位，并在政府投资、征地、融资、税收和各类补贴方面，给予大量优惠，同时政府采取直接或间接方式对批发市场的运营进行管理，大大降低了蔬菜流通的成本。如美国纽约的“亨特市场”，就是由政府征地建成后包给企业经营，对企业又免交所得税；以巴黎伦杰斯为代表的法国 20 多家“国家公益批发市场”和日本的中央批发市场等，更是官办官营普享优惠。

2. 农产品信息系统建设。如美国每年投资 13 亿美元，建立农业信息系统，其中 2200 万美元用于“农产品市场新闻”子系统，政府派人对 50 个批发市场 400 个水果蔬菜品种的生产、上市、运输、交易量和价格等信息，进行采集、加工分析，然后通过多种形式及时向社会公布。欧盟国家和日本也都大量投资，用于农产品包括蔬菜生产、流通和消费的信息体系建设。

3. 农产品标准化建设。如日本规定了农产品 100 多个品种，351 个质量标准，其中对蔬菜 13 个重要品种，规定了等级、规格、成熟度、色泽、形状、病害、水分、重量、表伤和包装的详细标准，提高了流通效率，降低了流通损耗，精确了流通信息，也强化了产品可追溯性。美国和欧盟各国也都实现了蔬菜的标准化生产和流通。

4. 农产品安全监控系统建设。发达国家是由政府承担农产品安全监控职责。如美国政府编制了 4 大本食品安全标准检验手册，由政府派公务员进驻 100 个定点合作检验的批发市场设站检验，一般每天要从每个市场取样 50～100 个，按章检验并公布和处理，其中的 38 个重要市场则由农业部直接设站派人。英、法、日、德等其他发达国家，也都由政府或政府委托有资质的机构，进场检验，批发市场只是予以配合。

三、建立完善的法律规章制度，利用经济调控手段，营造规范有序的流通环境

发达国家对农产品流通包括蔬菜流通，都有一套完备的法律制度。其主要内容包括：①蔬菜经营场所的设施建设审核和规划。如对批发市场、超市店铺、配送中心、仓储冷库等建设，要纳入统一规划，经审核批准后方可按要求标准建设，像日本的《批发市场法》、法国的《国家公益市场法》、英国的《新考文特花园市场法》，以及法国的《鲁瓦耶法》和《拉法兰法》等。②蔬菜经营者资格的规定和审核。③蔬菜经营者经营行为的规

范要求。④蔬菜上市流通标准的规定要求。⑤政府对农产品包括蔬菜流通的其他扶持和监管等。

为了调控蔬菜价格的波动，各国政府普遍采取了经济调控手段。最典型的是日本政府的蔬菜《价格安定基金》制度。根据这一制度，政府在前述“三指定”的基础上，确定“平均标准价格”，制定相应的“保证价格基准”，然后根据多种规定因素的测算，决定对指定品种、指定消费地和指定产地蔬菜，按规定时间和数量、地点上市后价格低于“标准价格”的不同程度，分别给予不同补助。这笔钱来于中央政府、地方政府和农协按比例出资建立的《蔬菜价格安定基金》。美国和欧盟国家除有类似补贴外，政府还通过直补生产者来控制产量，或通过政府收储、销毁补助和免费分给贫困人群、学生食堂等团体消费，以及支持扩大出口等。

当前鲜活农产品流通中的问题、原因和对策建议①

一、存在的主要问题

1. 农民卖难。一是农民生产出的产品根本卖不出去或销售不畅；二是农民卖出的农产品价格过低，无利可图或赔本销售。这两种情况，又往往是同时出现。

具体来看，卖不出去主要是结构性的卖难，即在一定区域、一定时段和一定品种出现了卖难，其影响是局部居多，有时也波及全国，但多年反复交替轮番出现，就成为一个全局性的大问题了。

2. 消费者买难。一是消费者购买不方便，网点少、品种少、选择少；二是价格过高，暴涨不降或涨多降少，远远超出了居民收入和支付能力的增长。

3. 经营者高风险。批发卖菜近似赌博，时赚时赔，时大赚时大赔，成本难自控，市场难预测，收入不稳定；零售卖菜如推车上坡，力大进小，

①本文是作者2011年5月15日在中央有关部门召开的一次座谈会上的发言提纲，后发表在《商品市场蓝皮书》和《中国商品市场发展报告（2011）》。

辛苦经营，只得温饱。

4. 食品安全堪忧。近年来，问题产品面广性质严重，无孔不入隐蔽性强，手段“高科技化”，给人防不胜防，打不胜打之感，虽然此类问题产品所占的品种和数量总体比重不大，但危害影响极坏。

二、产生问题的主要原因

1. 盲目生产导致供求失衡。农民受市场价格的诱导和地方政府的“好心”推动，或盲目扩大生产，带来个别地区个别品种的供大于求，出现局部性价低卖难；或盲目缩小生产，带来供不应求，出现局部性价高买难。农产品生产的周期性规律和蛛网效应，被市场这只看不见的手反复放大。

2. 气候异常打乱了均衡上市。低温、旱涝、冰雪和风灾等气候变化，近年来频繁发生，这或是造成了大面积减产，或是造成了南北产区同时成熟，集中扎堆上市，带来了时段性的买难或卖难。

3. 渠道不畅造成了产品适需却难销。这主要是在一些新产区或特色农产品产区，农民生产了原本适合市场需求的产品，但由于产区和产品，既没有和已有的流通渠道相衔接，又没有开拓出适宜的新流通渠道，因而带来了渠道阻滞性的卖难。

4. 产品或产地缺少比较优势。有的产品品种落后，已应淘汰，但还在生产；有的产品品质欠佳，销售价高，无竞争力，无人问津；有的产区地处偏远，交通不便；有的产区产品量少，不成规模，无法购运。这些状况都是落后性的卖难。

5. 生产成本和流通成本快速大幅增加。近年来，农产品生产投入品，尤其是化肥价格成倍提高，农产品批发运费成本中的油价也翻倍提高，零售商的摊位费和生活房租费更是成几倍的提高，加上人工费、包装费、交易费等关联费用，也都在大幅度提高，这些成本提高，最终都反映为零售价格的大幅度刚性提高，并且往往偏离了与产地农民销售价的正常关联度，即农民低价卖，居民仍然是高价买。

6. 信息不通，批发采购业者盲目运销。千军万马的个体商户，目前仍然是我国农产品运销的主体，他们无处获得全面、正确、及时的农产品生产、上市、销售和消费的科学信息，处于一种盲目或半盲目的经验式运销状态，无论采购还是销售，都难以作出优化的选择，使得经营风险大而效率低，也加大了卖难和买难。

7. 法规缺失，行政管理的薄弱和随意性，长期不得解决。对食品安全的监管，立法执法跟不上，违法来得快而猛；对流通的宏观调控，措施手段跟不上市场的波动变化；对农产品的生产、流通和消费的统筹规划，跟不上市场经济无形之手的摆布；对行政违规“执法”的整治，跟不上违规者行为的恶性发展。这都造成了政府性的卖难、买难、高风险和食品不安全。

三、几点措施建议

1. 建立农产品流通产业振兴规划。从我国经济社会发展的高度，统筹规划农产品流通产业的发展方向、目标、模式和任务，提出相应的政策措施，责成相关政府部门实施执行。

2. 建立农产品生产、流通和消费的信息平台。解决目前的产、销、消严重脱节状态，提高信息的全面性、准确性、及时性和科学性，为政府、农民、运销商和消费者四方，提供有效的信息服务。

3. 实施产地农产品“集配中心”工程。在乡、村一级产地，由政府主导扶持，以村、基地和农民合作社为主体，有农产品的生产、运销、加工等龙头企业参与，建立遍布主产区的集配中心，组织农产品共同上市，提高农产品上市的组织化、规模化、标准化和安全化水平。

4. 大力扶持农产品公益市场建设。建立一批公益性或准公益性的农产品批发市场和社区菜市场，降低农产品流通中的交易场地费用成本，进而降低价格，方便购买。

5. 培育大型农产品流通企业，组织农产品流通业者协会。通过农产品流通业者的规模化，提高流通效率；通过农产品流通业者的组织化，提高政府指导扶持的有效性，也提高农产品流通业者抗风险的能力和经营行为的自律。

6. 加快推动农产品流通体系的标准化工程。农产品流通的标准化，是农产品流通信息化的基础，是提高农产品流通效率降低成本的必要条件，也是建立和实现农产品食品安全可追溯体系的依托。

7. 建立农产品流通风险基金和制度。把农产品风险调控资金建立为风险基金，并制定相应的制度，列入财政预算科目，专款专用，用之有方，审之有法。

8. 下大力气整治对农产品流通的行政违规违法行为。为农产品流通打造一个安全、合理、宽松、低成本的运营环境，是各级政府首要的职责，政府要治乱而不制造混乱。

高房价推动高菜价①

编者按：现在正是大量蔬菜上市的季节，菜价已经从高位回落，但与田间地头相比，在城市零售的终端市场，菜价还是高出了不少，消费者得到的实惠还远远不够。在蔬菜产销的链条上，消费者买菜的零售终点，往往成了菜价的最后冲刺。那么蔬菜的零售价格，是怎么被再次推高的，卖菜究竟需要付出哪些费用，如何降低终端销售成本，让消费者的“菜篮子”得到真正的实惠呢?

本期专家：

赵尔烈，北京八里桥农产品中心批发市场总经理。

主持人王冠：说到这菜价，这段时间大家确实意见挺大，您看这 CPI 连续都在五个百分点以上，而且最近一段时间我们都看新闻了，说这个菜农，实际上他这边啊，他这个菜并没卖上价，甚至这价格还在跌，甚至都开着拖拉机去洋白菜地里把这个菜都压毁了，下降到几分钱一斤了，三分钱一斤，但是咱们老百姓买菜的时候并没觉得这个菜价降多少，所以今天我们找到本主了，钱，是不是赵老师，都让您给挣走了。

赵尔烈：社会上有一个说法，蔬菜流通叫“两头哭，中间笑”。

主持人：您就是中间笑的。

赵尔烈：这个，我就需要特别说明一下，中间是笑不起来的，中间虽然是不哭，但是也是中间着急，中间闹，想说这个事呢，我就先介绍一点

---

①本文根据 2011 年 6 月在北京电视台“财经频道”的《财富大家谈》栏目讲话整理成文。

基本的东西。农产品流通，现在在我们国家，包括北京市，主要是有两个渠道。请看图：

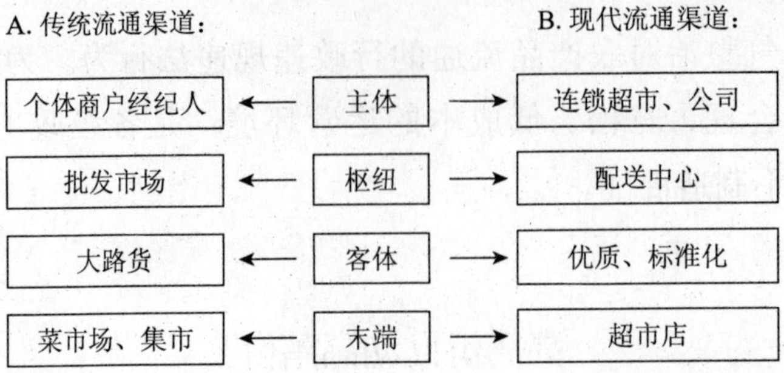

配音说明：以批发市场为交易枢纽的这条流通渠道，交易主体为个体商户，所交易的商品主要是蔬菜中的大路货，而最终的销售终端，是社区菜市场或集贸市场，这就构成了农产品（蔬菜）流通的主渠道。另外，还有一条以配送中心为枢纽的渠道，它的交易主体为超市公司，销售的产品主要是有品牌、质量高的蔬菜，同时也会卖一些大路货，其销售的终端是超市门店，由于这条渠道的流通份额，只占蔬菜流通总规模的3%左右，因此它是蔬菜流通中的辅渠道。

主持人：那您让我们看完这张图，然后又算了这个辅渠道大概占不到3%，要跟我们说明什么呢？这目的是什么呢？

赵尔烈：这就是说，我们北京想解决老百姓吃菜的问题，主要还得是在发挥主渠道作用上下功夫。

嘉宾李校长：所以我这问题就来了，大多数集贸市场上的菜，确实比超市还便宜，所以我就想，您这既然行家来了，我就想问问您，为什么大宗市场上比超市相对便宜得很多，我是老逛超市，老逛那集贸市场。

主持人：老李这种有钱人还逛菜市场呢？

李校长：你这话问得是一个悖论，我有钱不等于我乱花钱，我这人只要是同样的东西，我买贵了，认为对我的智商是一种侮辱。

嘉宾 2：老李只买对的不买贵的。

主持人：怎么回答他这问题，为什么这个集贸市场，尤其是早市还挺便宜呢。

赵尔烈：现在都讲叫“最后一公里”，前半截从农民那边买菜，我们先不算。因为决定菜价的基础，供求是主要的。那么再讲“最后这一公里”，同样从批发市场上来进菜的，就有两种情况，第一种是进到社区菜市场去卖，第二种是进到早市去卖，还有一些夫妻店。社区菜市场他要租摊位，这个成本很贵，因为第一要有摊位费，第二是你租了这个摊位以后，要有水电费，还要有卫生费，还要交一些管理费，有时候还要交一些罚款。而另一个早晚市，摊位的成本很低，其他的各项费用都低。这样呢，就使得社区菜市场的成本远远高于早晚市，所以说菜价必然要高于早晚市。但是，社区菜市场卖菜的成本比超市还是要低一点儿。

嘉宾金大爷：但是我发现虽然早市晚市菜价便宜，我的印象是早晚市场是越来越少，便宜的地方，就是你能够买到便宜菜价的地方，越来越少。

主持人：捡便宜的地儿不多了。

金大爷：这不知道是什么原因。

李校长：我们家周边附近一个地方原来是早市，现在是楼盘，这是我亲眼看见的。

嘉宾2：那占一大块地方。

赵尔烈：这里就提到我们北京市社区菜市场和早晚市布局了，商业管它叫网点。这也有个数，2003—2010年北京市常住人口由1456万，增加到现在的1900多万，增长30%，我们的农贸市场，包括批发和零售，却由2003年的716个，到了2010年变成650个，少了9%。人增加了444万，这个社区菜市场和早晚市网点，少了66个。

李校长：那您能不能确切说从716个到650个，减少的哪些，是不是全变成楼盘了。

赵尔烈：减少的有几种情况；一是为了规范市容，为了漂亮，当然漂亮也需要，但是这个漂亮的代价比较大一点儿了。原来最早叫“退路进厅”，开始是退路进棚，搭一些大棚，由棚现在变成厅，由厅现在变成进楼。这个楼就没给它留地方，这些社区菜市场很多又被开发以后，就变成了楼盘或者是建成小区了，这是一个损失。

金大爷：您说这个事我被人家狠狠地笑话了一顿，我想买点儿细菜、精菜，我就坐地铁去了崇文门菜市场，那是有名的，老国营菜市场啊，结果一看没了，搬家了，一问那个存车处看自行车的，人家说“大爷您是北京市人吗，多少年没进北京了”？我说“我不但是北京人，大半辈子都在北京生活”。他说“没有了，盖大楼了”。

主持人：有一个城市规划的问题。

赵尔烈：（20世纪）80年代北京四大菜市场，崇文门菜市场、西单菜市场、东单菜市场，还有现在留的一个就是地安门那块还留着呢，那三个都为房地产开发拆了，还有个朝阳门内菜市场。当时很多了，它是按照居民区布局设立，那个时候对商业网点是有强制性规定的。

主持人：您一直以来有一个观点，说高房价推高了高菜价，但是在我们传统印象中这房价和菜价是两者没关系的，各是各的啊，房子好几万，那菜，再怎么贵也是几块钱，您怎么绕，从房价绕到菜价上了。

赵尔烈：这里我们就先讲一下传统渠道。传统渠道的经营者主体是商户，北京卖菜的商户90%是外地人，北京人多不干这活。

主持人：我们家附近的那个草桥菜市场各地口音都有，天南海北的，这是个勤行，好多人都吃不起这苦了。

赵尔烈：那么这些外地人到北京来卖菜呢，他有两笔花钱是和房子有关系的，而且是主要的。两笔钱，第一笔钱就是他这个摊位，原来这个摊位费很便宜啊，现在他在社区菜市场里头，租这个摊位，这个摊位就要贵了，回头我们讲它能贵到什么程度。还有一笔就是他生活要租房，租城乡结合部的农民或者是居民的平房，一个月就是三五百元，一般地二三百元也就租下来了。而现在平房都推倒了，都变成高楼大厦，变成小区了。那么现在房价一涨，他还必须得租楼房。现在这个楼房的房价，像通州那样的地方，一室一厅每月要1500元，是最低的，一般就是1500～1800元。我们按照原来的三百元计算，到现在的1500元，这就是5倍。请看下表：

2007—2011年北京房价和菜价

		2007年	2011年	倍数
房均价（元/平方米）		11454	26344.9	2.3倍
社区菜市场菜价（元/斤）	西红柿	1.6	4.0	2.5倍
	尖椒	2.5	5.5	2.2倍
	黄瓜	1.5	4.0	2.7倍

看一看房价和菜价的关系，这个数好像是个偶然，但是这里包含着必然。2007—2011年，房价每平方米由11000元涨到2011年的26000元，房价涨了2.3倍。看看这个社区菜市场的菜价，2007年西红柿每斤是1.6元（零售价），到了2011年是4元，涨了2.5倍。这是大家在菜市场买的这个价，是终端的销售价格。这是5月份的菜价，这个尖椒每斤2007年是2.5元，2011年就达到了5.5元，这个黄瓜2007年是1.5元，2011年达到了4元，那么房价是涨了2.3倍，西红柿是2.5倍，尖椒2.2倍，黄瓜2.7倍，涨到这个数了。基本是一个成正相关，它们两个是按平行线往上涨。

金校长：再一个，有一个现象我不太明白，为什么五环边上的一个菜市场的价格，要比中关村附近一个菜市场的价格还要贵，因为两地价格我都对比过。

赵尔烈：这里涉及第二笔和房子有关系的成本，就是摊位费。我不知道你说的中关村那边的菜市场在什么地方。

李校长：芙蓉里。

赵尔烈：这种设施是在楼房的底层，还是旁边有一些废弃的建筑物，要看这个建筑物。我们现在多数的社区菜市场，特别是后建的菜市场，它都是建筑物的底商，他们都把它作为一个商业地产来算账，要收到商业地产的回报率。如果我有钱，我买了300平方米的底商，我用来办菜市场，我这个收入得和我在这儿开餐馆的收入差不多，或者和做美容美发厅租出去的价格差不多，所以他们对商户，不能因为你卖菜我就少收你的租金，这个价格就上涨了。原来，社区中的一个摊位（两米乘一米），也就是500元左右，现在都要涨到900～1000元，再加上水电费也涨了，管理费也涨，卫生费也涨，现在社区菜市场一个摊位，一个月成本得1500元左右。

主持人：赵老师给我们再来梳理一下，咱们就拿土豆为例，比方说，它有一个从菜地里菜农卖的原始的成本价，另外还有菜贩子的一个生活成本和摊位费，还有其他成本吗？

赵尔烈：一个商户卖菜的成本主要有两个：①批发成本。大体有几方面，一是产地收购成本，我们举个例子，5月6号山东的芹菜在当地的收购价是一斤七分钱（菜农卖七分），商户到地头直接找菜农，一个商户要有四五个经纪人推小车替他收菜，每斤的代理收购费一分钱。收完之后，他要把它装纸箱，如果是夏天纸箱里面还要放一块冰、冰瓶子或者冰块袋子保鲜，这个包装费一斤也是一分钱。然后你得再雇人装车，你要重新配车再额外拿钱，装车费也是一斤一分钱。②运输费。现在好在有了“绿色通道”就不用交路桥费了，就剩纯运输费了。运输费分两类，一类是车、人工都是我自己的，只花油钱，其他成本都不算了；另一类是租车（连人带车全租），这一车菜需要1200元，折合一斤是六分钱。如果是到八里桥市场，我至少收它两笔费用：第一笔是车位费（类似停车费），当然这个比较低，一个月二三百元，按月计算，合到一斤菜不到一分钱，这个是可以忽略的。第二笔是交易费。

主持人：怎么理解呢？

赵尔烈：你这个菜卖给零售的菜贩子，你五吨菜卖给菜贩子多少钱，我按成交总价收取2%的手续费。

主持人：相当于增值税的那个意思。

李校长：也有点像证券交易所。

主持人：您就不能少收点吗？

赵尔烈：这个少不了，原因在哪呢？我市场的职工人头费，涨工资这都是刚性的，达不到最低标准政府是不让的，还有就是市场的运营成本。

李校长：您这加了多少了？

主持人：因为进市场时是每斤0.16元，再加2%。

赵尔烈：我不是按0.16元算的，他是按每斤0.25元卖出去的，也就是他七分钱收的芹菜，两毛五在我这卖出去，我要按照0.25元收2%，等于是收五厘，这个账算下来之后，这个批发商户这车五吨菜，他能赚90元，这90元包含他自己的人工费，这就是批发的环节。当然，我们今天讲的是芹菜，这么一个特殊情况。同一种菜每天的价格是不一样的，有的是从河北承德采购的圆白菜，整个算下来可能亏了750元；另一个从香河拉的大白菜也是五吨，他可能赚了380元。那就要看你的进价，还要看市场上这一天的上货量。如果今天市场一下子来了五车芹菜，单品种此时此刻供大于求，整体价格就下降了。要是只来了一车芹菜你就发了，所以说风险很大。

主持人：这个都是不可预期的。

赵尔烈：商户他都是根据昨天的价格今天来上货，那么大家都根据这个价格来上货，最后就多了。可到了零售市场这个芹菜却卖到四毛，卖到四毛就变成了1.6倍了，增幅60%。

嘉宾2：等于到了社区菜市场就变成了四毛了。

赵尔烈：这个四毛和农民销售价格七分一比，这个差别就大了，就是3.4倍了。

李校长：那您说都苦，中间也苦，那到底谁乐呢，我特想知道。

嘉宾2：对啊，那我买的时候这四毛钱已经变成2.5元了。

赵尔烈：就是“最后一公里”贵了。

主持人：那为什么这“最后一公里”就贵成这样了呢？

赵尔烈：那就是因为“最后一公里”呢，刚才讲的，高房价推动了高菜价。刚才我们讲了，第一个是摊位费已经翻了两倍，加上他的生活住房房租费又翻了五倍，合起来就是六七倍，六七倍我们给它打折，就算到三倍。他生活的这些费用，包括孩子上学、自己吃喝、穿衣服、生活的费用，有的还要雇一两个小工，替他卖菜，这些人工成本也在升。人工成本原来是雇一个人，批发户帮着装卸车这样的，一个月有五六百元就行，现在北京的最低工资标准是900多元，900多元现在还不好雇，得花1200元才能雇到，还得管吃管住。那你就讲了，你为什么不能薄利多销呢？其实，他薄利也多销不了，这个吃菜供应，菜贩子卖菜啊，它有一个供应商圈，我们叫半径，这个辐射范围里头的人口数一般是固定的，能吃菜的人口基本是确定的。

主持人：还加上这种总在单位吃两顿的。

赵尔烈：那个我们就叫无效人口，像不能吃菜的小孩也算。如果你住在我这个商圈里，但是你不来我这里买菜或者不在我这里吃菜，也是无效人口。那么剩下多数是有效人口，有效人口这个商圈是固定的。每个人吃菜是一定的，一人一天一斤菜是往高里说。那么商户他一天能卖的菜量也是一定的，生活成本和经营成本都在发生着，他必须从菜里赚出来这个钱，所以他所有的成本和利润，都来自于这500斤或1000斤的菜。

嘉宾2：说白了就是城市的这种高端的生活成本。

李校长：那就不对了，那要您这么说，伦敦的菜价还不得跟金条一样贵，因为英国本身不种菜，要从西班牙进口，我不相信西班牙进口那芹菜是 3 分钱一斤。

主持人：那它有政府的农业补贴啊。

赵尔烈：这里有收入水平的问题，就是说菜价高不高，得和收入挂钩才行，现在有人讲中国房价不高，和美国和日本比不算高。

主持人：咱们的菜跟英国有一拼了。

赵尔烈：你得看挣多少钱。刚才李校长讲的为什么在英国，老百姓能够接受高菜价呢，全世界发达国家都能接受高菜价呢？就是因为发达国家把蔬菜的销售经营、批发市场和社区菜市场建设经营，作为一项社会公益性事业。

主持人：就像义务教育一样，这是吃财政的。

赵尔烈：按公益性事业来办，比如说，200 年前的美国，是批发市场最早实行现代化的，是由于工业化的发展，带来了城市化，带来了众多的城市人口，为了解决生活问题，政府投资买地盖市场，然后承包给经营者搞经营，从而形成了农产品市场。

嘉宾 2：既然是个政府行为，就应该政府埋单。

赵尔烈：这个就是公益性的。

李校长：因为你难以想象，在伦敦市中心相当于咱们王府井，它早晨起来是菜市场，然后等时间一到，菜市场收拾干净了，马上就变成了街道。

赵尔烈：我去看过美国纽约一个最大的批发市场，叫亨特市场，这个亨特市场就是政府买地，政府投资建设，再承包给一个民营企业来经营，一年上交给多少承包费，政府免你的所得税。建设这块成本没有了，然后再免所得税。这一块就很厉害，我们当时一起去的几个老总，听了这个介绍以后，我们说我们的口水都馋得要流下来了。

主持人：可是，我听您这么一说，怎么觉得开办市场，就像是我们小时候的那个国营菜市场，不是都这路子吗？

关于农产品流通的几个认识问题①

一、关于“菜篮子市长负责制”

新形势下重提“菜篮子市长负责制”，要有新的认识，采取适宜的新举措，要避免陷入误区。近年来，由于农业产业化的发展和生产结构的调整，全国已初步形成了菜篮子主要产品的优势集中产区。这是遵循农业自然比较优势和地区种养殖传统特点，实现农业规模化专业化生产的一大进步，也是农业现代化的必然趋势。由此也形成了菜篮子农产品的卖全国买全国的全国范围的大流通，这也是农产品流通社会化发展的大趋势。在这种新形势下“菜篮子市长负责制”，要和“部长负责制”结合起来，要保证菜篮子产品全国大流通的顺畅、高效、低成本的运行，让全国的菜能够做到量足、质优、价廉地进入到你那个市的“菜篮子”中去。这一方面要靠健全的法规制度的保障，营造一个宽松的环境，另一方面要提供足够适用的公益性“菜篮子”产品交易场所。至于在城市郊区发展地产菜，应该一是用来应急补淡，二是用来生产特色产品，满足品种调剂。至于大路货的生产，则必须讲投入产出和竞争力，讲经济效益，否则市场不接受，郊区种菜也就坚持不下去了。从宏观来讲，更不能用对城郊生产的高补贴，冲击全国农业生产结构调整和优势产区布局这个大战略。

二、关于农产品流通的主渠道和“农超对接”

我国现在有两条农产品流通渠道：一是以批发市场为流通枢纽，以个体商户为经营主体，以社区菜市场和集贸市场为零售末端，以大路货产品为经营客体，这是一条传统的流通渠道，也是我国农产品流通的主渠道，它承担着全国80％以上的农产品流通，其中包括近90％的鲜活农产品流通，95％以上的蔬菜流通。二是连锁超市公司的现代化流通渠道，这从长远看

①本文是2011年6月23日在《农民日报》组织的一个座谈会上的发言，曾摘要发表在2011年7月8日《农民日报》。

无疑是发展方向，近年来在发达地区也有较快的发展，但从实际承担的流通能力和流通量来看，还是一条辅助渠道。根据国际经验和我国的国情实际，在未来二三十年内，这两条渠道的地位和作用，不会发生根本性改变。所以，解决农产品流通问题的着重点，应该放在主渠道的发展上，而不是“农超对接”这个辅助渠道上，只有抓住主要渠道，才能收到事半功倍的效果。当然，对主渠道也必须抓紧进行现代化的升级改造，实现改善设施，完善功能，增强集散力，推进经营主体公司化，经营客体标准化，物流设施冷链化，交易方式现代化，食品安全追溯化，运营手段网络信息化，政府投资公益化，政府管理法制化，克服盲目发展，低水平扩张、恶性投资和恶性竞争。

三、关于农产品流通的公益性

农产品流通是一种经济活动，但由于它的特殊性，又具有社会公共利益的性质。首先，农产品流通是农民收入的重要来源，丰产了能否畅销增收，优产了能否优销增收，不仅直接关系农民的致富和再生产，也决定着农业的持续稳定发展。其次，农产品流通是满足居民消费需求的重要手段，也关系着扩大内需转变经济增长方式的大局。我国有 1 亿多农户从事农业生产经营，2010 年，全国农林牧渔业总产值已达到 6.9 万亿元。我国城市化加快，每年有近 2000 万新增城市人口，仅蔬菜消费每年要增加 24 亿千克。这都说明农产品流通是事关经济社会全局的一项大的公益性事业。这些年来，由于忽视了农产品流通的公益性，在农产品流通的基础设施建设上，尤其是产地仓储、批发市场、社区菜市场和物流设施的建设上，政府投入少，缺少规划性，又完全交给市场去运行，造成了产地物流设施严重缺失，加重了农民卖难卖贱。批发市场和物流建设中，出现了一些借名圈地开发房地产，做概念上市圈钱的恶性投资，以及普遍的市场化运作利润第一等不良现象。在社区菜市场建设中，或是没有纳入城市建设规划，无地可建；或是商业性开发市场化运营，高租金推动高菜价，导致居民买难买贵普遍发生。所以，对农产品流通要回归公益性认识上来，政府要承担起这方面的责任，当前，一是要通过立法和规划，保障农产品流通的公益性得到落实；二是要加大投入，还农产品流通基础设施公益性建设的欠债；三是要对从事农产品流通的业者，实行减免税费负担和给予必要补贴；四是要建立农产品流通专项基金，用于基础设施建设和宏观调控；五是要培育农产品流通的“国家队”，作为政府的公益性投资和宏观调控的依托。

第三节　关于农产品流通改革向政府部门提交的若干方案报告

关于加强农产品交易市场公益性建设的报告①

为了贯彻落实国务院《关于促进流通发展的若干意见》的要求，借鉴国际经验，结合我国实际，提高对农产品交易市场公益性作用的认识，加强对农产品公益性功能建设的投入，对于在新形势下，促进农业生产，增加农民收入，扩大农产品消费，保证食品安全，参与国际竞争，正确地引导农产品交易市场的标准化升级改造，推动农产品流通的现代化，都有着十分重要的意义。

一、国际上对农产品交易市场公益性作用的基本共识

在世界上，近代的农产品交易市场的产生和发展，已有几百年的历史，其中现代意义的农产品批发市场，也有100多年的历史了，在长期的发展中，农产品交易市场，尤其是批发市场，在组织农产品流通及其相关的经济活动中，以其特殊的地位和功能，表现出一种普遍的重要的社会公共利益的性质和作用，即农产品交易市场的公益性。

农产品交易市场的公益性，一直受到国际社会的普遍认同和重视。正如日本学者小林康平所指出的：“在资本主义国家，现在的批发市场作为支持市场经济的基础公共设施已经得到确定”，“批发市场由于拥有决定农产品流通的功能及其社会价值的重要功能，所以众多的国家都制定了相关的法律”。

①本文是2005年8月19日承担商务部相关课题的部分研究成果。文中在国内首次较全面系统地论述了农产品公益性市场建设的问题，并发出了呼吁。

农产品交易市场的社会公益性和作用，主要表现在：

（一）为社会提供了农产品交易的集中主要的场所

在欧美发达国家，直到20世纪80年代，经由批发市场销售的农产品，占到社会农产品批发量的80%左右，是农民销售和城市居民采购农产品的中心。

（二）为社会的农产品交易活动，提供了一个公正合理的价格

在批发市场集中了众多的农产品卖家和买家，进行公开、公正、公平的竞争交易，形成了合理的农产品价格，奠定了社会农产品市场机制的前提，直到今天仍然如此。

（三）为社会的农产品交易行为，提供了基本的规则

各国通过法律不断规范农产品交易市场开办者和经营者的行为，由此产生和引申了市场经济必须共同遵守的规则制度，形成了共同的市场原则，批发市场制度是社会市场经济制度的重要历史渊源和结构部分。

（四）为社会的农产品流通，提供了全面的供求信息

各国政府从批发市场采集农产品每日的上市量、运输储存量、交易品种和价格等信息，经过加工分析，及时向社会发布，指导农产品的生产、经营和消费。

（五）为社会的农产品标准化和安全化，提供了一个集中的推行和检验中心

各发达国家都要求，上市的主要农产品必须是标准化的产品，要经过严格的检验和检测，使得批发市场成为农产品标准化的推动器和食品安全的关卡。

（六）为社会农产品的流通，提供了一种高效率的体制

批发市场将众多的卖家和买家，大量的产品集中到一处进行交易，极大地降低了交易成本。批发市场设施、交易手段和交易规则的现代化，又不断提高交易的效率和安全性。

经过100多年的发展，在发达国家，农产品交易市场的公益性功能和作用，不断完善和加强，已经形成了一个完备的体系和运作方式，它的作用也已超出了农产品流通的范围，成为影响社会经济的发展和稳定的全局性、

基础性因素。到了20世纪90年代初期，在欧美一些发达国家农产品交易市场的地位和作用，虽然受到连锁超市发展的冲击，有所下降，但是，其社会公益性作用仍不容忽视。而在亚洲和其他发展中国家，还是处于快速发展时期。可以说，重视并加强农产品交易市场的公益性功能和作用，是农产品流通，乃至整个社会经济发展的一个必然的历史过程。

二、国际上加强农产品交易市场公益性建设的重要经验

由于农产品交易市场的公益性作用，具有社会的全局性，又往往与个别企业或团体的局部利益相冲突，所以，组织加强农产品交易市场公益性建设的职责，只能由国家政府机构来承担。各国因经济发展阶段不同，国情不同和农产品类别不同，分别采取了不同的法律、行政和经济措施，都取得了重大的社会效果。其主要做法如下。

（一）建立农产品批发市场的相关法律

从类型上分为三种：①由国家颁布的全国性批发市场法。如法国1968年修订的《国家公益市场统一管理法》，对象是政府控股的全国公益市场。日本1971年修订的《批发市场法》，对象是官办“中央批发市场”和达标的民办“地方批发市场”。②英国为代表的针对某个官办批发市场的专门立法，如伦敦的《新考文特花园市场法》。③对全国农产品交易规则的立法，如美国1930年颁布的《易腐农产品交易法》和1937年的《农产品销售协调法》。

从内容上看，批发市场法类对市场的性质、开设审批、管理制度、交易者资格、交易方式、交易规则、产品标准、使用者权利义务、政府监管和违规处罚，都有明确规定。法国《国家公益市场统一管理法》有7章42条，日本《批发市场法》有7章82条。交易规则法类，重点在于规范经营者资格、交易方式、公正交易、商品质量、货物交割、账务和结算、纠纷和违规处理等内容。美国《易腐农产品法》正文20条，补充条款上百页。

（二）政府规划和审批农产品交易市场的新建和改建

各发达国家，对于公益性的农产品批发市场和零售市场的建设，都要由政府经过规划和审批。有的规划，是将纳入批发市场法的批发市场建设，在全国范围的数量、布局、选址、规模、业务范围等编制方案；有的是根据地区城市发展和农业生产、居民消费的需要，提出地方性批发市场和公

设零售市场的方案。规划方案有强制性的，也有指导性的。规划方案的编制，一般是由政府主管部门，委托一个专家组来进行，内容十分详尽严谨。如英国伦敦“公设批发市场”改革方案，长达100多页，美国纽约“农民市场”建设方案长达200多页，日本1972年的《大规模批发市场整备方案》更达到了3编11章47节640多页，连检测室内的面积布局都详列其中。这些规划方案形成后，还要经专家委员会审议，征求社会意见，然后报经主管部长或市长批准，或报经相当层级的议会立法，甚至要经总统批准，然后颁布实行。

（三）政府投资建设和改造公益性农产品交易市场

政府投资的对象包括：国家中央批发市场，地方批发市场和地方零售市场。资金的来源有：中央财政、地方财政、国家专项基金、发行债券和专项长期无息或低息贷款，也有的是土地入资。政府投资的股权所占比例，有全资，有控股（中央控股或地方控股），有参股。投资的范围，有新建市场，有迁移改造市场，也有收购私人市场。

从历史上看，政府投资建市场，有两个集中时期。①18世纪末—19世纪初，欧美发达国家，为了解决城市化快速发展带来的农产品供应问题，在500多个市镇建起了“公设市场”。仅伦敦一市就有30多个。②20世纪60年代—80年代，为了适应城市发展和农产品优质化产销的需要，各国政府投入大量资金搬迁改造批发市场。如巴黎的伦杰斯、伦敦的新考文特花园、美国的马里兰、东京的大田、汉城的可乐洞和开罗的阿都尔等世界著名大市场，都是在这一时期形成的，世界发达国家批发市场进入了全面现代化阶段。

近年来，为了应对连锁超市发展的挑战，适应中小农场主和餐饮业发展的需要，满足社会对环保和食品安全的要求，各国又在纷纷对探索“公设市场”发展的新出路。如英国研究在批发市场内建立食品交易中心，美国试办“农场主市场”，而葡萄牙的里斯本批发市场，则在设施、信息、物流、环境等方面采用全新技术，成为新时期公益性市场改革的成功范例。

（四）政府加强对批发市场公益性重点功能的专项系统建设

各国建设的重点是：

1. 农产品信息系统。如美国，年投资13亿美元，建立农业信息系统，其中投入2200万美元，用于“农产品市场新闻”子系统，美政府派人对50个批发市场的400个水果蔬菜品种的生产、上市、运输、交易量和价格信息，进行采集、加工分析，然后以多种形式及时向全社会公布，欧盟每年投资6亿多欧元，日本投资50多亿日元，用于农业信息建设，都把批发市场农产品流通信息纳入其中，构建一个社会的农产品批发市场信息网络系统，指导生产、流通和消费。

2. 农产品标准化系统。包括两大类：一是强制性的技术法规标准，针对有可能危害人的生命和健康的标准；二是指导性的不涉及安全健康的产品等级多类标准。这两类标准都各成体系，为批发市场的商品准入检验提供了法律依据，有效地保证了食品安全和流通效率。如日本的农产品质量标准规定了100多个品种，351个标准；蔬菜分等标准针对13种重要蔬菜，规定了等级、规格、成熟度、色泽、形状、病害、水分、重量、表伤和包装等详细标准。

3. 农产品安全监控系统。各国近年来都把市场食品安全系统建设作为重要一环来抓。如美国政府编制了4本食品安全标准检验手册，政府派公务员进驻100个定点合作批发市场，设检验站，每天每个市场取样50～100个左右，按章抽检，公布并处理。其中38个联邦市场，则由农业部直接设站派人。英、法、日、德等国也都由政府或政府委托机构到市场抽检。

此外，有的国家还由政府支持建立了批发市场全国联网拍卖系统（如荷兰）；有的国家由政府建立了全国批发市场电子结算系统（如日本）；农产品批发市场的电子商务和物流系统也正得到各国政府的支持，快速发展起来。

（五）政府加强对农产品批发市场运营的管理

政府对农产品批发市场的管理，在政府职责层面，由于各国政府机构设置和职责分工不同，形式多样。有的由中央政府管理，多数由地方政府管理；有的由政府多部门联合管理，多数由政府一个部门管理。不论哪种形式，政府都有专门机构负责对批发市场的管理。在管理的范围上有的严，有的松。

从政府对国有投资的公益性批发市场运营层面的管理上看，大体有三种模式。

1. 政府直接管市场。如日本，对中央批发市场，由市场所在地政府经济局直接派公务员身份的市场长，代表政府管市场，农林水产省还要派出机构进驻中央批发市场，市场不具备法人资格，而是政府的派出机构。韩国，分别由部长、省长批准，由市长成立作为政府公共机构的管理公社和管理事务所，派公职人员任职，分别管不同的公办市场。

2. 政府授权或委托公司管理。如西班牙、葡萄牙等国是由政府成立的投资批发市场的控股公司来管理市场。而法国则规定可由有政府派员参加的混合公司来管理公益批发市场，也可以由政府所办企业或委托拥有法人资格组织来管理公益市场。但各公益市场都有所在省长派特派员监督管理。

3. 政府授权成立市场管理委员会管理。如英、德、意等国都是如此。在委员会中有代表政府股东的政府指派公务员，还有其他股东代表，还有吸收生产者、经营者代表。

此外还有一些国家是采用政府监管的方式，相对比较宽松，如美国。政府对公办公益性市场的管理内容，依法规定，内容甚详，如法国规定了公益市场章程有必写内容 11 项，市场的章程和重要制度，如收费标准，都要报主管机构审批，财务更要接受政府审查。

（六）政府对公益性农产品交易市场给予多方扶持

除了上述政府对批发市场的投资外，对承担公益性的批发市场，各国政府还采取多种方式给予扶持。主要有：①土地支持。如意大利政府将 80 公顷土地无偿给米兰批发市场使用了 60 年，英国立法规定了新考文特花园市场有权强制购买所需土地的条款，美国时任总统里根曾直接干预洛杉矶市场的征地。②贷款支持。如日本用于批发市场改造的低息长期（20～30 年）贷款每年 100 多亿日元。③税收支持。法国兰杰斯市场不交税，日本中央批发市场按公益事业法人享受税收优惠。④交费支持。如意大利米兰市场不向政府交任何费用。⑤发行债券。如美国政府批准政府办的批发市场发行债券。⑥支持建立批发市场协会。

三、当前，我国迫切需要加强农产品交易市场的公益性建设

（一）在相当长的时期，农产品交易市场仍将是我国农产品流通的主渠道

据统计，到 2001 年年底，我国共有农产品交易市场 27167 个，交易额

7762亿元，交易的粮食、食用油、肉禽蛋、水产品、蔬菜、水果等6大类农产品2045.6万吨；其中批发市场4351个，交易额3423.1亿元。成为我国农产品流通的主渠道已是不争的事实。

按照党的十六大提出的目标，到2050年我国将达到中等发达国家水平。据测算，届时我国城市人口将达到12亿，比现在增加1.2倍。这将要求城市的农产品供应也增长1.2倍，粮、菜、肉、蛋、水产品和水果等6大类农产品的供应量，将达到每年3607亿千克。

从国际经验来看，超市化开始冲击批发市场的时期，大体发生在人均GNP1万美元，开始代替批发市场的主渠道地位，大体发生在人均GNP2万美元。我国2003年人均GNP1100美元，预计2020年达到3000美元（已提前实现），2050年达到近2万美元。还有几十年批发市场发展期。另从亚洲经验看，日本2003年人均GNP34510美元，虽然超市已在零售环节为主体，但批发环节还是以批发市场为主渠道，虽然份额有所下降。而韩国达到12020美元，我国台湾达到14032美元，批发市场还仍处于发展期。这主要是因为与欧美国家存在生产规模和消费文化上的差异。所以，在相当长的时期，在一些经济发达地区鼓励发展连锁超市的同时，就全国而言，农产品流通现代化的重点，仍应放在农产品交易市场，尤其是批发市场的建设上。

（二）我国的农产品交易市场建设，进入了公益性作用强化期

20多年前，我国农产品交易市场开始发展时，主要是为了解决农产品卖难问题，又受国家财力的限制，所以当时的政策是“谁建设，谁管理，谁受益”。这个政策，对于调动各方积极办市场，起到了极大的作用。但是，由于各地建市场：一缺法规，二缺规划，三缺标准，四缺管理，五缺资金，所以导致大部分市场设施简陋，管理粗放，功能有限，建设无序，总体上是有数量，缺质量，远远不能适应农产品生产、流通和消费的新形势。主要表现在：

1. 不适应农产品生产优质高效增收的要求。我国的农业生产正进行产业化调整，广大农民为了优质增收，做了大量的投入。但是由于目前农产品交易市场信息不畅，设施交易落后，优质农产品难以实现货畅其流，优质优价，农民的高投入潜藏着极大的高风险。

2. 不适应居民消费安全健康特色的要求。人均 GDP 达到 1000 美元，食品消费开始引发革命性变化，由“吃饱转向吃好”。但是由于目前农产品交易市场体系的食品安全系统没有建立起来，加上设施落后，冷链没有形成，使得农产品安全和品质得不到保障。

3. 不适应农产品流通快捷高效的经营要求。面对着农产品的生产和消费的优质化扩张，目前落后的农产品批发市场却重复着低效率低效益的运行，不仅制约了自身的现代化，也加大了农产品流通的社会成本，成为整个经济现代化的一条跛腿。

4. 不适应农产品流通国际化的要求，落后的农产品批发市场，难以成为优质农产品出口的展示窗口和进口的集散地。对于国内外优质农产品，生产者不知到哪里去卖，经营者不知到哪里去交易，消费者不知到哪里去买。

这四个“不适应”问题，都带有社会公益性的全局问题，它们的解决，绝不是个别市场所能想所能办的，解决之力，全在于政府。

（三）近年来政府的投入，尚不足以解决农产品交易市场面临的公益性问题

1. 对农产品交易市场的公益性认识不够。“谁建设，谁管理，谁受益”的思想根深蒂固，市场的开办者，无一不为受益而来。为了尽快获得收益，有的靠压低投入，简易上马；有的靠放松管理，吸引商户；还有的是靠广征土地，开发房地产，或办工业品市场。至于“公益性”，则难以顾及。

2. 政府的扶持力度不够。近年来，国家拿出一部分国债贴息贷款和流通建设拨款，支持批发市场改造，收到了一定效果。问题是贷款贴息期限都太短，有的市场改造工程未完就要开始还本付息，有的是改造越现代化，贷款越多，越无力偿还。至于用于检测信息和结算方面的拨款，投到一个市场，还是难以达到发挥社会公益性的效果，因为没有形成一个社会化的工程体系。

3. 全国性立法不够。有一种潜在的误解，认为现在制定一部“农产品批发市场法”时机还不成熟。其实有了 20 多年的经验，4000 多个批发市场的案例，比欧美、日本、韩国等国家制定农产品批发市场法的条件要成熟。认识的症结在于没有感到立法的迫切性，没有想到可以把法律规范的对象

仅限于一部分重点批发市场，如同国际上普遍实行的那样。

四、对于加强我国农产品交易市场公益性建设的几点建议

1. 提高对农产品交易市场公益性的认识，确立加强农产品交易市场公益性功能战略，制定“加强农产品交易市场公益性作用工程”。

2. 加快农产品批发市场立法，立法的宗旨是确保农产品交易市场的社会公益性作用，规范的对象是那些明确承担社会公益性责任的重点农产品批发市场。

3. 编制全国和地方公益性农产品交易市场发展规划，纳入全国和地方经济发展计划。城市发展规划和农村发展规划，强制实行。

4. 政府投资开办一批国有控股、企业化经营的社会公益性农产品批发市场和零售市场，建立专项基金，给予多种政策扶持，令其承担起社会公益性责任，作为社会农产品交易市场的骨干和榜样。

5. 政府投资并组织力量实施农产品批发市场社会信息化系统工程，农产品批发市场食品安全社会系统工程、农产品公益市场建设标准化工程和农产品流通分级包装上市标准化工程。把一个个孤立的批发市场公益性行为和作用，集合若干个社会化的系统体系，发挥出社会性的公益性作用。

6. 成立农产品交易市场专家委员会，为农产品交易市场的立法、规划、标准制定、方案审批等，提供咨询。

7. 组织农产品交易市场的研究队伍，开展研究、考察、培训和交流，提高农产品交易市场管理者和参与者的队伍素质。

8. 成立公益性农产品交易市场协会，发挥行业自律和民间中介作用。

关于实施“国家公益性农产品交易市场工程”的建议①

为了落实科学发展观，贯彻党的十七届三中全会精神，促进农产品生产和流通的现代化，满足农民优产增收和居民优质安全消费的需要，当前

---

①本文是 2008 年 11 月 30 日向有关部门提交的一个工作建议，并在 2009 年《经贸参考》第 21 期发表。

有必要在全国规划实施国家公益性农产品交易市场工程。理由和构想如下：

一、实施国家公益性农产品交易市场工程的必要性

（一）适应农业生产发展，促进农民增收的需要

进入“十一五”时期，随着现代农业和社会主义新农村建设的全面推进，农业生产结构将进一步进行战略性优化调整，要大力发展高产、优质、高效、生态、安全的农产品，满足市场需要，农民实现优产优质增收。为此，需要有一个与之相适应的优质农产品流通现代化渠道和体系，保证优质农产品实现优销优价。

（二）适应居民对农产品优质安全消费增长的需要

2008 年，我国人均 GDP 实现了 3268 美元，达到中等低收入国家水平，进入了农产品食品消费结构优化调升时期，正由追求温饱的生存消费阶段，转变为追求安全、营养、健康、特色的优质化选择消费阶段。同时，城市化率也在加快进行，2008 年已达到 45.7%，到 2020 年将初步实现城市化，农产品的消费也将由以农村为主，转变为以城市为主。所以，构建一条全国性的优质安全农产品的现代化流通渠道和体系，是持续拉动内需，满足城乡居民优化消费的需要。

（三）我国农产品国际贸易发展的需要

2008 年，我国农产品进出口总值达到 781 亿美元，比 2000 年增长 23.6 倍。“十一五”时期，国家将进一步“提高农产品的国际竞争力，扩大园艺、畜牧、水产等优势农产品的出口”，同时境外优质农产品的进口也日益加快。为了适应外向型农业的快速发展，调控农产品进出口贸易，也迫切需要建立一个优质农产品流通的现代化渠道和体系。

二、我国现有的农产品流通渠道和体系，不适应农产品生产、消费、流通和贸易优质化发展的需要

（一）我国农产品和食品流通是一个二元化的体系

我国现存两条农产品、食品流通渠道：一条是以传统农产品批发市场为集散枢纽，以个体商户和经纪人为经营主体，以大路货农产品为流通客

体，以集贸市场和社区菜市场为零售末端，我们可称之为传统流通渠道；另一条是以物流配送中心为流通枢纽，以连锁超市公司和其他农产品公司为经营主体，以优质标准化农产品为流通客体，以连锁超市为零售末端，我们可称之为现代流通渠道。这两条渠道构成我国现行农产品食品流通的二元化体系。

（二）现在的二元化农产品流通渠道和体系，不适应新形势的需要

（1）传统流通渠道。是在农产品生产和消费追求数量扩张时期发展起来的，大多数设施简陋、商品低杂、交易原始、管理粗放、商户弱小、难以调控，近年来虽不同程度地进行了升级改造，但远远不能适应优质农产品大流通的需要。

（2）现代流通渠道。这条渠道近年来虽然有了快速发展，但要担负起全国农产品流通主渠道的功能和作用，还需要有一个漫长的发展过程，例如在北京、上海这样发达地区，生鲜食品的超市供应量，尚不足社会消费量的两成。在发达的欧美国家，以超市为主体的现代流通渠道代替以批发市场为主体的传统流通渠道，成为农产品食品流通的主渠道，是从 20 世纪 80 年代开始到 90 年代中期才完成的，当时这些发达国家的人均 GDP 已达到 1.5 万～2 万美元，相比之下我国还有待几十年的发展，才能完成这个转变。

（三）出路在于建设一批“国家公益性农产品交易市场”

为了满足农产品优质化生产、消费、流通和贸易快速发展的需要，我们一是不能指望在短期内会实现现代流通渠道发展成为主渠道；二是不能将全国现有的 4300 多个农产品批发市场和 2 万多个集贸市场，这条传统流通渠道在短期内都升级改造成适应经营优质农产品需要的现代化的优质流通渠道。更为重要的是，现存的现代流通渠道和传统流通渠道，都是市场化的企业化运作方式，都是把企业的效益放在第一位，而不是把满足农民实现优质优价增收和确保消费者优价优购安全食品放在第一位。尤其是现有的农产品批发市场，无论是在“硬件”的投入上，还是在“软件”的管理上，都缺少能力和动力，以实现社会效益，即社会的公益性利益为经营宗旨。出路只有一个，就是由国家承担起这个社会公益性责任，即由政府作为投资主体，吸引社会资本参与，新建和改建一批现代化的适应优质农

产品流通需要的国家公益性农产品交易市场。它既不同于现代流通渠道的超前高档，也不同于传统流通渠道的落后粗陋，而是适应我国现阶段实际和将来经济发展特点的，能满足农产品优质化生产、消费、流通和贸易所需要的，一个崭新的现代化优质农产品流通渠道和体系，可简称为优质流通渠道或国家公益性流通渠道。国家通过这条渠道和体系，投资建设合乎国际标准的现代化经营设施，组织优质农产品流通，降低流通成本，提高流通效率，实行食品安全有效监管和宏观市场调控，以达到社会效益要求的目标。

三、"国家公益性农产品交易市场"的基本特点、内容和功能作用

（一）国家公益市场的基本特点

1. 以实现优质农产品流通的社会公益性利益为宗旨，兼顾交易市场的企业效益。

2. 以政府投资为主，吸收社会资本参与投资，政府主管部门的投资可采取设立专项基金或控股公司等方式运作。

3. 由政府统一管理，政府主管部门可设立国家公益市场管理委员会或国有国家公益市场集团公司，对国家公益市场进行运营管理，适当时机亦可按要求委托给社会企业经营。

4. 要有国家立法和必要的行政规章制度作保障。

5. 要有政府的多方政策优惠支持。

（二）国家公益市场的主要内容

1. 包括国家公益性农产品批发市场和经营零售的国家公益性社区菜市场和标准化集贸市场。

2. 分为以中央政府投资管理为主的中央国家公益市场和地方政府投资和管理为主的地方国家公益市场。

3. 国家公益市场的建设要有全国统一规划布局和国际水平的标准，经过中央主管部门的统一审批，并由政府统一组织实施。

4. 国家公益市场内的进场经营主体以公司法人和合作组织为主，上市交易的商品以优质的标准化农产品为主，交易方式可实行拍卖、协商和网上电子交易相结合等多种形式。

（三）国家公益市场的主要功能和作用

1. 优质农产品集散功能。为大量优质农产品提供一个集中交易的平台。

2. 优质农产品公开、公正的价格形成功能。

3. 优质农产品的供求流通信息采集发布功能。

4. 优质农产品的食品安全检验检测的关口功能。

5. 优质农产品的标准化生产和消费的引导功能。

6. 优质农产品进出口贸易展示和交易的窗口功能。

7. 优质农产品初加工和储运物流配送中心功能。

8. 对全国农产品批发市场和社区菜市场、集贸市场升级改造的示范引导功能。

四、建设国家公益性农产品交易市场的国际惯例和基本经验

（一）国际上国家公益市场建设源远流长

早在18世纪末19世纪初，欧美发达国家为了解决工业化推动的城市化快速发展所带来的农产品食品供应问题，各国先后在500多个市镇建立了公设市场，仅伦敦市就有30多个，其中20多个经营批发业务，10多个经营零售业务。20世纪60年代—80年代，为了适应城市化新的扩张发展和社会对农产品日益优质化、标准化和安全化的生产、消费、流通的需要，适应环保、卫生、交通等新的要求，各国政府又投入大量资金搬迁改造和新建一大批更为现代化的国家公益性批发市场和零售市场，如巴黎的伦杰斯市场、伦敦的新考文特花园市场、美国的马里兰食品中心、东京的大田市场、汉城（首尔）的可乐洞市场、葡萄牙的里斯本市场等世界著名大市场，都是在这一时期升级改造建设成的国家公益性市场。可谓国家公益性市场建设，200年来在世界发达国家持久不废。

（二）国际上公益市场建设的基本做法

1. 通过立法强制实行。如法国的《国家公益市场法》，意大利的1959年第125号法，美国的《马里兰州法典》中关于“马里兰食品中心”的专章，英国《考文特花园市场法令》及其他众多公设市场专项法令，日本的《批发市场法》，韩国的《农产品流通及价格安全管理法》，印度的《农产品

流通规范法案》，以及意大利、德国、比利时等各发达国家的农产品批发市场的专门立法。我国台湾也有《农产品市场交易法》。

2. 政府给予大力的财力支持。包括直接投资，如巴黎的伦杰斯市场由国家投资 495 万欧元，日本政府对中央批发市场投资每年达 100 亿日元以上；长期的低息和贴息贷款，如日本贷款利率为 4.25%，政府补一半，还款期 25 年还可再延长；无偿划拨土地，如意大利和美国的一些市场；准许市场发行债券，如美国的马里兰食品中心；减免税收，如英国的国家公益市场和美国纽约的亨茨市场等。

3. 政府直接管理。如日本的中央批发市场由农林水产省派公务员管理，法国政府成立管委会，意大利成立官办管理公司等，来管理公益市场的日常运营，也有的采取官管委托民营的做法。而市场的规划、开办、审批、规章制度、运行监控、信息采集发布、食品安全检测以及收费标准等，都由政府主管部门负责掌控。

（三）国际上国家公益市场建设收效显著

1. 及时地解决了城市化进程中农产品供应问题，稳定了市场和价格。

2. 持续推进农产品市场的设施和管理的现代化，适应了农业现代化进程中农产品结构优质化调整的销售需要，同时也满足了居民消费进入富裕阶段对食品优质安全购买的需要。

3. 为政府对农产品食品的宏观监管调控提供了一个支撑的平台，其中尤为重要的是使得信息采集发布和质量检测监管得以落实。

4. 降低流通成本，如巴黎伦杰斯市场的租金是北京同类市场的一半；降低流通损耗，如发达国家生鲜果菜流通损耗在 3%左右，而我国有的品种高达 20%以上；提高了流通效率，如巴黎伦杰斯市场一个市场供应了 1800 万人口，北京 8 大批发市场和 40 多个中小批发市场合起来供应 1600 万人口。

5. 促进了农产品标准化优质化生产、流通、消费和国际贸易。随着经济的发展，发达国家的公益市场作用和政府的投入、管理方式均有所调整和变化，但政府建设和扶持国家公益市场的基本理念和原则，没有改变，它已经成为政府为社会举办公益性事业的一个重要组成部分。

五、我国建设一批国家公益性农产品交易市场，恰逢其时

（一）我国农产品生产、消费、流通和贸易的发展，为国家公益市场建设提供了基本条件

1. 有货源。随着农业产业化、优质化的发展，有了越来越多的优质农产品上市供应，市场流通客体越来越充足。

2. 有经营者。改革开放 30 多年的发展，造就了一大批优质农产品生产基地、运销大户、经纪人队伍、合作组织、经营公司和外贸企业，从中筛选出所需的进入公益批发市场的优秀而有实力的经营主体，不成问题。

3. 有可改造的市场。在全国已有的农产品交易市场中，有了一批设施和管理较为先进的市场，国家把其中的优秀者纳入国家公益市场范围进行改造，有一定的基础。特别是随着城市建设的外扩改造，众多的批发市场正在外迁重建，这正好提供了一个难得的机会。

4. 有购买力和购买者。如前所述，随着人民收入和生活水平的不断提高，以及农产品外贸的快速发展，在国家公益市场集中销售优质农产品，有旺盛的购买力和客商。

（二）我国已有充足的财力来建设国家公益性农产品交易市场

经过 30 年的持续发展，国家已积累了充足的财力，可以用来进行一批国家公益性农产品交易市场的建设。现在的问题不在财力上，而在认识上，要真正认识到建设国家公益性农产品交易市场的重要性和紧迫性，将其列入农业和农产品流通基础设施现代化建设的范围中来，将其排到促进农民优产优质增收，百姓安全优质消费的战略性措施系列中来，要真正把一批农产品交易市场作为社会公益性事业来办。现在拿出一些钱，建立一个公益性的农产品交易市场专项基金，是完全有能力办成办好这件大事的。

（三）为国家公益性农产品市场立法条件已经成熟

过去有一种误解，总觉得我国农产品市场发育不成熟，立法难以实施。但从国际经验看，各国有关公益农产品交易市场的立法，其法律约束对象都只是界定在一部分农产品交易市场，而非社会上全部农产品交易市场，法国、意大利、日本、韩国等都是如此，英国、美国更是按海洋法系惯例实行一场一法。对于法律约束以外的市场并不纳入国家公益市场性质的法

律约束。

我国目前只要也针对选定的国家公益性农产品交易市场进行立法，对社会上众多的其余市场则不纳入本法约束，就不会出现有法难依的局面。并且法律本身也可如国际通行做法那样适时进行修改。

综上所述，我郑重建议中央政府有关部门，认真考虑设立国家公益性农产品交易市场基金，启动国家公益农产品交易市场工程，以适应经济社会发展新形势的需要。

“国家中央农产品集散批发市场工程”方案稿①

为了加快推进产品流通现代化，更好地保证农产品供给，满足消费需求，维护市场稳定，促进农民增收，决定实施“国家中央农产品集散批发市场工程”，简称中央市场工程，内容如下：

一、实施中央市场工程的必要性

（一）是农产品生产发展新形势的需要

在中央加快发展现代农业方针的推动下，我国的农产品生产发生了重大的变化。一是主要农产品产量持续快速增长，尤以果菜、禽蛋肉等生鲜农产品和水产品更为突出；二是农产品质量不断优化；三是主产区布局日趋集中，由一村一品，一乡一品，发展成一县一地区一品，并继而形成大规模的产业带和集中产区。农产品的供给出现了，量大质升产地相对集中的新态势，这就要求农产品流通必须与之进行相应的变革。

（二）是农产品消费需求新变化的需要

1. 随着城市化的加快，农产品的需求量也快速增加并向城镇集中。

2. 随着居民收入水平的不断增长，居民对农产品消费的质量要求也日益提高。

3. 随着居民生活方式和观念的逐渐改变，社会对农产品经营的环境改

①本文是 2010 年 2 月 1 日为有关部门起草的一个方案稿。

善愈加重视。

（三）是实现农民对农产品增产增收和优产增收的需要

农产品销售是我国农民增收的主要来源，这一方面要求将农民不断增产的农产品能及时适价销售出去，另一方面也要求将农民不断扩大生产的优质农产品能优价销售出去。

（四）是构建有中国特色的现代化农产品流通体系的需要

以批发市场为集散中心的传统农产品流通体系和以超市为主体的现代农产品流通体系，在我国相当长的时期内将并存发展。其中，农产品批发市场仍将是农产品流通的主渠道。推动农产品批发市场及其所带动的传统农产品流通体系的现代化，以适应农产品生产、消费和流通新形势的需要，成为构建有中国特色的现代化农产品流通体系的重要内容和不可逾越的发展阶段。

二、中央批发市场工程的主要内容

在全国首批规划建设十大集散型现代化的农产品批发市场如下：

1. 市场选址。北京、上海、西安、寿光、常州、武汉、郑州、重庆、广州、海口。

2. 市场规模。占地面积在1000亩以上，设计交易量达到200万吨以上，年交易额达到100亿元以上。

3. 市场功能。应具备：①大规模的农产品集散功能；②权威的信息采集、加工和发布利用功能；③有政府认定资质的农产品检验检测功能；④完备的加工、配送、储运等物流功能；⑤安全便捷的资金结算功能；⑥配套的综合服务功能等。

4. 市场设施。根据上述交易运营和市场功能需要，建设现代化和与国际接轨的设施，尤其要做到布局合理，动线流畅，交易场所封闭可控温，节能环保、安全生产和网络化全覆盖。

5. 市场主体。进场交易者应是公司法人、生产基地、合作组织和龙头大户。

6. 市场商品。进场交易的商品应是标准化、品牌化的安全可追溯的农产品及其加工食品。

7. 市场交易方式。根据商品特点，采取对手交易、拍卖交易、网上交易、订单交易、即期现货交易和远期合约交易等多种交易方式，并实行电子结算。

8. 市场管理体制，实行会员制为主，临时进场交易为辅的交易者资格准入办法。建立健全完备的现代企业管理机构和制度。

9. 市场运营方式。实行官助民建，在公益性基础上的市场化和企业化运作。

三、“中央市场工程”的实施步骤

（一）原则

统一规划，统一标准，分步实施，限期到位

（二）步骤

1. 中央有关部门成立工程领导机构和专家委员会，提出规划和市场标准，在征询地方政府主管部门、专家和相关企业意见后发布实施。

2. 中央主管部门在征得中央和有关政府部门的支持下，建立“中央市场工程”基金，并制定管理使用办法。

3. 在规划设定地区落实中央市场项目的建设，可包括：新建、迁建、并建和改扩建等多种不同方式。

4. 中央和地方政府主管部门，审核当地中央市场项目的规划和设计方案，并协助企业办理立项、征地、规划，资金等相应手续并提供必要条件。

5. 中央和政方政府主管部门，按中央市场项目建设计划，实行督办检查和验收。

6. 相关各方努力确保市场运营后的巩固、发展和完善。

（三）分工和责任

1. 中央主管部门负责制订规划、标准，筹措中央扶持资金和督办验收检查。

2. 地方主管部门负责组织实施和筹措地方政府扶持资金，并实行监管。

3. 市场项目企业负责具体建设和运营。

四、“中央市场工程”的政策支持

1. 将“中央市场工程”纳入国家行业重点发展规划，并取得中央和有关部门的支持。

2. 将规划中的“中央市场工程”项目，纳入当地行业主管部门的行业发展重点工程和城市发展规划。

3. 各级政策性专项资金支持和金融机构的信贷支持。

4. 地方政府给予项目的其他必要支持。

5. 争取必要的税收和政府收费的优惠。

6. 各类交通运输部门的配合支持和协作。

7. 政府工商、质检、卫生等其他相关部门的支持。

我们认为实施“中央市场工程”的时机已经成熟，除了前述有关农产品生产、消费、流通方面的发展基础条件外，更为现实的是在我国已经形成了一批较大规模的产地集散型批发市场，一批销地集散型批发市场，更有一大批大型农产品批发市场正在进行搬迁改造或就地扩大升级改造，还有一批大规模的农产品批发市场正在新建或规划新建之中，这都为实施中央市场工程，提供了市场自身的选择建设机会。

只要我们精心策划，扎实筹备，科学实施，一个现代化的国家中央农产品批发市场工程，一定可以取得成功，达到使农产品货畅其流、稳定市场、满足消费、农民增收、流通高效现代化的目的。

培育农产品流通的“国家队”，创新农产品流通的公益性方式[①]

——关于实施农产品流通现代化国家重点工程的建议

近年来，频繁出现的农产品卖难、买难、价格大幅波动和食品安全问题，给我国经济的发展，带来很大的冲击，给社会生活的和谐稳定，造成了不小的影响。这种现象的出现，表面看似是局部的、一时的和偶然的，

①本文是2011年6月16日向有关部门提交的一个建议。

但实质上，它反映了我国的农产品流通业，已经严重地滞后于经济和社会的发展，尤其是落后于农产品生产供给和消费需求发展的需要，成为经济社会现代化发展的一块“短板”和瓶颈，必须从战略的高度引起重视，从战略的角度采取重大措施，求得根本性的解决。

目前，我国的农产品流通有两条渠道：一是以批发市场为流通枢纽，以个体商户为经营主体，以社区菜市场和集贸市场为零售末端，以大路货产品为销售客体的传统渠道。这条渠道承担着全国80%以上的农产品流通，其中包括近90%的鲜活农产品流通，95%以上的蔬菜流通，这是我国农产品流通的主渠道。二是连锁超市公司的现代化渠道，虽然近年有了较快的发展，但还只是一条辅助的渠道。从国际经验和我国经济社会发展实际来看，在未来二三十年内，传统的流通渠道，还会是农产品流通的主渠道，但必须进行根本性的产业化和现代化整体再造，才能适应经济社会发展的需要。

一、要创新农民销售农产品的方式，解决小生产与大市场的矛盾

目前，我国从事农业生产经营的农户有近2亿户，其中生产经营蔬菜的农户就有4000多万户，而每户平均经营菜田只有3～5亩，年产量在1万千克左右。这些农户绝大多数是独立上市，自行销售。由于信息闭塞，弱小分散，往往丰产不能畅销，出现卖难，优产不能优价，增收难以实现。千家万户的农民，面对全国性的大市场，任凭市场那只看不见的手来摆布，盲目、被动而无奈，农产品流通的最初一公里，成了农民承受风险的一公里。这种局面，必须加以改变。

二、要创新对农产品流通枢纽的掌控，解决市场化与宏观调控的矛盾

近年来，随着农业生产结构的调整，优势专业化产区不断扩大，主要农产品已经形成了集中生产，全国消费，买全国卖全国的全国性的大流通格局。承载这个大流通的枢纽，是全国4300多个批发市场，其经营的主体是几百万批发商户。由于历史的原因，这些批发市场是多元化投资，市场化运作，以企业利益最大化为首要目的，而不是政府公益性的建设，政府难以调控，尤其是中央政府不能从全国农产品供需的全局，来控制调度这

些枢纽，更不能调度几百万批发商户。而我国这样一个大国的农产品大流通，尤其是鲜活农产品大流通，长期处于一种微观主体运作无序，政府宏观调控无据的状态，是十分危险的。如不改变，市场的供需平衡，物价稳定，食品安全和流通高效等，都无从谈起。

三、要创新对居民零售的方式，解决城市化与民生需求的矛盾

近年来，城市化快速发展，每年有近 2000 万人进城生活，仅蔬菜供应就要增加 24 亿多千克。如何满足快速庞大的新增城市人口需求，是农产品流通面临的一项繁重的商业任务。但是，过去在城市大规模的拆建中，旧的菜市场大幅度减少了，新的菜市场建设或是未纳入城市规划，或是未作为公益性事业开发，结果造成网点少租金高，推动农产品零售成本高居不下，带来居民消费的买难和买贵，难以承受。因此，必须采取多种有效措施，解决农产品流通这最后一公里的困扰难题，而创新零售模式就是一条根本性的出路。

为了解决农产品流通中的上述“三大矛盾”和实现“三大创新”，我建议，发挥社会主义的优越性，调动国有资产，尤其是中央国有企业资源的优势和履行社会责任的特质，组建一个以央企为核心的“中国农产品流通控股公司”，打造农产品流通的“国家队”，实施国家农产品流通现代化的公益性重点工程，作为国家调控全国农产品流通的依托和模式创新的先导。

这个农产品流通的“国家队”，要以国家对农产品流通的公益性宏观调控为目的，以投资控股为资产纽带，以网络信息等现代科技为运作手段，以模式创新为着力点，建立一个新型的农产品流通重点工程系统及其若干个子系统，推动我国的农产品流通的公益性现代化建设。

四、有关设想

（一）建立国有央企“中国农产品流通控股公司”

以中央国有资产控股为主，吸收合适的社会资本为战略伙伴，通过投资和管理，建立全国农产品流通的央企骨干体系，主导大宗农产品，尤其是鲜活农产品的流通。

（二）建立农产品流通实体网络体系

1. 投资控股一批大型集散型农产品批发市场，建立公益性的批发枢纽系统

经过多年的发展，全国已经形成了一批产地集散型和销地集散型大型农产品批发市场，并已成为全国农产品流通的枢纽骨干。“中国农产品流通控股公司”可以通过投资合作，将其升级改造，完善功能，优化管理，提高门槛，实现经营主体公司化，经营商品标准化，交易方式现代化，食品安全追溯化，信息管理科学化，物流储运冷链化，达到与国际接轨的现代化水平，作为中央政府调控农产品流通的现代化枢纽。

2. 投资建设产地农产品集配中心系统，组织农民“共同上市”

“中国农产品流通控股公司”与农民合作组织、行政机构、协会和农业公司等合作，在产地建设公益性的集配中心，吸收农民为会员，将其产品集中起来，经过分拣加工包装，实现“共同上市”。一方面可以把农民分散弱小的劣势，变为组织化规模化的优势，更好地维护农民的权益；另一方面，通过指导生产、订单农业，标准化加工包装上市，安全监管和品牌化营销，可以建立稳定畅通的销售渠道，增加农产品增值收入。建设公益性的产地集配中心，政府抓得住扶得起，农民看得见用得上，国外已有成功经验，我国也有探索先例，由“中国农产品流通控股公司”牵头运作，完全可以推行成功。

3. 投资建设城市社区公益性网络便民配送连锁菜店

“中国农产品流通控股公司”，除与城市社区合作，建设公益性的社区菜市场等零售市场外，还可以探索在社区建置集装箱式小型简易菜亭，通过招标实现连锁化集中配送经营，菜亭通过展示样品，与小区居民实行网上或电话订购送货上门。由于菜亭占地少造价低，可以降低租金成本广为布点推广，又因为实行公司连锁化运营，与产区集配中心配合，直接向农民采购，减少环节，并通过统一采购、统一配送、统一标准、统一管理，网上订购送货，可以降低采购运营成本，保证货品质量安全，方便居民购买到物美价廉的商品，是一种高科技网络化的农产品零售创新模式。

4. 投资建设农产品流通的网络交易平台系统

“中国农产品流通控股公司”，在农产品实物交易物流体系的基础上，

建立一个覆盖全国范围的主要农产品网上交易平台，开展标准化农产品的网上交易，物联网交割，同时提供农产品供求的实时准确信息，引导生产、流通和消费，也可成为政府宏观调控的重要平台。

通过上述四大系统建设和运行，构筑起我国公益性的农产品流通的现代化体系框架，逐步完善扩大，最终实现推动全国的农产品流通现代化，从体制上和运行模式上，解决农产品卖难、买难、调控难和食品安全问题。

为了保证国家农产品流通公益性重点工程的顺利成功实施，国家要予以必要的支持。

（1）批准设立“中国农产品流通控股公司”，并委托其负责实施公益性国家农产品流通现代化重点工程。

（2）中央注入资金予以支持，并进行指导和监管。

（3）在税收费用方面给予优惠。

（4）在征地建设上给予方便。

（5）中央政府有关部门和相关地方政府给予协作配合和支持。

我们相信，只要得到中央政府的支持和有力指导，一定会将“中国农产品流通控股公司”，打造成一个有实力有能力的农产品流通“国家队”，成为国家调控农产品流通的主力军，并将这个关系国计民生的公益性农产品流通重点工程做实做好，取得圆满的成功。

关于设立“国家重点公益性农产品批发市场发展基金”的建议[①]

为了贯彻落实国务院关于“改造和建设一批公益性农产品批发市场”和“在农产品主产区、集散地和主销区，升级改造一批带动力强、辐射面广的大型农产品批发市场”和“推进全国性、区域性骨干农产品批发市场建设和改造”的战略部署，建议批准由中国农产品市场协会组织设立“国家重点公益性农产品批发市场发展基金”（简称公益市场基金）。

理由和设想如下：

---

①本文是 2012 年 4 月 16 日向中央有关部门提交的一个建议书。

一、设立“公益市场基金”的必要性

（一）是加快农产品流通主渠道建设的需要

我国目前有4300多家农产品批发市场，承担着全国80%以上的农产品，尤其是90%以上的鲜活农产品的流通。受我国农业生产特点和社会经济发展阶段水平的制约，农产品批发市场作为我国农产品流通主渠道的地位和作用，在未来的几十年内，不会发生根本性的改变。所以，要“建立完善高效、畅通、安全、有序的鲜活农产品流通体系”，必须持续加大对农产品批发市场建设的投入，这就需要建立一个稳定的有保障的农产品批发市场发展基金。

（二）是实现农产品批发市场公益性建设的需要

无论是我国的经验，还是国际的经验，都证明农产品批发市场具有很强的社会公益性，即非营利性。若将农产品批发市场作为一个营利性行业来投资，投资者必然把追求利润放在第一位，这就势必推动农产品流通成本的提高，拉动农产品价格的攀升。为了降低农产品流通成本，保持农产品价格的合理稳定，需要设立公益性农产品批发市场建设发展基金，以非营利为目的，在全国投资建设一批国家级重点公益性农产品批发市场，保证农产品流通社会公益性的实现。

（三）是推动农产品流通现代化的需要

农产品流通的现代化，是农业现代化的重要组成部分和推动力，也是城市化和工业化的保障，这已被世界发达国家经济社会发展的历史所证明。同时，发达国家200多年的农产品流通发展史还证明，农产品批发市场的现代化，是农产品流通现代化的起点和不可逾越的阶段。没有农产品批发市场的首先现代化，就没有发达国家农产品流通以超市为主渠道的现代化的今天。而要既实现农产品批发市场的现代化，又要保证农产品批发市场的社会公益性，除了必须有相应的法律政策以外，还必须有用于农产品批发市场现代化建设的发展基金作为保障。

（四）是实现国家对农产品流通宏观调控的需要

随着农业现代化的发展，我国农产品的生产，越来越向优势产区集中；随着城市化的发展，农产品的消费，越来越向大城市和城市群集中。这就促进了农产品的全国性大市场和大流通格局的形成和发展。在我国幅员广阔，人口众多，自然灾害频发的条件下，仅靠市场这只“看不见的手”来左右农产品流通，必然加剧供求脱节和价格波动。这就需要政府利用“看得见的手”，从宏观上调控农产品流通，来引导生产，保障供给，稳定价格。农产品批发市场，则是政府实现这种宏观调控的物质基础、行动依托和“抓手”。因此，需要政府通过农产品市场发展基金的投入，形成以资产为纽带的全国重点公益性农产品批发市场体系，来掌控一批对全国和区域有影响力的批发市场。

二、“公益市场基金”方案要点

（一）基金的法律架构

1. 名称。中国国家重点公益性农产品批发市场发展基金，简称公益市场基金。

2. 性质。公司制，即设立“中国农产品批发市场投资有限公司”。

3. 基金来源及构成。定向机构私募，包括：国有专项资金、符合条件的大型农产品批发市场和其他社会经济机构出资。

（二）基金的规模和存续

基金一期规模为人民币 10 亿元，存续期 10 年；基金二期规模为人民币 20 亿元，存续期为 10 年。根据形势需要，亦可募集三期和四期。

（三）基金的运作

设立“公益市场基金”管理公司，将所募基金委托该公司按照国家和社会对基金管理的要求，规范运营。

（四）投资领域

选择一批农产品主产区、集散地和主销区的带动力强、辐射面广的大型农产品批发市场，作为投资目标市场。

（五）投资方式

通过参与对目标市场的新建、扩建、迁建和升级改造建设或收购股权等方式，实现对该目标市场的绝对控股、相对控股或参股，进而达到对该目标市场的公益性确立和转变。

（六）基金管理团队

1. 从业内和社会招聘有经验资质的专业管理人才，组成基金管理公司的管理团队。

2. 以所投资的目标市场管理团队为基础，从业内和社会招聘有经验和资质的管理人才，参与对投资目标市场的建设规划和管理。

（七）基金管理公司组织结构（见下图）

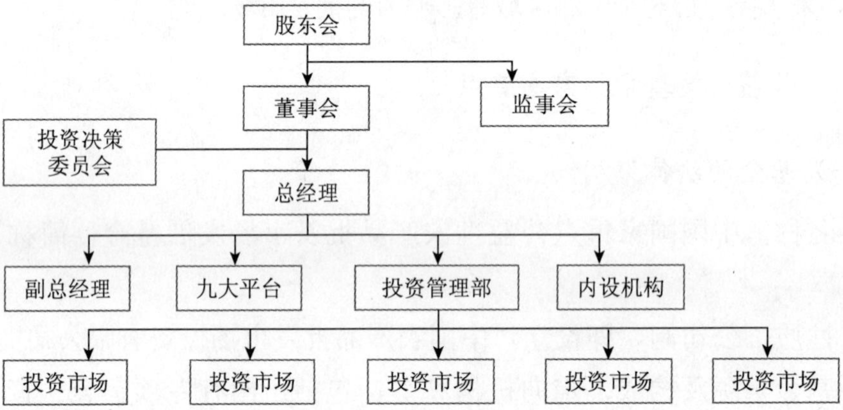

基金管理公司组织结构

（八）基金管理公司的机制

按国内外基金管理公司的运行惯例，结合我国农产品批发市场的行业特点，建立现代企业管理制度，实行决策科学、激励有力、约束有效的运营机制。

（九）其他

待本建议获得批准后，由中国农产品市场协会成立基金工作筹备小组，聘请社会有资质经验的基金专门策划机构和业内人士，提出翔实的“公益市场基金”策划方案，论证报批。

三、“公益市场基金”拟达到的运营目标和效果

（一）逐步有组织、有计划、有标准地建立起全国重点公益性农产品批发市场体系和运作原则、模式

（二）建立起全国性农产品的宏观调控系统九大平台

1. 农产品生产、流通和消费的信息平台。

2. 农产品质量标准和安全检测监控平台。

3. 重要农产品国家储备和商业储备应急调剂中心平台。

4. 全国主要农产品价格的收集、分析、加工和发布平台。

5. 农产品流通的调控资金投放调度平台。

6. 主要大宗农产品生产和批发的全国交易和物流对接平台。

7. 全国性的主要农产品的电子交易平台。

8. 全国农产品运销主要主体大户的组织协调平台。

9. 农产品进出口贸易平台。

（三）对农产品流通达到八大预期效果

1. 有利于掌控全国农产品流通的主要枢纽和节点。

2. 有利于掌握主要农产品生产、流通和消费的相关即时准确信息。

3. 有利于调控主要农产品全国大流通的走向和应急处置，促进均衡供应和价格稳定。

4. 有利于促进形成全国性的农产品价格发现。

5. 有利于促进农产品流通的标准化、品牌化、优质化和安全化。

6. 有利于对农产品生产、流通和消费的科学引导，缓解农民“卖难”和消费者“买贵”，促进农民优产增收，扩大居民消费，拉动内需。

7. 有利于降低农产品流通成本和提高流通效率。

8. 有利于示范引导和推动农产品流通体系，尤其是农产品批发市场的现代化升级改造。

四、设立“公益市场基金”需要的政府支持

1. 请批准本建议报告，并委托中国农产品市场协会负责组织筹备。

2. 请指派一位相关领导同志，负责本基金的筹备设立和运营工作。

3. 请相关部门支持本基金的筹备设立和运营。

4. 请划拨或协助申请国家财政足够的专项资金投资本基金。

5. 请协助争取国家的相关扶持政策。

以上报告不妥之处请领导指正。

第二章　我国农产品批发市场的发展、建设与管理

第一节　我国农产品批发市场发展现状分析

有计划地发展农副产品批发市场①

——学习八中全会文件辅导材料

党的十三届八中全会通过的《中共中央关于进一步加强农业和农村工作的决定》（以下简称《决定》）是一个重要的历史性文件。《决定》指出，要“有计划地发展各类农副产品批发市场，扩大商品集散，加快商品流通。”这是中央为进一步促进农业和农村经济发展采取的一项战略性决策。认真学习和领会全会文件精神，办好农副产品批发市场，是商业工作者的一项重要任务。

一、为什么要办农副产品批发市场

改革开放以来，我国农村的商品经济有了长足发展，农产品的商品率和商品量大幅度提高，农产品流通对于保持农业生产稳定增长，增加农民收入，促进城乡市场繁荣和社会安定，具有越来越重要的作用。这些年来，为搞活农产品流通，中央和地方政府采取了一系列政策措施，广大商业干部职工做出了巨大努力，有关部门和社会其他商业也作出了贡献。但是，农产品流通滞后的问题仍然十分突出。

①作者与彭宝泉发表于 1992 年《中国商论》第 1 期。

解决农产品流通中出现的新问题，有赖于全面深化流通体制改革和商业的更大发展。办批发市场，作为一项商业改革和发展的重要措施，好处很多。一是有利于实现农产品流通中计划经济与市场调节相结合。为促进农业生产的发展，必须按价值规律办事，这就要逐步扩大市场调节的范围。但随着市场调节范围的扩大，农产品生产和流通的风险性也要增加，为此又必须加强计划对市场的指导。批发市场集中了众多的交易者和大量的商品，按规则有序自由成交，就为计划与市场发挥调节作用提供了共同的舞台。二是有利于疏通农产品流通渠道。近年来时常出现的“卖难”和“买难”，其中一个原因是供求信息不灵。批发市场集中了众多的买者和卖者，也就集中了大量的供求信息，为疏通流通渠道提供了可靠条件。三是有利于建立农产品流通新秩序。批发市场依法律开办，按章程制度运行，在批发环节规范政府行为、经营者行为和管理者行为，有利于制止“购销大战”，纠正价格扭曲和突破关卡封锁。批发市场建设不仅仅是开办一些有形的交易场所，更重要的它是一种商品经济流通制度的建设，因而是新的商品体制的一个重要支撑点，推动我国农产品流通体制的成熟化和现代化。

二、办什么样的批发市场

鉴于我国经济发展的极端不平衡和经济体制尚在改革之中，我国的批发市场应由初级、中级和高级的多层次结构组成。但对于商业部门来说，要办的应主要是比较高层次的规范化的批发市场。这类批发市场应该依法开办，按严格的规章制度进场交易，在严格的监督下运行；应该具备商品集散、公正价格形成、资金结算、信息集中交流和加工储运等五大功能。日本等国家由于农产品的分类、加工、包装、储藏和调运主要由农协组织的集配中心承担，所以批发市场这方面的功能不大。而我国由于缺少这类组织，现阶段由批发市场特别是产地批发市场承担集配功能是必要的。

批发市场的上市品种可以是单一大类商品也可以是多类商品。大量的应是多品种的综合性批发市场，少量的应是少品种的专业批发市场。但在开办之初，可以从单品种搞起，逐步取得经验，向综合方向发展，并随着经济环境的发展，上市品种也可有增有减相机变化。

批发市场的规模应是大、中、小结合，政府商业部门办的应以大型为主，经济组织办的一般以中、小型为主。从供应范围来看，可分为面向全国的中央批发市场，面向一定经济区域的区域批发市场和地方性批发市场。中央批发市场要由商业部直接开办、参与开办或授权开办。

越是高层次规范化的批发市场，进场交易者越要经过严格的资格审查，包括：经营资金审查、经营能力审查和商业信誉纪录审查，合格者才能经过申请批准取得资格。上场交易者可是生产团体（包括专业大户）单位、经营者（包括大的零售商和大的专业运销个体户）、主要消费大户（包括加工厂、机关学校等团体单位）。但高层次规范化的批发市场应更加注重国营商业企业、供销社和农民集体经济组织、国有农场等为主体，以个体、私营商业大户为补充。

批发市场要按法律章程规定运行，从我国目前实际出发，经营方式以多样化为好；即采取委托代理制、双方买卖成交制或两种方式结合运用。将来应逐步创造条件发展以委托代理制为主。批发市场价格的形成，应通过公平竞争实现，可采取拍卖、投标和相对直接交易。从长远看应发展拍卖比重，但不排斥相对交易。但要防止垄断和操纵市场。

批发市场还应拥有必要的食宿、通信、结算、金融、储运、工商、税务、检疫、商植、保卫等综合性服务系统。市场内部则要建立严密有效的组织管理系统，保证市场正常运行。

三、如何办批发市场

1. 尽快立法。批发市场建设是一项系统工程。国家有关部门应尽快制定《批发市场法》，使批发市场建设从一开始就纳入法制轨道。不然等一大批不正规的批发市场出现之后再纠正，损失就更大了，这种苗头目前已经出现了。现在全国已有一批批发市场，总结它们的经验教训，借鉴国外有益经验，搞一个《批发市场法》是有条件的。

2. 有统一规划。批发市场将是我国农产品流通网络的枢纽，它的发展要同整个经济发展和商业发展相协调，必须有全国性统一规划，不能是谁有钱谁就办，谁有权谁就办，更不能谁想怎么办就怎么办，想在哪办就在哪办。鉴于批发市场是商品流通的关键，所以批发市场的规划权应由商业行政部门为主，会同计委等有关部门制定。从中央到地方都应成立批发市场建设协调机构，统一规划、统一部署、统一行动。要防止扯皮内耗。

3. 明确批发市场的开办者资格和管理者职责。就我国情况看，批发市场的开办者可以是政府部门，主要是商业行政部门；可以是经济团体组织，如农民的供销合作社组织和生产组织；可以是企业，如国营、集体商业公司。企业办批发市场，要在企业内部将开办者系统与经营者系统分开，本企业的经营者进场交易与其他进场交易者一视同仁。批发市场的管理应分两个层次，政府主管部门主要是管立法、审批、规划、建设布局和监督；批发市场的内部管理则由开办者依法按章负责。

4. 有必要的投入。批发市场的建设和发展要纳入政府的社会经济发展总体规划。中央批发市场应由中央财政通过商业部给予必要数量的专项拨款；区域批发市场应由受益地方政府独资或联合投资，商业部给予适当支持；地方批发市场由开办者投资。除政府投资、开办者投资外，还可以向社会集资，包括向进场交易者集股。

5. 加紧培训人才。在决策正确的条件下，一个批发市场搞得好坏，关键是管理人才和上市者经营水平。应该不断总结我国批发市场的实践经验和借鉴国外经验，对批发市场的管理者、开办者和上市经营者进行培训。要加强理论研究和论证，做好舆论宣传工作。政府也应成立专门工作机构和专家咨询机构。

农产品批发市场的产生和发展[①]

在当前和今后相当长的一个时期内，农产品批发市场，都将是我国农产品流通的主渠道和枢纽。探讨农产品批发市场产生和发展的原因和条件，对建立我国市场经济的农产品流通体系，有着重要的理论、政策和实践意义。今天，就和大家一起简要的谈一谈这个问题。

①本文是 2002 年 7 月 15 日根据在一个培训班上的讲稿整理。

一、关于市场的基本概念

（一）什么是市场

主要有三种定义：

1. 市场是指进行商品交易的场所。如北京新发地农产品批发市场、义乌小商品市场等。

2. 市场是指进行商品交换的一定区域，如国内市场和世界市场等。

3. 市场是指商品所有者进行商品交换所产生的相互关系的总和，如交换的原则、方式、制度、法律和文化等。

（二）市场的分类

从不同的角度，对市场可以进行不同的分类，如按交易内容分为商品交易市场和要素市场；按交易空间分为地区市场、区域市场和全国市场；按交易时间分为定时市场和常年市场；按交易方式分为实体市场和虚拟网络市场；按交易主体分为批发市场和零售市场；按市场投资者身份分为公有市场和私营市场；按市场发育程度分为初级市场和成熟市场等。在每一个类型中又可细分为更多的类型市场。

（三）市场体系和市场经济

1. 市场体系。是指由有机构成的完整的市场系统及其产生的商品所有者相互关系的总和。它包括市场的组织和结构、市场交易的主体和客体，市场的运行手段和方式、市场的规则和法律，以及政府对市场的监管和调控等。

市场体系可指整个社会各类市场的总体系，也可指不同类型的市场的专属体系。

2. 市场经济。是指“以市场作为资源配置的基础，通过市场机制进行调节的国民经济”。（《现代汉语词典》）市场经济的发展可分为若干阶段，如产生的初级阶段、发展的形成阶段或成熟的高级阶段和衰退阶段。将来是否会进入彻底消亡阶段抑或进入一个更加高级的新阶段，则有待于理论的探讨和实践的证明了。

二、国外农产品批发市场的产生和发展

农产品批发市场是进行农产品交易的场所。最早的农产品批发市场，是在封建农商经济和资本主义初期，从农产品零售市场逐渐分离发展起来的，是一种自发形成的初级的农产品批发市场。

现代意义的农产品批发市场的产生和发展，在国外则是近200多年的事情，这是我今天要讲的市场。它大体可以分为四个阶段。

1. 从18世纪末到19世纪中期，西方资本主义国家，伴随着工业化的推进，开始了城市化的进程。城市化带来了人口的大规模集中，同时也带来了对农产品的大量消费需求。为了保障对城市农产品消费的供应，欧美资本主义国家先后由政府出面，通过立法、规划、投资和管理等一系列措施，改造和新建一批社会公益性的农产品批发市场。这是现代意义的农产品批发市场的产生阶段。

2. 从19世纪中期到20世纪50年代，西方发达国家，加快并相继实现了城市化，尤其是开始了大都市化。农产品批发市场也进入了快速的发展阶段，欧美有500多个市、镇建起了公营市场，仅伦敦市就有30多个。这些公营市场逐渐成为了农产品流通的中心枢纽和主渠道，经由农产品批发市场进行交易的农产品，占到了社会农产品流通量的50%～60%。这是现代农产品批发市场的发展阶段，即第二阶段。

3. 从20世纪60年代到80年代，在西方发达国家，为了适应城市发展改造的需要，为了适应社会对环境保护的新要求，也为了满足居民对农产品消费优质化、安全化的变化，农产品批发市场进入了动迁改造和整合的成熟发展阶段，即现代化第三阶段。在这个阶段，政府有关农产品批发市场的法律、规划、标准、运营和监管，更加体系化、规范化和成熟化了。一大批现代化的批发市场在各国应运而生，如法国巴黎的伦吉斯市场、葡萄牙的里斯本市场、美国的马里兰食品中心和日本的大田市场等，同时，在这些市场广泛地采用了如冷链、信息、质检和环保等新的设备技术。

4. 从20世纪90年代开始至今，西方发达国家的农产品批发市场，进入了衰退重生的第四阶段。在这个阶段，如沃尔玛和家乐福这类大型连锁超市公司，适应经济社会的发展和消费变化的新形势，通过多年的竞争发

展，在居民食用农产品和食品消费流通领域，占据了垄断地位，连锁超市公司的采购配送中心系统，也取代了农产品批发市场系统，成为农产品流通的主渠道和枢纽，经由批发市场交易的农产品占有率总体上也降到了20%～30%。但是，由于居民在家庭外就餐大幅度增多，由于社会对农产品消费多样化和特色化的需求变化，由于农产品流通的国际化发展新趋势等，又为批发市场的生存和发展留出一片新的空间。很多批发市场抓住新的机遇，进行了大幅度的功能改革，如发展加工配送，进行经营调整，如引入“农民市场”，使得衰落中的农产品批发市场并没有彻底消亡下去，而是获得了重生，仍能成为西方发达国家现代化农产品流通体系的一个重要组成部分，发挥着独特的重要作用。

这里需要说明的是：①上述四个阶段，只是对西方发达国家农产品批发市场产生发展的总体趋势而言，在不同的国家，情况有所不同，各阶段发生的时间和内容，也各有变化，而在一些大城市，如法国巴黎和美国纽约，批发市场的经由率仍达到50%～60%。②日本作为后起的资本主义发达国家，在农产品批发市场的现代化发展中，虽然大力借鉴了欧美国家的经验，但融入了很强的日本特色。进入20世纪90年代以来，日本的农产品批发市场，虽然也开始出现了作用减弱的变化和相应的改革，但由于受相关法律的制约，受农业、农村和农民组织传统力量的限制，以及国民消费习惯、方式和文化的约束等，批发市场仍是日本农产品流通的主渠道，并与连锁超市公司相互结合，共同成为日本现代化农产品流通体系的主要组成部分。这种情况，在后发展起来的韩国和我国的台湾省，也类似存在。

三、改革开放以来，中国农产品批发市场的恢复和发展

新中国成立后，由于实行了计划经济和大割“资本主义尾巴”，我国的农产品批发市场发育，中断了40多年，直到1979年改革开放后，才逐渐恢复和发展。这期间已大体经历了三个时期。

（一）农产品批发市场的恢复期（1979—1985年）

1978年12月召开了党的十一届三中全会，确定了改革开放的路线，提出了“社员自留地、家庭副业和集市贸易是社会主义经济的必要补充部分，任何人不得乱加干涉”。随后几年，相继放开了16种产品价格，国务院颁布

了《城乡集贸市场管理办法》，允许个体长途贩运，要求“广泛设置农产品批发市场”，取消“统购派购”。农业生产方式试行家庭联产承包，1980 年政府工商部门在沈阳召开了市场工作会议，推动农副产品市场恢复发展。这些政策和措施，使得农产品市场，包括批发市场，获得了合法的身份，并开始有了恢复发展的社会经济条件。1979 年，全国已有各类市场近 4 万个，而 1985 年则突破了 6 万多个。其中，农产品批发市场由 1983 年的 200 多个，恢复到 892 个。

在这一时期，农产品市场（包括批发市场），在争议中得到恢复和发展。其特点是：集市多，批发市场少；农民自产自销多，专业运销商户少；初级产品多，加工包装产品少；临时集市庙会多，固定常年交易场所少；村办多，官办少；产品的品种少，数量少，自产多，地产多，辐射近。同时，政策也时有变化摆动，市场是在“又准又限”中顽强生存下来的。

（二）农产品批发市场的发展期（1986—1992 年）

1985 年，党的十二届三中全会召开，《中共中央关于经济体制改革的决定》发布，确定了要发展“有计划的商品经济”。随后发布的中央 1 号文件，加快了农业改革的步伐，农产品产量大幅度增加，出现普遍的农产品“卖难”现象。为此，中央推动商业改革，提出建立“三多一少”的流通体制。国务院开始实施“菜篮子工程”，商业部提出在“大中城市建设农产品批发市场”的要求，同时，政府也对各类市场开始进行了整顿和规范。这些政策和措施，继续稳步地推进了农产品批发市场的发展。到 1992 年，全国各类市场由 1985 年的 6100 多个增加到 7900 多个，其中农产品批发市场也由 1986 年的 892 个发展到 1509 个。

这一时期农产品批发市场发展的特点是：快而多，专业化；大型化，棚厅化；投资主体多元化，提出“谁投资，谁建设，谁管理，谁受益”的原则。市场起到了解决“卖难”和保障供求，平抑物价的作用。但在总体水平上仍然处于低、杂、乱的状态。

（三）农产品批发市场的快速发展和整顿期（1992—2002 年）

1992 年邓小平南方谈话和 1993 年召开的党的十四届三中全会，提出了改革是要“建立社会主义市场经济体制”的方向目标。明确指出要培育形成全国“统一、开放、竞争、有序的”社会主义市场体系。具体要“改革现有的商品流通体系，进一步发展商品市场。在重要商品的产地、销地或集散地，建立大宗农产品、工业消费品和生产资料的批发市场”。到1998年，全国农产品批发市场由1991年的1509个增加到2734个，主要农产品的批发市场交易额突破1万亿元，是1992年的3.8倍。

这一时期农产品批发市场发展的主要特点是：高速发展，设施改善(退路进厅)，规模扩大，交易量大，成为了农产品流通的主渠道。同时也出现了发展无序、管理混乱等现象，政府在大力支持发展批发市场的同时，也进行了更为严厉的大张旗鼓的规范整顿和提升。提出“在重点农产品集散地发展区域或全国性的批发市场，积极探索产销直挂、连锁经营、配送中心等新的流通方式。培育农民自己的流通组织，提高农民进入市场的组织化程度。加强市场设施建设，完善信息手段和发布制度，向农民提供及时准确的市场信息。健全市场法规，维护市场秩序，反对封锁和垄断”。中国农产品批发市场的发展迈入了一个新的阶段。

四、农产品批发市场发展的条件

从对中外农产品批发市场发展的简要回顾中，我们可以知道，农产品批发市场的发展，需要一定的社会经济条件，农产品批发市场随这些条件的发展而产生发展，随着这些条件的完善而完善。这些条件主要是：

（一）社会经济制度条件

农产品批发市场，是市场发展的一种形式，而市场则是商品经济发展的产物。商品经济发展成为一种社会经济制度，就是市场经济。所以，农产品批发市场发展的必要条件，就是要实行市场经济制度，没有市场经济制度，就没有农产品批发市场的产生和发展，没有成熟的市场经济制度，就没有农产品批发市场稳定、健康、有序的发展。

（二）法律政策条件

农产品批发市场，是关系国计民生的社会公益性事业，它需要国家的法律认可、保护和规范，而不能任其在市场恶性竞争中，自生自灭或无序发展。同时，农产品批发市场的社会公益性，也特别需要国家政策的支持和引导才能实现。

（三）农产品生产发展的条件

农产品批发市场作为农产品流通的主渠道和枢纽，必须与农产品生产的发展水平相适应。农产品由谁来生产，在什么地方生产，怎么样生产，生产规模有多大，数量有多少，生产出来的产品是什么样的，质量如何等，都制约着农产品批发市场的发展。

（四）农产品消费的条件

农产品批发市场经营的是食用农产品，最终要为消费需求服务。所以，消费者的消费选择、消费数量、消费质量、消费分布、消费水平、消费方式、消费习惯、消费特点和文化，都直接影响着农产品批发市场的分布、建设和经营。

（五）农产品流通的条件

农产品批发市场是社会农产品流通体系的一个组成部分，它的生存和发展，不仅要受到同业市场竞争的影响，也要受到零售环节（如菜市场）的影响，更要受到新型农产品流通形式（如超市）和网售的影响。至于加工、仓储和配送等物流体系，则越来越成为农产品批发市场发展的必要条件了。

（六）农产品运输的交通条件

由于农产品具有体积大和易腐性强的特点，历史上一直不适于长途运输销售。但是，随着全国建成了以高速公路网为骨干的四通八达的现代化道路体系，又逐渐采用冷链运输工具，这就为农产品经营者的“远购深销”提供了条件，也为农产品批发市场的建设布局和功能作用，提供了全新的条件。

（七）农产品流通的科技条件

不断发展的现代科技手段，如冷链设备、信息技术、电子商务、食品检测和节能环保技术等，都实时推动着农产品批发市场的现代化进程，改变着它的认识理念，建设形式和运营方式。

（八）农产品流通的金融条件

农产品批发市场，是一个投资大，回报慢，又要不断持续追加投入的行业，所以，宽松的金融政策，多渠道的资金来源，就成为了农产品批发市场发展的生命线。

综上所述，不断地适应变化着的外部条件，是市场本身的生存发展之道，积极地创造、促进市场生存和发展的必要条件，则是政府应尽之责。

五、农产品批发市场的类型和功能

（一）农产品批发市场的类型

1. 产地集货市场。建设在农产品主产地，其作用是将市场周边地区的农产品，通过集货商集中到市场上来，再由运销商采购运到销地市场。一般产地市场比较小，季节性经营、主营地产品、品种较单一，设施也比较简陋。在国外，有的国家有产地批发市场（如美国的部分地区），有的国家只设农民合作组织的集配中心，不设产地批发市场（如日本），也有的国家产地市场已被连锁超市的采购配送中心所取代（如欧美的多数地区）。在中国，由于连锁超市和农民合作组织都发展的很弱小，所以产地批发市场多而广，加上近年来政府的大力推进，发展更快了。

2. 销地批发市场。这是国内外农产品批发市场的主要类型。这类市场都设在城市或城市周边，市场数量多，交易的商户多，经营品种多，规模大，设施比较先进。销地批发市场的主要作用，是将运销商从产地市场或地头采购的农产品集中起来，再批发给二级批发商和零售商。

大城市的销地市场又分两类：一类是一级批发市场，其主要作用是聚集产地的货源后，向二级批发商批发产品；另一类是二级批发市场，其主要作用是市场商户将从销地一级批发市场批发来的产品，向销地零售市场商户批发。在实际运行中，一级市场和二级市场的作用有所融合交叉。

3. 集散地批发市场。这是近年来，我国农产品批发市场发展中一种重要的现象，全国的超大型农产品批发市场无不向这种集散型发展。集散地批发市场，又可分为三种类型：一是产地集散型。依据主产区，在销售当地产品的同时，转为主要集散中转经营外地产品，如山东寿光市场。二是销地集散型。依据当地销区进行经营的同时，转为主要集散中转经营外地产品和面向其他销区经营，如福建厦门的闽南市场。三是非产销地的集散型市场。市场所在地的产销规模都不打，但市场的集散量很大，主要作用是买外埠卖外埠，做的规模很大，如河南的商丘市场。

（二）农产品批发市场的功能

农产品批发市场，在其长期的发展中形成了一些基本的重要功能，这些功能又不断得到丰富完善。

1. 商品集散功能。这是农产品批发市场最主要的功能。批发市场将农民分散生产的、单一品种的、小批量的产品，聚集到批发市场，形成了集中的、多品种的、大批量的产品汇集交易后，又分散到四面八方的销售地，既满足了千家万户的农民销售农产品的需要，也满足了千家万户的城市居民的消费需求，农产品批发市场成为农产品流通的商流和物流的集中地和枢纽。

2. 市场价格形成功能。批发市场聚集了众多的农产品经营者，他们或是通过拍卖，或是通过协商对手交易，在大规模的公开、公正、公平的竞争中，形成了市场的农产品即时价格，也反映着农产品的市场供求状况和趋势。这个价格发现功能，是市场经济条件下，农产品流通的推动力和调节力，也是“看不见的手”的作用基础。即使在连锁超市已成为农产品流通主渠道的欧美发达国家，其农产品批发市场所形成的价格，仍是整个社会农产品交易的价格基本依据，而无可替代。

3. 信息发布功能。由于农产品批发市场，一头连着广泛的农村生产者，可以及时获取农产品生产的大量信息；另一头连着众多的城市消费者，可以及时获取农产品需求的大量信息，而中间在批发市场上，更聚集着众多的经营商，可以获取农产品交易的大量信息。批发市场在成为商流、物流集中地的同时，也成为农产品供给、需求和流通交易的信息集中采集、加工和发布地，反过来又用这些信息引导着农产品的生产、消费和流通。

4. 资金结算功能。2001 年我国农产品批发市场成交额达到 2423.1 亿元，其中仅蔬菜交易就有 1048.1 亿元。保证如此庞大的交易额（主要是现金交易），能够安全、准确、快捷地进行结算，是农产品批发市场的重要功能，也是市场交易得以正常进行的命脉。另外，市场巨额的资金流也为发展市场的金融功能，提供了坚实的基础和广阔的空间，越来越受到重视和利用。

5. 综合服务功能。农产品批发市场的开办者和管理者，一般自身并不在市场中进行农产品交易，而是为广大农产品经营者搭建一个交易的平台，所以，为广大进场交易者提供多方面的综合性服务，就成为农产品批发市场的一个重要功能。这些服务主要包括：提供适用的交易场所、储运加工设施、安全有序的经营条件、及时可靠的信息服务、必要的结算和银行服务、电子通信和邮政服务、食品安全检测服务、环保清洁的卫生服务，以及生活设施和服务等。当然，一站式的政府服务，在中国现阶段更是不可缺少的。随着市场经营的发展，市场的综合性服务功能，也不断调整和提升。

6. 协助政府进行宏观调控的功能。农产品批发市场，作为农产品流通的主渠道和枢纽，政府通过对批发市场法规制度和建设规划的制定，以及市场运营的引导，把农产品批发市场作为一个“抓手”，可以更好地在宏观上调控全国的农产品流通，更可以通过在农产品批发市场对重点商品的储备吞吐，直接调控市场供求和价格，进行应急处置，起到保供求、稳市场的作用。

7. 引导农业现代化和消费优质化功能。通过农产品批发市场不断改善提升的经营，一方面可以将农业产业化、优质化调整后不断增加的优质农产品及时适价销售出去，支持农业现代化的发展，实现农民增收；另一方面又可以将城市消费者对农产品消费的优质化、特色化需求及时反馈给生产者，引导农业的现代化生产方向。同样，通过农产品批发市场不断改善提升的经营，也可以引导和推动消费者的消费水平，拉动内需增长。

六、农产品批发市场的构成要素

农产品批发市场，有六大构成要素，这些要素的状况，决定着批发市场的发展水平和运营水平。

（一）市场的开办要素

包括：①市场开办的法律依据和政策规划；②市场的投资者和管理经营者；③市场的选址和设计；④市场的性质定位。

（二）市场交易的参加者（主体）要素

包括进场交易的买方、卖方和关联业者的资质、构成、主业规模和实力等。

（三）市场交易的产品（客体）要素

市场这些交易产品的：品种、数量、质量、规格等级和包装形式等。

（四）市场交易的规则和方式要素

包括交易性质是自营、委托经营或代理经营；交易的方式是对手协商交易、拍卖交易、投标交易或网上交易等。

（五）市场设施条件要素

包括交易场所设施、道路交通设施、仓储运输设施、加工包装设施、配送设施、检验检测设施、安全消防监控设施、水电气暖设施、卫生环保设施、信息设施、金融设施和生活服务设施等。

（六）市场制度管理要素

包括政府对市场经营者的管理，市场经营者对作为企业的市场的运营管理，还有市场经营者对进场交易者和关联业者的管理。这其中既有硬件管理，也有软件管理。

七、农产品批发市场对我国社会经济的贡献

改革开放 20 多年来，中国农产品批发市场的产生和发生，为社会经济的发展，作出了重大的贡献。主要表现在：①保证农产品的供求，稳定市场，平抑物价；②解决“卖难”引导生产，帮助农民增收；③解决“买难”，满足消费，推动消费增长；④发展市场交易，形成市场规则，培育市场主体，促进了市场经济体制建设；⑤推动适合我国国情的农产品流通体系建设，促进全国统一市场的形成；⑥带动城乡就业，促进城市化发展，有利社会稳定；⑦培育新的税源，增加财政收入；⑧带动相关产业发展，繁荣地方经济。在未来几十年，这种贡献更会越来越大。

八、当前我国农产品批发市场发展面临的新形势、问题和趋势

（一）市场发展面临的新形势

1. 农产品供给的变化。随着农业生产的发展，农产品产量大幅增加，主要农产品，尤其是“菜篮子”产品，出现了结构性的供大于求的现象，同时，随着农业生产结构的调整，农产品出现了新产区、新品种和优质化

的趋势，生产方式出现了合作化组织的尝试，但分散细小的小农生产方式还没有改变。

2. 对农产品消费需求的变化。随着居民收入的提高，对农产品的消费，由温饱阶段进入了小康阶段，进而开始向富裕阶段提升。居民对农产品的消费日趋向安全、优质和特色化转变。

3. 农产品流通领域的变化。由于市场经济体制目标的确定，经济体制改革的力度加大，市场发展加快，竞争激烈，新型流通方式也得到前所未有的发展。农产品“买全国、卖全国”的大流通日益扩大，全国的统一大市场建设已露出了端倪。

4. 政府对农产品批发市场，加强了整顿、规范、管理和提高的力度。

（二）市场发展显现的主要问题

1. 数量过多，布局混乱，出现了有场无市和恶性竞争。

2. 设施简陋，功能缺失，出现了扩大的集贸市场化倾向。

3. 商户散、少、弱，出现了量少利微，难抗风险的发展瓶颈。

4. 商品无标准，质量无保障，出现了社会关注的食品安全系列问题。

5. 市场管理落后，秩序混乱，欺行霸市滋生，欺诈行为蔓延等一系列违法违规现象。

（三）市场发展要坚持的方向和趋势

当前，我国农产品批发市场的发展，要根据变化了的形势和出现的问题，按照农产品批发市场应具备的功能作用要求，把握目标，规范整顿，提档升级。

1. 加快立法。改变目前农产品批发市场的开办管理和运营无法可依的局面，将农产品批发市场的发展纳入法制化的轨道。

2. 实行统一规划。改变过去那种投资建设市场的随意性，避免资源浪费和恶性竞争，实现布局的合理化。

3. 加大政府的投入和扶持。要真正把农产品批发市场当做公益性事业来办，退出完全的市场竞争行业。

4. 改革农产品批发市场的体制。在鼓励多元化投资的同时，要理顺资产关系，引导向公司化转变，建立现代企业制度。

5. 加快推进设施的现代化。要用现代科技手段装备市场，保证食品安全，提高交易效率，降低成本费用，实现企业自身良性发展，商户稳定增收。

6. 不断完善农产品批发市场的功能。要提高市场的综合运营能力，发挥对社会经济发展更大的带动作用。

7. 对农产品批发市场转变观念，加强理论探讨，鼓励创新，总结经验，培育人才，提高农产品批发市场发展的科学性。

总之，我国的农产品批发市场的发展方兴未艾，目前正处在一个改造提升的关键时期，无论是政府还是企业，都应当明确方向，抓住机遇，把农产品流通的这个主渠道和枢纽，推向现代化的新阶段。

出路在于健全农产品批发市场体系①

一、我国农产品流通面临的课题

一是如何有利于农民增加收入；二是如何满足消费者新时期的需要；三是如何适应加入 WTO 后的形势。

二、我国农产品流通的问题

主要是不适应新形势的需要。这种不适应表现在：①信息分散、不确定、不完整。现在绝大部分农产品是市场条件下的流通，市场的引导者、控制者是市场信息，但现在商户和生产者没法获得科学集中可靠的信息。全国的涉农信息网（包括农资网、农业科技网在内），很少有真正的农产品流通信息。每天各大媒体刊登的各大批发市场的价格表，都不能作为商户经营的参考和依据。因为：一是滞后的，二是没有预见性的，三是个加权平均价，除了填表人员的随意性，这种信息最大的问题是它反映不了供求的交易量，也反映不出品种的差异；我国现在管农产品流通信息的政府部门多元化，但没人把这些信息综合起来发布。②农产品批发市场培育滞后，

①本文于 2003 年 11 月发表于《商业政策研究资料》。

功能作用难以有效发挥。信息不畅，市场调解盲目性大，这必然影响生产。现在我国的农产品流通还是以批发市场为枢纽的体制，而批发市场多是数量扩张时期建的，设施简陋、管理粗放，功能单一，有场无市关了的不算，大多都在维持。③农产品经营主体弱小分散，流通成本高，效率低，效益差，想扩大规模，想经营优质产品很难。④流通的农产品质量偏低，食品安全缺少保障。经济效益难以提高。当然，这些方面都一直在提高，但提高的速度缓慢，需要政府采取措施。

三、农产品流通需要一个现代化的适应中国特点的新的体制

改革开放以来有三个体系：一是计划经济体系。农产品生产流通不能完全排除计划的作用。比如粮食、油料、糖料、棉花等在一个时期还需要计划，但计划到多大面、多大程度，是需要研究的问题。国际上有很多这方面的经验，我们应该研究学习。二是以批发市场为枢纽、以个体商户为主体、以集贸市场为零售末端的体系。据测算，现在经由批发市场的农产品交易量占到百分之五六十以上（除了粮食），经销地批发市场的销售量（除了粮食）占到130%、150%、160%（因为有时要批两次）。北京市民吃菜，80%左右是从集贸市场、早市上买的。这说明批发市场是主体。三是以配送中心为枢纽，以连锁公司为经营主体，以超市为零售末端的现代化体制。

四、确立一个流通体制

1. 计划体系不可丢，但要进行脱胎换骨的改造，通过市场的方式，通过间接调控的方式来发挥其作用。

2. 从中国的实际出发，不急于用配送中心代替批发市场。从全世界来看这是个潮流。作为发展的方向没有问题。但潮流是有时间和条件限制的。应该看到，虽然超市、连锁都在迅速发展，但在我国绝对额、比重还是小。与国际上不同，我们有一个零售末端的集贸市场；而日本、欧美的零售末端是夫妻店。他们的程序是把夫妻店、食品店改成超市。而我们现阶段还不能把集贸市场改成超市。因为我们的经济水平比美国晚50年，比日本晚30年。到2020年，我们也达不到美国现在的水平；这里还涉及消费习惯。

所以，农改超、配送中心代替批发市场，20 年内在中国会有很大发展，但不会成为主体，不能承担批发市场体系在我国农产品流通中的作用。北京等市商委的“退路进厅”的决策很正确。与其搞超市，不如搞规范化的标准的集贸市场更现实，成本低，还有助于解决就业问题。另外，“农改超”里有个错误概念，就是“农产品批发市场改超市”，现在一些城市在做的应该是农贸市场（零售）这一块改超市。但从推广最好的福建省的有关文件资料看，都缺少效益的数据。如果不赚钱，超市就活不下去。所以，出路还在于健全农产品批发市场体系，用完善改造提高农产品批发市场这个流通体系和系统来促进我国农产品流通现代化。末端重点不在“农改超”，而是建立一些规范化的比较标准的城市农贸市场。

要在流通领域里把农民组织起来。现在有些生产领域把农民组织起来了，比如西瓜专业村、大桃专业协会等，其实把农民生产领域组织起来并不重要，欧盟很多国家生产是分散的，流通是集中的。我们也应该在流通领域把农民组织起来。现在的“公司＋农户”等模式，都是生产、加工方面的，流通方面的很少。所以我们要培育一些流通领域的龙头企业，提高组织化程度。

中国农产品交易市场的现状与趋势①

一、市场的经营规模

1996—2001 年，全国农产品批发和零售交易市场，平均交易额受价格下降因素的影响，由每市场每年平均 3270 万元降到 2857 万元；成交量由每年平均成交 7634.4 万吨，增加到 12494.4 万吨，增长 63.7%；其中批发市场的平均交易额，虽受价格下降影响，仍增长 58.8%。2001 年，全国亿元交易市场比 2000 年增加 68 个；交易总额 3667.8 亿元，比上年增长 9.5%；亿元市场在全国农产品交易市场中所占比重加大，作用增强。

---

①本文于 2004 年 3 月发表于《中国市场》第 3 期。

我国农产品市场的平均交易规模还很小，到2001年，全国农产品批发和零售交易市场年平均交易额只有2857.3万元，其中批发市场平均7867.4万元，亿元以上的大市场平均也只有33200.3万元。

二、市场的投资收益

据国家统计局调查，截至1999年6月，全国27668个农产品市场，累计固定资产投资为4103622万元，平均每个市场投资148.3万元。（见表2）

1999年全国27668个农产品市场，共有营业面积109938020平方米，平均每场2973.5平方米。2001年全国亿元农产品市场1210个，总营业面积21583084平方米，平均每场营业面积17837.3平方米。（见表2）

表1　　2000—2001年全国亿元农产品市场交易规模情况

年份	全国亿元市场数（个）	亿元市场数占全国市场数（%）	亿元市场总交易额（亿元）	亿元市场交易额占全国市场（%）	亿元市场平均每场交易额（亿元）
2000	1142	4.2	3667.8	48.5	3.2
2001	1210	4.5	4017.2	51.8	3.3
2001年比2000年	+68	+0.3	+349.4	+3.3	+0.1

资料来源：据《中国市场统计年鉴》数字计算

表2　　全国农产品市场固定资产投资情况（截至1999年6月）

	项目	市场数（个）	投资金额（万元）	平均每场投资额（万元）
合计		27668	4103622	148.3
其中	综合市场	22828	3944502	172.8
	粮油市场	730	159120	218.0
	果品市场	687	318514	463.6
	水产品市场	312	175769	563.4
	蔬菜市场	1818	471622	259.5
	肉禽蛋市场	427	171552	401.8
	土畜产品市场	866	93156	107.6

资料来源：据《中国商品交易市场》数字计算

1998年，全国农产品市场26236个，全年共收入租金698838万元，场均收入26.6万元；上缴税金共519451万元，场均19.8万元；征收市场管理费共565968万元，场均21.6万元。其中：税金为商户向国家上缴的税金，租金为市场出租摊位的收入，市场管理费除少部分为市场向商户收的水、电、卫生、管理等费用外，大部分为商户向国家缴纳的工商管理费（见表3）。

表3　　1997—1998年全国农产品市场收益情况

年份	市场数（个）	市场管理费总额（万元）	场均市场管理费（万元）	税金总额（万元）	场均税金（万元）	摊位租金总额（万元）	场均租金额（万元）
1997	25673	496164	19.3	466051	18.2	615687	24.0
1998	26236	565968	21.6	519451	19.8	698838	26.6
1998年比1997年（±%）	+2.2	+14.0	+11.9	+11.5	+8.8	+13.5	+10.8

资料来源：据《中国商品交易市场统计年鉴》数字计算

1997—1998年，全国农产品市场对国家上缴的税费都以两位数增长，年缴税费达100多亿元，其中尚不包括市场作为一个独立的企业上缴国家的税费（大体上与此数相当）。这对于以公益性的农产品批发市场为主体的低值微利行业来说，已实属不易。

目前，在我国农产品市场的经营中，乃至在整个的农产品流通的经营中，商户仍然是经营主体。一般说来，商户多为一户租赁一个摊位进行经营，所以大体上可以以一个摊位为一个商户来计算商户的经营状况。2001年亿元农产品市场摊位（商户）经营状况，总共710419个摊位（商户），年交易总额为40172369万元，平均每摊位（户）年交易额为56.5万元。亿元市场是大型农产品批发市场，数量仅占全国农产品市场的4.5%，亿元市场商户为批发大户。可见全国农产品经营规模还是个十分弱小的，处于一种散、小、弱的状态，虽然规模正逐年有所扩大，其中也不乏一批年经营额超过千万元、亿元以上的大户（见表4）。

表 4　　2001 年亿元农产品市场商户交易情况

项目		摊位（商户）数（个）	年交易总额（万元）	平均每摊位（户）年交易额（万元）
合计		710419	40172369	56.5
其中	综合市场	526336	26070465	49.5
	粮油市场	8430	1880311	223.0
	果品市场	18776	1846746	98.4
	水产品市场	29134	3407871	117.0
	蔬菜市场	106278	5594929	52.6
	肉禽蛋市场	3138	707542	225.0
	土畜产品市场	18327	664505	36.3

资料来源：据《中国商品交易市场统计年鉴》数字计算

每一商户的经营成本，除了有人工费用、流动资金、储运、包装、加工等费用外，占大头的是摊位租赁费、市场管理费和上缴税金这三项“铁定费用”。表 3 所列为根据国家统计局 1998 年对市场费用统计数据计算出的商户费用表，这类费用大体以年 10％以上的幅度增加。

1998 年全国农产品市场每位商户约年负担市场管理费 1390 元、税金 1276 元和租金 1716 元，三项合计 4382 元。作为批发商户和城市市场经营商户的负担要远远高于此平均数。负担过重，利润过薄，风险过大，是农产品经营主体——商户成长缓慢的重要原因。

三、市场的发展趋势

近年来，我国的农产品交易市场流通体系，开始由数量扩张转入质量提高，进入了以批发市场升级改造为重点的现代化建设新阶段。其主要表现在：

1. 增加投资，扩大规模。一大批新建市场和已经完成了自身积累进行改造的批发市场，投资达亿元以上，占地数百亩甚至上千亩；亿元交易市场快速增加。

2. 齐备设施，完善功能。大部分市场从露天经营转为厅、棚内封闭经营，水电、道路、仓储、运输、加工、包装、治安、消防、卫生、检测、结算、信息和生活服务等设施不断完善；商品集散功能、价格形成功能、信息发布功能、资金结算功能和综合服务功能等日益增强。

3. 转换体制，规范管理。越来越多的批发市场实行了公司化改制，推进投资主体多元化，逐步开始建立现代企业制度，改变了过去落后的体制和粗放的管理，计算机网络化管理手段也已经开始进入批发市场。

4. 主体壮大，中介萌发。越来越多的商户在完成了原始积累后，加大生产经营投入，由个体户经营发展成公司经营，实力和规模增大；一批流通中介组织，如经纪人、协会等发展起来，市场主体组织化程度逐渐提高。

5. 提高质量，改进方式。确保食品安全已成为农产品市场的首要职责，商品质量水平不断快速提高。代理制、拍卖、网上交易等新的交易方式，已在一部分市场进行试行，有的取得了较为成功的经验。传统的批发市场与现代化的物流配送、连锁超市经营方式开始相结合，向生产、加工、配送、连锁超市、进出口贸易等多元化经营，以及横向兼并扩张联合，都为批发市场的发展开拓了新的天地。

批发市场在保证供应链食品安全上的努力（提纲）[①]

一、批发市场在我国食品安全中的地位和作用

（一）批发市场是我国现阶段生鲜食品流通主渠道的枢纽

1. 两条不同的生鲜食品流通渠道

（1）传统流通渠道（批发市场、个体商户、集贸市场、大路商品）

（2）现代流通渠道（物流配送、公司、超市、优质商品）

2. 传统渠道仍是主渠道，批发市场仍是主要的集中枢纽

（1）市场数量

2005 年：农产品批发市场 4300 多家，集贸市场 25000 多家

①本文是 2007 年 4 月 7 日在一个培训班上的讲课提纲。

(2) 市场成交额

全国：亿元农产品批发市场（不含土畜和花卉市场）1237 家，年成交额 6831.7 亿元

(3) 全国亿元批发市场和限额批发企业主要食品批发额各自所占比重（2005 年），见图 1

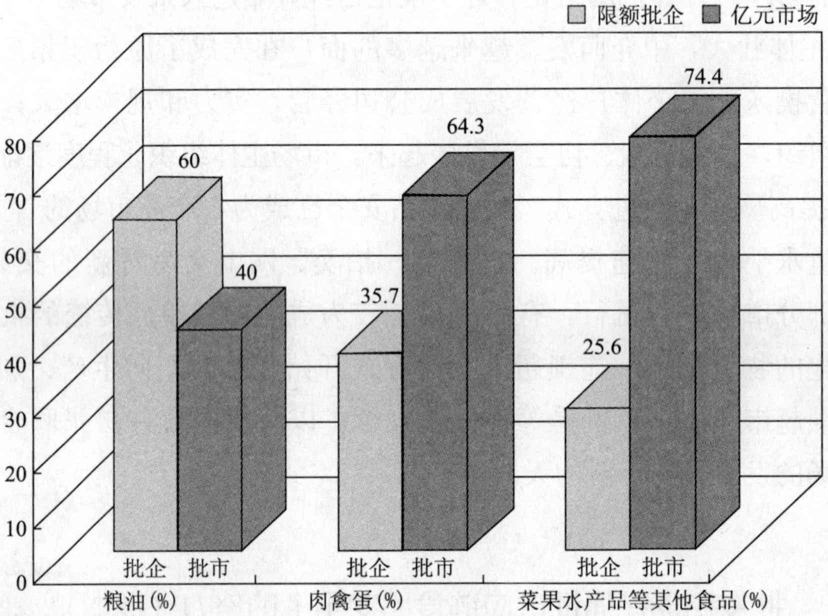

图 1　全国亿元批发市场和限额批发企业主要食品批发额各自所占比重（2005 年）

(二) 批发市场是我国现阶段生鲜食品流通中安全保证的集中闸门

1. 是食品市场准入的集中检验检测关口

(1) 面对分散细小的生产者和经营者

(2) 面对非标准化的产品

(3) 面对弱化的生产环节检验

2. 是入场食品二次污染的主要防范地

(1) 防止直接污染

(2) 防止加工污染

(3) 防止储运污染

(4) 防止环境污染

二、批发市场为保证食品安全的工作努力

（一）市场准入方面的工作

1. 准入制度

（1）经营者准入制

a. 身份证明

b. 居住证明

c. 健康证明

d. 执业资格证明

（2）产品准入制

a. 生产者证明

b. 质量合格证明

c. 品牌、日期等规定标示

d. 包装合格

2. 检验、检测制度

（1）检验、检测主体

a. 市场人员

b. 政府机构

c. 生产者

（2）检验、检测内容

a. 检验内容（规定的外在指标）

b. 检测内容（规定的内在理化指标）

c. 食品安全上市证明

（3）检验、检测方式

a. 市场自检

b. 政府机构抽验送检

c. 场、官、企联检

（4）检验、检测的时段

a. 日检

b. 定时检

c. 临时检

(5) 检验、检测的覆盖面

a. 全检

b. 比例抽检

c. 特项专检

3. 可追溯制度

(1) 进货登记

a. 货源

b. 品种品牌

c. 数量等

(2) 销售登记（台账）

a. 去向

b. 品种品牌

c. 数量等

4. 食品安全责任制度

(1) 市场责任

a. 责任主体（部门、人员）

b. 责任内容

c. 责任监督考核

d. 责任处理（奖、罚）

(2) 经营者责任

a. 责任内容

b. 责任处理（奖、罚）

(3) 货源供应者责任

5. 培训制度

(1) 培训对象

a. 市场工作人员

b. 经营者

(2) 培训内容

a. 法规

b. 制度

c. 技术

6. 食品安全持续优化制度——引真扶优打假

(1) 三优化

a. 优化货源

b. 优化产品（标准品、优质品、免检品、名特品）

c. 优化经营者

(2) 多项措施

a. 场厂挂钩、场地挂钩

b. 展会、促销、广告、宣传

c. 政策扶优

d. 打假罚劣

(3) 奖罚

(建档、公示、反馈、处罚、清场)

（二）防止食品污染方面的工作设施建设和设备配置

1. 工作环境和设备配置

(1) 交易场所设施（厅、棚、地面；防雨、防晒、防风沙、防尘、防蝇；照明、通风、控温、上下水；装饰装修材料；不同商品的特别要求）

(2) 检测设施（场所标准、设备资质、设备配置）

(3) 加工设施（场所、设备）

(4) 储运设施（保鲜、封闭、冷链）

(5) 计算机网络管理设施

2. 环境卫生设施设备

(1) 废弃物处理（垃圾、污水）

(2) 水电供应

(3) 杀虫、灭鼠

(4) 绿化（树、草）

(5) 道路、停车场

(6) 厕所

(7) 周边（污水、空气、化学品）

3. 卫生环境职责制度

（1）责任者：市场、管理者、经营者、客户

（2）职责：养护、清洁、保持、监督

（3）奖罚

三、批发市场食品安全工作努力的效果

（从个案看）

1. 产品检验、检测合格率变化

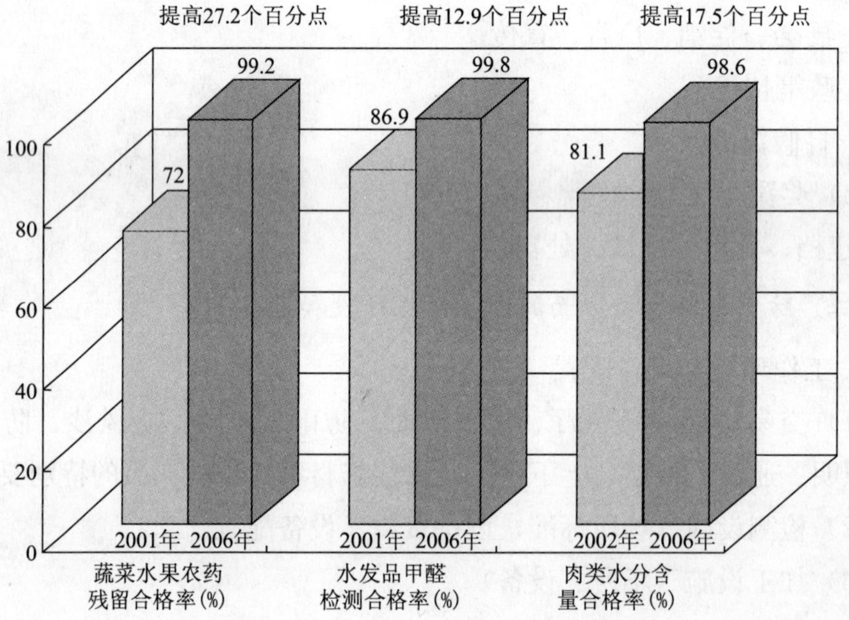

图2　北京八里桥市场食品安全检测合格率（2001—2006年）

2. 突发事件和重大事故应变效果

3. 社会反映、信誉变化

4. 企业经营发展变化

5. 商户经营发展变化

6. 队伍观念和素质的变化

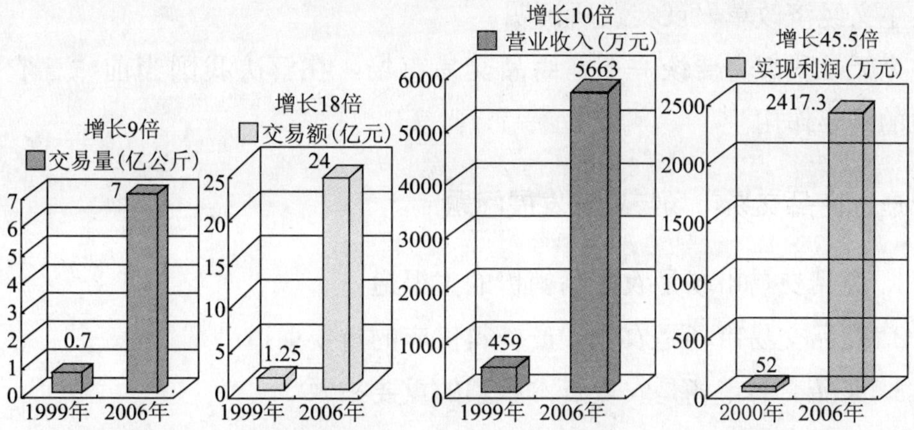

图 3　北京八里桥批发市场 1999—2006 年经济指标完成情况

四、批发市场食品安全工作面临的问题

1. 工作状况不平衡问题（地区间、市场间、产品间等）

2. 市场企业利益与食品安全的社会责任矛盾的问题

3. 政府、生产者、经营者和市场开办管理者的职责区别与配合问题

4. 产品质量源头控制与批发市场流通环节控制关系问题

5. 产品标准化和生产者、经营者的组织化水平问题

6. 国家对批发市场食品安全规定标准的规范性、适用性、具体性和可操作性问题

7. 国家标准、部门标准、地方标准、企业标准和国际标准协调的问题

要充分认识商品交易市场在解决“三农”问题中的重要作用（提纲）①

商品交易市场，是商品经济发展的必然产物，是商品流通体系的重要组成部分，也是市场经济制度形成的强大推动力。这一点，不仅早已为西方几百年的资本主义经济发展史所证明，也为我国 20 多年的有中国特色的

①本文是作者于 2007 年 4 月 3 日在某会议上的发言提纲。这里讲的商品交易市场，是指各类商品交易的有形市场，既包括消费品市场，也包括生产资料市场；既包括批发市场，也包括零售市场。

社会主义经济改革发展实践所证明。

今天，我想主要谈一下，商品交易市场，在解决我国当前“三农”问题中的重要作用。

一、商品交易市场与农业发展问题

1. 商品交易市场是农产品销售的主渠道

2. 商品交易市场是农业生产资料供应的重要渠道

3. 商品交易市场是农业资本积累的重要来源

4. 商品交易市场是农业调整产业结构、协调发展的重要突破点

5. 商品交易市场是农业信息化、科技化、市场化、组织化、产业化的重要推动力

6. 商品交易市场是乡镇企业和非公经济发展的基础条件

7. 商品交易市场是农村市场体系建设的枢纽

8. 商品交易市场是农业国际化的窗口和平台

二、商品交易市场与农村问题

1. 商品交易市场是城乡统筹协调发展的重要经济组织形式

2. 商品交易市场是城镇化建设的重要途径

3. 商品交易市场是农村制度创新、组织变革和政府职能转变的推动力

4. 商品交易市场是农村社会结构变化的重要起点

5. 商品交易市场是农村法制建设和文化建设的重要着力点

三、商品交易市场与农民问题

1. 商品交易市场是农民增收的重要来源

2. 商品交易市场是农民就业的重要门路

3. 商品交易市场是农民身份结构变化的重要途径

4. 商品交易市场是农民转变观念，人才培育的大学校

5. 商品交易市场是农民组织起来的有效支撑

中国批发市场特点与不足[①]

中国的商品交易市场经过改革开放20多年的发展，可以借助一句古诗来形容，就是两岸猿声啼不住，轻舟已过万重山。假冒伪劣的集散地，偷税漏税的特区，藏污纳垢的庇护所，诸如此类，使得我们批发市场在成长过程当中受尽苦难。但是整而不死，整而不垮，而且有这么大的发展，这是种很特殊现象，这是和世界发达国家相比。但是如果和现在发达国家老祖宗相比，就是资本主义发展初级阶段，实际上这种现象并不特殊。最近因为研究的原因重新看资本论，看资本主义发展史，就觉得其中很多话就像说我们中国今天的事一样，特别是列宁在所谓“论市场问题和俄国资本主义发展”这样一些著作中，那些当时谈俄国和资本主义市场发展的话来念一下，不说时间和国别会以为是今天的中国一样。这就给我们一个启示，我们都说中国特色的社会主义，共产党领导的肯定是社会主义，这是毫无疑问的。

但是另外一个角度如果讲市场经济，我觉得中国不仅是社会主义初级阶段，在漫长的过程中，在制度的建设过程中，仍然是市场经济的初级阶段。这就可以解释中国有形市场，商品交易市场为什么如此发达，如此的野火烧不尽，春风吹又生。到2006年为止全国商品市场一共是69520个，大数就是7万家，1998年高峰期达到88000多家，但是近年来在数量上减少了，但是在个体的规模上和摊位数量上，交易额上都在大幅度的增长。我们现在全国亿元以上的商品交易市场一共有3323个，这是2005年的数字，它的成交额达到了3万亿元。3万亿元是什么概念？就是2005年全国批发零售业商品销售总额是10万亿，亿元批发市场就占了3万亿，当然这里面有重复计算，有来回买卖这种关系。我们亿元市场仅仅是3300多家，我们总共是69000多家，所以算出来是很大的数。前两年我做过一个统计，就是农产品销售量，粮食大体是60％～70％经过批发市场销售出去，生鲜、

①本文是在北京中关村一个市场问题座谈会上的发言，2007年9月29日发表在《新浪财经》网。

水果、肉类80%是通过批发市场销售出去，虽然近年来连锁超市有大规模的发展，但是较全国而言仍然占很小的比重。还有工业消费品这一块我也做过统计，工业消费品中的服装鞋帽，电子产品，家具装饰材料，家电产品这几大类，批发市场销售额占到社会这一类商品的销售额一半以上，占了半壁江山。我们且不说零售末端的销售作用。

所以中国商品交易市场在中国商品流通中，在中国的经济发展中，是立了大功的。这种功劳和贡献一个就是它是流通，农产品是流通的主体，工业消费品是流通的重要渠道。还有一个就是它的就业的影响，我们现在全国的就业有一半以上，是由私人和个体户范围里面就业，在这里面安置就业的人数里面，有相当大的一批是通过和商业、贸易有关安排下来的，有的是直接和商业贸易有关，就是在那经营个体户，有的是关联的，比如说运输、餐饮、包装、娱乐，八里桥市场规模不算太大，在北京还算不上前三位，但是市场发展起来以后，周边就出现了餐饮娱乐一条街，夜里到处灯火辉煌，路东都是餐馆，路西都是洗浴中心、娱乐中心，代表周边消费服务业产业的发展，所以带动很大，这是就业的角度。另外对我们农业的发展、农村的发展，对原始资本积累，由一家一家小户积累起来也都有巨大的贡献。像现在市场里面的个体商户经过六七年的经营，有的一家买三辆车到五辆车，三辆轿车、两辆货车，一个山东老汉卖白面供三个孩子上大学，孩子读完书他就不干了回山东养老，所以这对于人民生活保障都起到很大的作用。

中国的商品交易市场的发展，20多年来，经过了5个发展阶段。第一个阶段就是从三中全会到1985年，这个时候的发展主要是市场的恢复阶段，“文革”以后把市场基本上就消灭掉了，这是恢复阶段。从1986年开始市场进入初期的发展阶段，1986—1992年是第一个时期的初期发展阶段，到1993年，因为邓小平1992年南巡，南巡以后明确提出来，在文件里面提出来要建设社会主义市场经济体制，实际上市场经济体制是在20世纪80年代初就提出来了，当时有争议一直没有发表，1992年提出来后中央文件就写进去了，1992年提出来建立市场经济体制以后，1993年商品交易市场就有了一个快速的飞跃发展，到了1998年达到88000多家。到了1998年的时候，中央领导同志又提出来一些批评，就是我刚才讲的三句话，三顶帽子。

这个话批评以后，各个地方对市场开始进行整顿，批发市场从1998和1999年之交一直到2001年进入了整顿规范时期，到2002年以后，批发市场我认为一直到现在开始进入新的现代化的发展阶段，而不是消亡。

在不同的发展阶段里面，回头我们看一下中国20多年改革开放商品交易市场的发展史，有一个什么样的特点呢？它的水平是怎么样过来的？我概括一下，衡量一个批发市场发展的水平，大体有这么十个标准、评价指标：①市场的交易主体，就是谁在卖，谁在买，这很重要；②市场交易的客体，就是你卖什么，买什么；③交易的方式，就是用什么方式在那买和卖，到中关村海龙电子市场是买和卖，到汽车市场又是一种买和卖，到服装市场又是一种买和卖，比如说秀水街，现在的交易市场还有一些批发市场的交易，实行了网上交易，这不是讲那种期货交易；④考察交易场所，设施水平；⑤它的辐射能力；⑥它的功能的完备程度；⑦它的管理水平；⑧它的交易规模；⑨它的经营状况，就是赚钱不赚钱，这个赚钱不赚钱不仅是市场赚钱不赚钱，还包括商户的赢利能力；⑩资产规模和良好程度。当然还可以列出很多，我用这十个标准，抽其中主要的来评价，回头看一下我们市场26年来发展的历程。

第一个阶段当时交易的主体主要是农民，那个时候专业户都很少。曾经有一个文件是长途贩运是非法的，打击长途贩运，所以交易主体只能是农民。那么卖的是什么？是家庭副业的产品，而不是工厂专门生产的东西，他的交易方式就是一种集市贸易方式，在什么样的场所交易？就是圈地为市，那个时候主要功能就是交易。

第二个阶段就是初期发展阶段，它的交易主体发生了变化，由农民变成了一些专业的商户，所以长途贩运合法化，我们中央给予了政策，这个时候专业的经营户、商户出现了。销售的东西就不仅是家庭副业的产品，在东南沿海一些发达地区又产生小工业家庭作坊式生产的小商品和专业的多余的农产品和加工产品，交易的场所开始有了固定的场所，开始由露天经营、马路经营逐渐进入棚内经营，我们叫做“退路进厅”。

第三个阶段就是1993年以后快速发展期，这个时期商品交易市场发展又有了一个新的飞跃，一个是主体不仅是一般的商户，而且出来了一些大的，有实力的商户，另一个是有一些商户出现了公司化和企业的苗头，他们联合采购，联合销售，形成了这样的销售主体，但是主要还是实力增强了，不是兼职的，不是小打小闹的。这个时候商品的经营者，从生产商品这一块来说，大量的，特别是东南沿海出现了一些专业户、专业村，这些专业户、专业村生产出来大量集中的产品，这些产品大量的上市，所以使得交易的场所专业化了，而且是楼房化了。比如说纽扣市场，是全国纽扣销售量的90%，还有义乌小商品市场，还有宁波丝绸市场，还有服装市场都开始陆续发展起来，规模越来越大，比如沈阳五爱市场，海城西柳服装市场都开始发展起来。这个时候市场的功能就更加完备了，就像鲁总讲的一样有了商品交易的功能，价格形成的功能，信息集散和发布的功能，结算功能，资金流动功能，运输的功能和仓储的功能及其他服务性功能，也就是市场功能越来越完备化了。

到了1999年以后，批发市场的发展，商品交易市场的发展就更加向现代化的水平推进。当时内贸部和中央文件就提出来，要大力发展现代流通方式，也就是要发展连锁超市、物流配送、电子商务这几样的东西，把商品交易市场看成一个行将消亡，在短暂的历史形成的东西。但是1999年以后，特别是2000年以来，商品交易市场是大踏步向现代化的水平推进，这是一个全世界很少有的现象。我刚才讲到在资本主义发展初期阶段，当时在全世界产生很多商品交易市场，我查了一些资料，当时的政府都用一些特殊的手段，来扶持商品交易市场的发展，给批地，给资金支持、立法，给予很多优惠的条件。那个时候主要是农产品市场为主，但是也有一些建材市场、香料市场、木材市场、煤炭市场、牲畜市场、纺织品市场、染料市场在市场经济创始时期都有，但是他们经过100年的发展，到19世纪，他们除了农产品市场以外，其他工业消费品市场和生产资料市场逐渐消亡，所留一点很少。考察全世界还有这种工业市场很少，日本有一个批发团地，那是政府为中小企业的发展设立的一个交易的地方，那个地方类似于我们工业品市场。比如说秋叶原，秋叶原核心店都是连锁公司，小门店、步行街也有我们中国电子市场那种味道。但是总体而言是农产品市场，但是现在农产品市场也逐渐萎缩，这个原因是多方面的。

现在批发市场的发展，正在向现代化推进，八个发展趋势构成其特点。

(1) 规模的扩大化。虽然，全国批发市场数量在减少，但是亿元市场在扩大。但是这里面就有一个困惑，就是批发市场到底搞到多大的规模，综合到什么样的规模，是发展综合性的还是专业性的，这是一个值得探讨的问题。国家统计局对亿元市场的统计分析，认为批发市场越来越走向专业化。但是农产品批发市场却走向综合化，我算了一下他们前100家的数字，实际上是综合性，单纯卖菜，单纯卖果的都不如综合性的。可是工业品市场综合性的不多，专业性的越来越多，这是规模扩大化。规模扩大化的原因很多，其中一个很大的原因就是除了有规模效益以外，就是有钱能建大规模的市场，这个钱从哪里来呢？就是一些房地产商将房地产的资本由住宅资本和商务楼建设转向商业地产，现在有好多房地产商和我谈合作，要把我们市场动迁改建，他在这里面搞一个新的大规模的批发市场。动辄就是上万平方米，几万平方米。甚至最大规模有十几万平方米，二十几万平方米。

（2）布局趋于合理化。向郊外迁移，到郊外发展，这是布局情况。

（3）设施现代化。由原来露天变成进棚、进厅，由厅进楼，原来由柜台到现在的铺面，由铺面销售变成了铺面展示，现在市场设施确实越来越完善，竖梯、滚梯，整个设施，还有检疫检验、仓库、运输、电子邮件，有的市场里面计算机终端网入铺面那里去，整个设施都是现代化。

（4）功能完善化。

（5）管理更加科学化。原来都是谁投资谁管理谁收益，现在投资和管理，投资一些大企业，而且企业现在在我们全国商品交易市场里面已经有四五家公司了。

（6）股份制改制。

（7）模式多样化。

（8）业务更加专业化。根据这样的趋势，我们商品交易市场正在向现代化推进，在推进的过程中，仍存在一些问题。

第一，是批发交易市场选址问题，交易市场规模问题，设备问题，管理问题，资金来源问题，商户扶持问题，就是这些东西理论准备不足，中央的政策要有持续的依据。

第二，法制建设不足，到目前为止没有全国统一的商品交易市场法，面对这么多商品交易市场经济单位，面对这么多直接从业人员和更多的关联从业人员，面临着和农民千家万户的联系和居民千家万户的联系，我们居然没有一部法律来规范它。包括农产品批发市场法这样重要的法律也没有。前一段我受商户的委托，一年半以前给他们起草商品交易市场管理条例，还有一个就是商品交易市场经营管理办法，一个是对内的，一个是对外的。费了九牛二虎之力，写了以后送上去，就石沉大海。温家宝总理讲到社会主义初级阶段 100 年，邓小平讲到 100 年不动摇，100 年甚至还多，100 年都是初级阶段，到了中级阶段，我想交易市场还会存在。中级阶段我们算 100 年，初级阶段 100 年，200 年要存在的一种经济形势，如此规模之大不立法怎么管理。

第三，行政管理不足，我们现在想行政管理提高批发市场管理，2006 年有关政府部门考察商品交易市场，主要就是检查市场，秩序问题、安全问题、消防问题、短斤少两问题、假冒伪劣问题，很少解决困难或者给予帮助。

第四，观念不足。观念既包括政府官员的观念，也包括市场开办者、经营者自己的观念。我们观念没有创新，只有依靠资源往前推着走。除了农产品交易市场，其他的交易市场也应该在全世界范围内借鉴一些现代化经验，并在消化过程中，得到观念的创新。

第五，我们身份没有定位，就是商品交易市场在中国经济中到底处于一种什么样的地位，起什么样的作用，它的命运是如何的。国家政府理论界，甚至我们自己，要给它把把脉，给它一个明确的定位。

中国农产品批发市场分析框架①

一、宏观政策分析

（一）审批政策

1. 中央和地方政府对于新建农产品批发市场的审批政策

①本文是 2010 年 9 月的一份研究报告提纲。其中政府的相关政策近两年来有新的较大变化。

（1）审批权

在地方政府，根据投资规模分由不同级别政府审批或备案

（2）审批机构

发改委、规划局、环保局、土地局、消防局、工商局、商务局、外资局等

（3）审批条件

· 符合规划：城乡建设、商业网点

· 农产品批发市场规划

· 符合用地规定

· 符合环保要求

· 符合消防要求

· 具有企业法人资质

· 具有资金条件

· 符合外资投资规定

· 其他政府的有关规定

2. 对于收购兼并现有农产品市场的政策

· 鼓励收购兼并

· 企业间自行协商

· 政府协助和审批

3. 政府对于外资参股并购有无特别限制

· 按 WTO 承诺属开放行业

· 按相关文件农产品批发市场可归入物流业

· 按外资投资文件物流业属鼓励行业

（二）政府对于农产品市场的收费定价有无政策方面的指导

· 正常情况下无限制

· 遇灾情或突发情况政府号召

· 降低收费并给市场补贴

（三）政府对农产品市场和农产品批发业近年的政策变化

1. 定性为流通基础设施建设

· 定性为农产品流通主渠道和枢纽

·强调制订发展规划

·强调现代化升级改造（设施、功能、管理）

·推动重组、兼并、规模化、投资多元化

·持续加大扶持力度

2. 对农产品批发业

·抓发展生产保证货源供给（基地、产区、郊区）

·抓流通体系建设保渠道通畅（批零市场、物流、超市）

·抓扶持和减负，提高流通水平，降低流通成本

·抓产销对接减少环节压成本（农批、农超、产销等）

·抓大型流通企业和专业合作社的培育，提高组织程度

·抓扩大储备加大调控能力

·抓整顿秩序打击违法投机行为

·抓检测、信息、环保，推动绿色安全流通

·抓省市长负责制及政府各部门职责分工、明权责

（四）政府对农产品市场的其他优惠扶持政策

·按工业用地对待

·按优惠条件用水用电

·推动“双百市场工程”扶持

·推动市场六大中心（检测、废弃物处理、监控、信息、消防、结算）建设扶持

·推动农产品流通现代化试点（9省市）扶持

·推动农产品可追溯体系建设试点（10城市）扶持

·推动物流冷链建设扶持

·给予融资方便

二、农产品批发市场价值链分析

（一）市场分析

1. 农产品批发市场的相关价值链流通图（见图1）

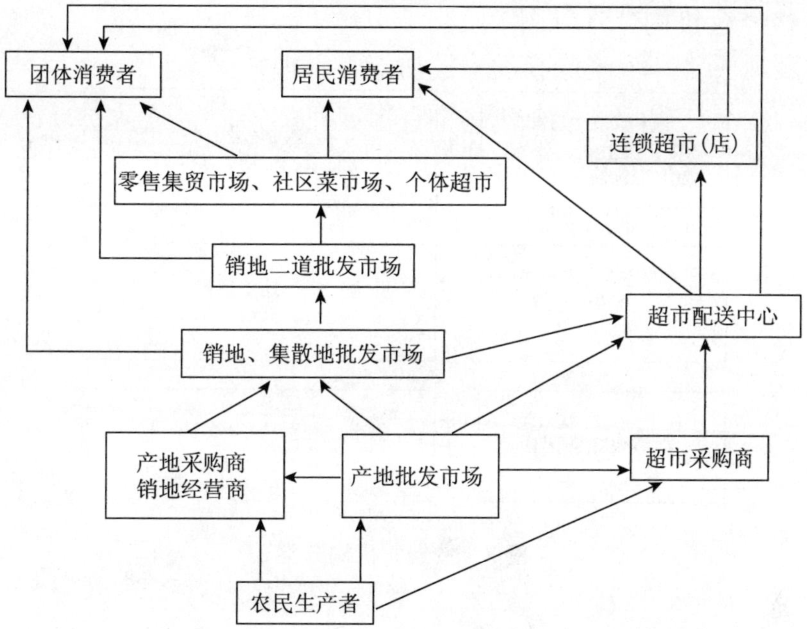

图 1　农产品批发市场价值链流通图

2. 各环节涉及的经营主体

农民生产者、产地经纪人、分拣、粗加工、包装业者、物流、储运业者、头道批发商、二道批发商、零售企业、零售商、批发市场开办经营者、零售市场开办经营者、其他关联服务业者

（二）在价值链中每个主要环节的地位，进入门槛，主要参与方及商业模式

1. 主要环节地位

(1) 按经营主体分（见图 2）

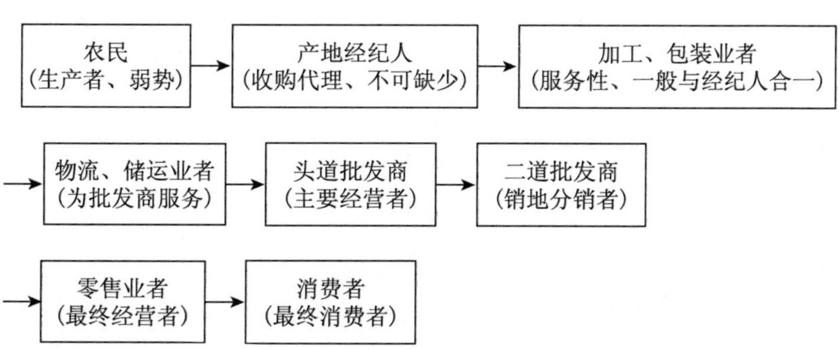

图 2　经营主体分类

（2）按经营机构分（见图3）

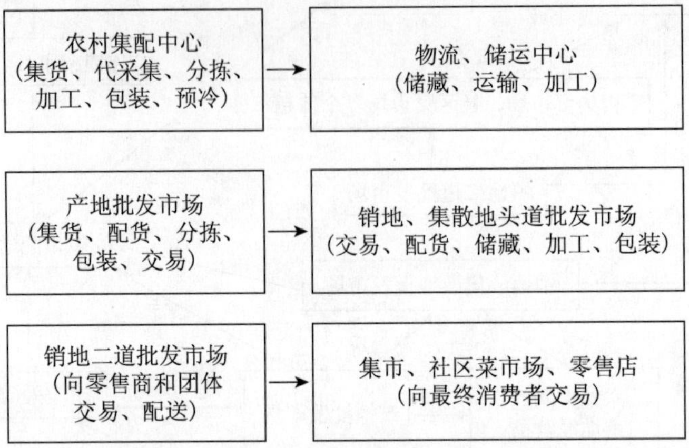

图3　按经营机构分类

2. 进入门槛和主要参与方（见图4）

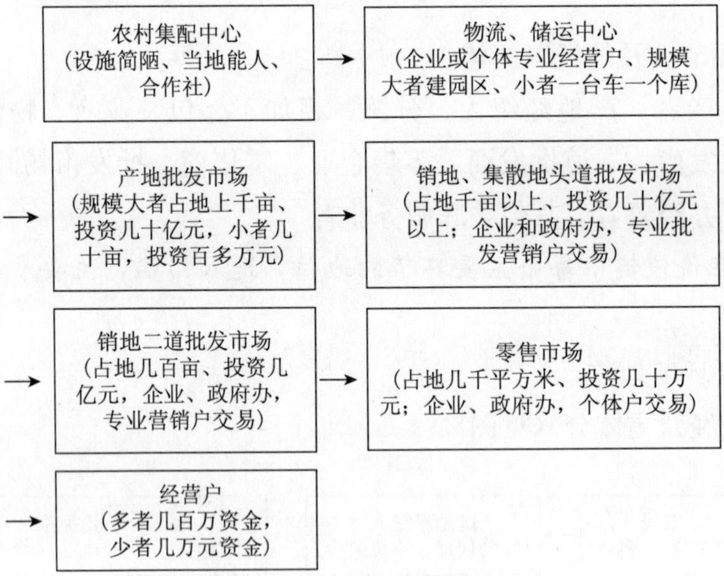

图4　按参与方式分类

3. 商业模式

（1）对市场、物流用地分：开办者买断、开办者自有（村政府）、开办者租赁

（2）对市场、物流建筑物：开办者建设

（3）市场、物流设施使用：租赁物业为主，少数销售给用户

（4）进场交易方式：现货买断、对手协商交易

4. 主要环节运营成本及销价以 2010 年 10 月从山东寿光到北京，经营 15 吨尖椒为例（见图 5）

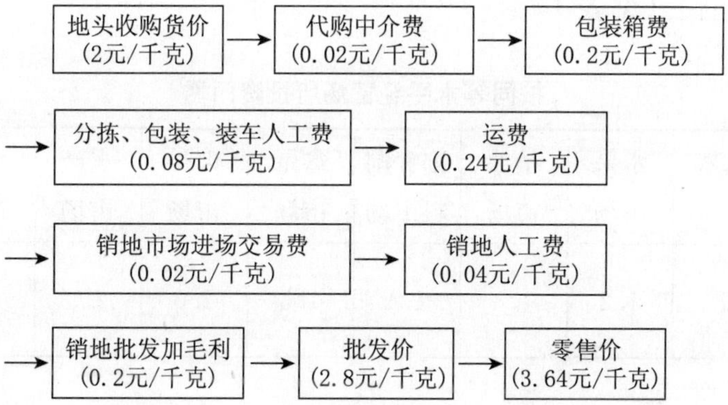

图 5　运营成本

5. 政府的管制和政策

（1）政府对各环节成本、费用、销价无管制

（2）政府开通“绿色通道”后，已免收了路桥费和超载罚款，上述运费为租车费（含油和人工费）

三、农产品市场介绍

（一）主要农产品市场分类

1. 按功能划分

产地批发市场、销地头道批发市场、销地二道批发市场、产地集散市场、销地集散市场、零售集贸市场和社区菜市场、超市

2. 按经营时间划分

常年经营市场、季节性市场

3. 按经营产品划分

（1）专业市场

·粮油市场、蔬菜市场、水果市场、肉类市场、禽类市场、蛋类市场、

水产市场（海产、淡水）、花卉市场、土特产市场、菌类市场、糖类市场、副食调料市场等

（2）综合市场

·经营两大类以上主要产品的市场

（二）每类市场的进入门槛主要运营模式和收费水平

1. 进入门槛（见表1）

表1　按同等水平经营场所投资门槛

市场类型	蔬菜市场	水果市场	粮油市场	副食调料市场	禽蛋市场	肉类市场	水产市场	花卉市场	其他市场
投资门槛系数	1	1.2	1.3	1.4	1.5	2.0	2.5	3.0	不定

2. 主要运营模式

（1）市场开办者：物业租赁、交易收费、关联服务

（2）进场交易者：现货对手交易、配送经营

3. 收费标准（见表2）

表2　不同农产品收费标准

<table>
<tr><td colspan="2">市场类型</td><td>蔬菜市场</td><td>水果市场</td><td>粮油市场</td><td>副食调料市场</td><td>禽蛋市场</td><td>肉类市场</td><td>水产市场</td><td>花卉市场</td><td>其他市场</td></tr>
<tr><td colspan="2">收费方式</td><td>物业租赁交易费</td><td>物业租赁交易费</td><td>物业租赁</td><td>物业租赁</td><td>物业租赁</td><td>物业租赁交易费</td><td>物业租赁</td><td>物业租赁</td><td>物业租赁</td></tr>
<tr><td colspan="2">收费系数</td><td>1</td><td>1.2</td><td>0.8</td><td>1.5</td><td>1.5</td><td>2.0</td><td>2.5</td><td>2.0</td><td>不定</td></tr>
<tr><td rowspan="2">收费标准（各场差别大）</td><td>租金（元/m^2·日）</td><td>1</td><td>1.2</td><td>0.8</td><td>3</td><td>1.5</td><td>1</td><td>3</td><td>2</td><td>不定</td></tr>
<tr><td>交易费（交易额或重量%）</td><td>1.5～3
个别5</td><td>2～3</td><td>无</td><td>无</td><td>无</td><td>2～3</td><td>无</td><td>无</td><td>无</td></tr>
</table>

（三）农产品市场收费如何决定

收费模式分类，平均按照交易金额换算后的费率水平，过去几年收费水平的变化，提高收费水平的机会和难度

1. 市场收费的决定因素

·商户承受力（经营水平、成本、收入）

·市场投入收入预期

·市场同业竞争程度

2. 收费模式

·物业和凭费按月或年收交易费按交易额或交易量或车型收

·交易费收上下家、只收上家或下家

·交易后即时电子统一结算收费

·交易即时人工开票收费

·交易前设定标准价格收费

3. 交易收费率

·按交易额 0.5%～5%不等

4. 近年收费水平变化

·物业费年增 10%左右

·交易费低者提升 1 个百分点

·农产品价格上涨收费额与物价上升同步实增

5. 提高收费水平的机会和难度

（1）机会

·商户经营扩大收入增加，收费可增加

·农产品价格持续上涨，按交易额收费也持续上升

·市场提供关联服务增加，收费也增加

·改进收费方式和管理如采用电子统一结算，可增加收入

（2）难度

·出现商户经营增长缓慢或萎缩

·同业竞争加剧

·采用电子统一结算等先进方式受阻

·管理不善

（四）增值服务和机会与挑战

1. 农产品市场增值服务的项目

物流配送、进出口贸易、包装服务、分拣加工、装运、仓储（常温、低温）、制冷预冷、金融服务、检测服务、信息服务、网上交易服务、广告服务、停车场、车辆维修、加油站、旅店业、餐饮业等

2. 适合业主方自行操作的增值项目

上述项目原则上均可由业主方自己操作（包括独立经营和合作经营）

3. 增值项目的机遇和挑战

（1）机遇

· 增值服务需求越来越大

· 商户对有效增值服务的正常收费

· 可以接受（方便、实惠）

· 市场业主设立专业机构运营效果好（质量、费用、成本、收益）

· 这种增值服务已有国内外成功经验

· 其中一些增值服务项目（如冷链）受到政府扶持

（2）挑战

· 需要资金实力

· 需要专业人才团队

· 需要积累运营经验

· 需要周密筹划有序推进

· 需要防止盲目决策操作

（五）一人典型的中国二级城市（如成都）的农产品市场（以聚和为例），其建设成本、交易额、收入来源、费率、运营成本构成、投资回收期

（本节内容待专题调研）

四、竞争分析

（一）农产品批发市场情况分析

1. 主要城市的主要农产品批发市场

近年来主要城市农产品批发市场出现大规模的兼并、扩建、新建行为，市场数量减少，单体规模扩大（见表3）

表 3　　全国主要城市农产品数量

城市类型	直辖市	省会和其他副省级城市（青岛、大连、深圳）
主要市场数量	6～8 个（京、沪）3～5 个（津、渝）	1～5 个

2. 主要城市主要农产品市场的主要背景、规模、收费模式（见表 4）

表 4　　主要城市农产品市场基本情况

背景	规模	收费模式
（1）政府主导规划审批 （2）政府投资、民企投资、国企投资、混合投资、少量外资 （3）旧场迁扩建和新建 （4）以物流园名义较多	（1）占地 1000 亩到 5000 多亩不等 （2）投资几亿元到几十亿元 （3）交易额 20 亿元到 100 多亿元	（1）物业费 （2）交易费（按量或按额上下家双收或只收一方） （3）两者结合收 （4）其他关联服务费

3. 成都市市场情况（见表 5）

表 5　　成都市市场情况

<table>
<tr><td colspan="2" rowspan="3">市辖区（含县）全部各类大小市场</td><td>总数</td><td colspan="10">分类</td></tr>
<tr><td rowspan="2">39</td><td>综合</td><td>果菜</td><td>家禽</td><td>农副产品</td><td>牲畜</td><td>粮油</td><td>花卉</td><td>食用菌</td><td>茶叶</td><td>水产</td></tr>
<tr><td>11</td><td>17</td><td>2</td><td>1</td><td>1</td><td>2</td><td>1</td><td>1</td><td>1</td><td>2</td></tr>
<tr><td rowspan="2">其中大型市场（2 家）</td><td>成都龙泉聚合（国际）果蔬交易中心</td><td colspan="11">规划用地 1200 亩（一期占地 325 亩、二期征地 300 亩，还可征地 700 亩）
位于成都市龙泉驿区、民企投资
交易额 70 亿元，年收入 5500 万元
收费模式为：交易费、物业租赁费、其他</td></tr>
<tr><td>成都农产品中心批发市场</td><td colspan="11">新迁建于成都市郊双流县白家镇，深圳农产品公司控股、市国企参股，现址占地 521.77 亩，投资 4.3 亿元，交易额 30 亿元（迁建前）
收费模式为：物业租赁和交易额收费</td></tr>
</table>

(二) 农产品批发市场的竞争

1. 竞争的方式和要素

(1) 提高市场的辐射能力

(2) 改善场地、交通和经营设施

(3) 完善服务功能，提高服务水平

(4) 健全管理制度，提高管理水平

(5) 创造安全整洁的交易环境

(6) 采用合理、公开、公平、适当的收费办法

(7) 使用先进的管理和运营手段

(8) 争取政府的扶持和支持

2. 市场竞争的结果

(1) 看是否促进了市场上述软硬件条件均得到改善

(2) 竞争的核心效果，是否能达到让商户做大做强发财

(3) 商户持续发财，市场持续发展；商户经营停滞，市场发展停滞；商户经营萎缩，市场发展倒退

(4) 抓标不抓本的一时降低费率或拉高费率，都不利商户和市场的发展

(三) 政府会不会适时批准新建市场

1. 政府批建市场的动力

(1) 城市化发展

(2) 对农业的重视

(3) 对农产品流通的重视

(4) 形象工程和场地财政的诱导

2. 近三年批建市场趋势

(1) 新批建市场类型。原市场外迁扩建、原市场合并外迁扩建、新建大市场

(2) 新批建市场规模。占地面积大、投资规模大、建设水平高

(3) 新批建的主要市场。除北京外各直辖市、省会城市、计划单列城市，以及绝大多数地级市，均有一批新建改进的农产品批发市场，形成一个高潮，已立项工程将延续到未来三年，新立项工程将减少

（四）新进入者分析

1. 新进入者类型

（1）上市公司（如深圳农产品、北京顺鑫农业、合肥百货集团、新希望集团等）

（2）房地产公司（地方性房地产公司极为普遍，多数新建扩建市场均有其背景）

（3）民营企业（地方性民企较多）

（4）外资基金（开始进入、咨询的多、已投的尚少，但影响大）

2. 新进入者投资目的、业务、模式、竞争力（见表6）

表6　　新进入者基本情况分析

新进入者类型	投资目的	业务模式	竞争力
上市公司（如深圳农产品、雨润、新希望）	全国布局经营农产品流通（深圳农产品），或为本企营建物流基地（雨润）	控股、参股兼并旧市场和建新市场	有资金、有经验、管理规范、有人才；扩张过快目标公司良莠不齐
房地产商	有开辟农产品流通新业务者，有圈地经营房地产者	多为投资新建市场项目兼营房地产	有资金、有建设和物业队伍、有开发房地产经验，无经营市场经验和人才
国企、供销社（如南京农副产品配送中心、中国供销农产品批发市场公司）	开辟农产品批发市场业务	控股新扩建项目或收购兼并、参股旧市场	有政府和供销社系统支持，有一定资金能力，有人才和经验；机制较死板、不灵活
民营企业（如郑州农产品物流配送中心即刘庄蔬菜批发市场）	开拓批发市场业务，追求回报	投资新项目、收购改制旧市场	机制灵活、动力大，有一定资金实力，其中部分有经验、人才的，易急功近利，少长远发展战略
外资基金（如美国黑石，武汉白沙洲）	上市增值退出	控股或参股业务成熟市场的改扩建	有资金实力，善资本运作，自身少批市管理经验和人才，目标合作伙伴是关键

（五）农批＋农超模式是否可行

中国未来农产品市场的趋势，现有模式还能维持多长时间？原因？

1. 农批＋农超模式是否可行

作为一种新探索可以，作为主要模式不可行，理由是：

（1）超市没成规模，更没成主渠道

（2）超市所销生鲜农产品量很少

（3）超市现在自营配送力太弱

（4）果菜生产高度分散、季节性强、品种少，超市地头采购满足不了供应

（5）超市田头采销成本高

2. 中国未来农产品市场趋势

（1）传统渠道仍将是主渠道：批发市场为枢纽—社区菜市场和集市为末端—个体商户为经营主体—大路货为客体

这个渠道自身向现代化发展：设施现代化、功能完善化、主体规模化、客体标准化、交易电子化

（2）现代渠道快速发展：超市配送为枢纽—超市店为末端—超市公司为主体—标准优质品为客体

在发达地区和大城市会有快速发展

3. 现有模式能维持多久

至少维持30～50年，分析其原因：

超市渠道取代批发市场渠道成为主渠道要有必要的条件：

（1）经济发展程度高。欧美是在人均GDP达到1.7万美元时

（2）超市公司已形成垄断，挤垮了夫妻店和集市

（3）形成了庞大稳定的中产阶级消费群体

（4）农业生产也完成了集中化大规模化

（5）现代科技手段装备了农产品流通

（6）道路等基础设施实现了现代化

（7）适应了消费习惯

亚洲的特点启示：

（1）经济发展水平达到接近欧美水平了

（2）农业生产还是分散化

（3）消费习惯还是家中日吃日买不长存

结果：日本批市比重虽下降，但仍是主渠道，批超结合了；韩国、我国台湾地区仍是批市主导，集市与超市店并行

结论：①中国达到欧美超市主导的发展水平至少要30～50年；②达到欧美水平也会走亚洲的批超结合模式

（六）农产品批发市场的优点、缺点、机会和行业的趋势

1. 优点

（1）适应经济发展水平（发展国家、初级阶段）

（2）适应农业生产发展水平（分散）

（3）适应消费水平和习惯（小康阶段）

（4）已形成完备的运行体系（体制、制度、人才、方式、系统）

（5）自身仍有很大的现代化发展空间（设施、主客体、方式）

（6）政府大力支持

（7）超市模式构不成竞争威胁

（8）投入和运营成本低，收入稳定

2. 缺点

（1）运营效率低，损耗大

（2）商品质量低，安全差

（3）环境污染重

（4）交易秩序乱

（5）技术装备水平落后

（6）竞争激烈

3. 机会

（1）生产、消费处于发展新阶段，量质并重

（2）农产品流通面临现代化发展新阶段

（3）农产品批发市场已作为国家重点振兴扶持产业

（4）各级政府在大力推进升级改造和扩建新建

（5）有了丰富的成败经验可借鉴

（6）有了人才资源可供利用

4. 行业的趋势

(1) 地址郊区化

(2) 规模大型化

(3) 设施现代化

(4) 功能完善化

(5) 业务多元化

(6) 管理科学化

(7) 主业集散化

(8) 投资社会化

(9) 环境秩序优质化

(10) 商户规模组织化

(11) 商品规格、标准、品牌化

五、投资农产品批发市场分析

(一) 判断一个农产品批发市场是否值得投资的主要因素有哪些

(1) 项目依法合规

(2) 拥有土地权、占地足够用

(3) 资产明晰、不存隐患

(4) 无拆迁风险

(5) 地址合适

(6) 交通方便

(7) 团队有素、易合作

(8) 主业已成、有发展前景

(9) 收入达到门槛且有较大潜力

(10) 制度较完善，管理有序

(二) 投资者发送将要投资市场的运营和业务模式（如提高费率、提供增值服务等），将会有哪些挑战

(1) 合作伙伴的共识和理解支持

(2) 对商户经营的有利性和利益关系度

(3) 商户的承受力和适应过程

（4）措施的完备性、宜操作性及应变性

（5）决策者的决心和执行力

（三）比较投资一个现有的市场和投资一个新市场的分别的优劣势（见表7）

表7　市场优劣势分析

	现有市场	新市场
优势	（1）无审批和初始建设期 （2）已兴市、无须现培育 （3）已有上下商户资源 （4）已有管理团队和制度、经验 （5）投入、收入、发展可预期 （6）社会关系已建立	（1）硬件可规划建设一步到位 （2）团队招聘、制度建设无包袱 （3）发展、经营定位宜创新
劣势	（1）硬件可能不如意，改造费力 （2）团队和管理可能不合适，要提高 （3）旧习要改难度会较大 （4）发展空间可能受限	（1）培育市场需时间 （2）投资回报周期长 （3）积累经验要付代价 （4）社会关系要打通

（四）还有什么其他建议可以提高投资回报？是否适合杠杆收购

1. 可提高回报的其他建议争取在改扩建中开发房地产业务开展自营进出口贸易业务、开展自营配送业务

在培育商户做大做强上下功夫

优化经营突出特色竞争力

千方百计争取政府扶持政策优惠

2. 杠杆收购的适用性，关键在选中对象和方法得当

（五）农产品市场的兼并收购情况及主要风险

1. 兼并收购特点

（1）方式：收购二线城市市场布网以占领市场（如深圳农产品、新发地）

（2）收购重点市场控制枢纽（如哈达、黑石、新希望）

（3）方式和直接目的：政府推动收购、兼并做大后垄断（如南京、雨润）

2. 主要风险

(1) 违规操，选项不当，并购对象不当，效益不理想

(2) 收购重点市场（寿光），带来社会恐惧感

(3) 政府强行推动并购，运营矛盾大，并购对商户经营考虑不周，阻力大

(六) 外资基金在投资国内农产品批发市场的主要风险分析

(1) 资金落地要合法依规易操作

(2) 项目本身要合法合规无隐患

(3) 项目软硬件和发展收益条件要符合投资需要

(4) 与合作伙伴要有共识基础易合作

(5) 退出机制可行

六、附录：国际农产品市场模式分析

(一) 国内外模式（见表8）

表8　　各国市场模式分析

	性质	建筑物形式	交易方式	交易者	产品特点	备注
中国（北京新发地）	村办企业运作	厅、棚、露天	对手现货	个体商户	大路货	
美国（纽约亨特）	政府办、企业承包经营	车库式前店后库，可控温	对手交易、信用卡、转账结算	企业、团体	标准化、可追溯	
法国（巴黎伦杰斯）	政府办、国企经营	可控温大厅内前店后库	对手交易、信用卡、转账结算	企业、团体	标准化、可追溯	
日本（东京大田）	政府办、政府经营	拍卖大厅可控温附有关联业者（二批）场地	委托集中拍卖	农协委托代理批发商拍卖、二批、大户竞拍	标准化、可追溯	
荷兰	合作社办、合作社经营	拍卖式可控温大厅	全国市场联网统一竞拍	企业、团体	标准化、可追溯	
韩国（首尔可乐洞）	政府办、政府经营	拍卖大厅有可控温、也有常温	拍卖和对手	企业、农协、团体	有标准化、有非标准化、可追溯	

（二）建议

（1）建筑物先要适用，再逐渐向控温、前店后库式发展

（2）交易方式坚持对手交易，推行电子统一结算

（3）交易者坚持大户化，逐步培育公司化

（4）产品逐渐推行标准化可追溯

（5）市场要力争要助企办

（三）主要市场名单及简介（略）

第二节 农产品批发市场的建设和改造

关于进一步加强商品交易市场规范管理和建设的意见[①]

改革开放以来，我国商品交易市场有了迅速的发展，已成为现阶段商品流通的重要形式和商品市场体系的重要组成部分，对于经济发展、市场供应、人民生活、城乡就业和社会安定，起着举足轻重的作用。但由于多种原因，目前商品交易市场的发展中，在商品质量、经营秩序、税费缴纳、交易方式和设施建设等方面，都存在着许多亟待解决的问题。为了进一步加强对商品交易市场的规范化管理和建设，引导商品交易市场的健康发展，特提出以下意见：

一、指导思想和工作原则

加强商品交易市场规范管理和建设工作的指导思想是：坚持以邓小平理论和“三个代表”重要思想为指导，根据党的十六大全面建设小康社会和完善社会主义市场经济体制的战略部署，贯彻科学的发展观，树立以人为本、执政为民的思想，从“健全统一、开放、竞争、有序的现代市场体

①本文是于2004年12月28日为有关部门起草的一个工作意见稿。

系”的高度，结合各地经济发展的实际，对商品交易市场的管理和建设进行规范。

工作的原则是：坚持依法治市，将市场的规范整治工作与相关的法律法规和制度建设相结合；坚持科学发展观，将市场的布局建设与经济发展的总体规划相结合；坚持从实际出发，将市场的现代化升级改造与市场的行业特点和企业实际相结合；坚持发展是硬道理，将市场的规范管理与促进市场的发展和商户的经营相结合；坚持以人为本，将市场的规范管理建设与有利于生产者销售、经营者交易和消费者购买相结合。

二、近期工作的重点

（一）规范市场的发展建设

1. 控制新建市场总量。要防止商品交易市场的盲目建设和无序发展带来泡沫化。近期，对新建生产资料市场要严格控制；对工业消费品市场建设，要控制东部地区，适度发展中部和西部地区；对农副产品批发市场要重点发展产地市场，尤其是农业生产结构调整后新形成的集中产业带地区的专业市场；积极慎重地探索发展批发市场集群化形式。

2. 调整市场结构。根据行业和地区的实际，对商品交易市场的行业类别、规模大小、批发零售、综合和专业等结构，进行有增有减的调整。

3. 合理布局。批发市场建设，要打破行政区划和地区封锁，按经济区域设置，避免重复建设和恶性竞争，要根据产地的生产规模，集散地的辐射范围，销地的消费水平，以及行业商品特性和交通条件，合理分布产地市场、集散地市场和销地市场。农副产品零售市场建设，要以人为本，方便城乡居民购买，要特别注重新建社区和乡镇的网点分布。

（二）规范市场设施的升级改造

1. 完善安全生产条件和经营环境。各类市场都要具备与所经营内容相适应的消防、治安、环保和卫生设施。大型批发市场要建有消防自动安全系统和治安电子监控系统；农产品批发市场要有封闭式垃圾处理场，并逐步建立污水处理系统，选址要达到环保要求。

2. 改造经营场所和设施。工业消费品市场和农副产品市场，要实现厅、棚内交易，并逐渐由摊位化转向铺面化，生产资料市场要有室内商品展示交易厅；批发市场要建立网络信息系统、电子结算系统、物流储运系统、电子公示屏幕和商品质量电子监管查询系统，农副产品批发市场要建有食品质量安全检测中心，开展外贸业务的批发市场要有商品展厅和洽谈室。批发市场要道路宽敞备有足够的停车场；各类市场计量器具要合乎国家标准；有加工业务的市场，加工场所和设备要合乎国家规定。

3. 改善市场经营的关联服务条件。批发市场应采取多种方式与社会机构合作，为进场经营者提供住宿、餐饮、交通、医疗、教育、邮电、通信和金融等综合服务条件。

（三）规范市场的管理和交易秩序

1. 强化市场开办者和经营管理者的职责。市场开办者要经过资格审核，市场经营管理者要设置专门的经营管理机构，配备必要的专业人员，建立健全的管理规章制度并负责贯彻执行，市场开办者和经营管理者对市场的经营管理和运营，承担明确的法律责任。要积极促进市场开办者和经营管理者企业化、公司化，建立现代企业制度。

2. 加强对进场经营者和交易行为的管理。对进场经营者要实行准入制，签订进场经营合同，明确规定其权利、责任和义务，并对其进行持续培训教育；进场经营者必须依法经营，遵守市场的规章制度，服从执法部门和市场的监督管理；对进场经营者建立诚信制度，要求进场经营者不得超范围经营，不得经营假冒伪劣商品，不得欺行霸市，不得操纵价格，不得缺斤少两，不得偷税漏费；市场经营管理者应维护进场经营者的合法权益，鼓励公平竞争，诚实劳动致富，培育大户引入企业，提高进场经营者组织化程度，引导其开拓业务，采用现代交易方式和技术手段。

3. 加强对市场商品的监管力度。对进场交易商品实行严格的市场准入制，建立进货台账制、索证索票制、大宗重要商品销售登记制，对有问题商品可实行上下追溯；建立商品质量检查检验检测制度，明确检查机构、人员、方式和内容，建立有问题商品经营者和商品的处罚处理办法。当前要重点打击经营有害食品，经营假冒品牌商品和有害人身健康和安全商品的经营者和行为；建立处理消费者投诉和维护知识产权的机制和商品质量公示制度；市场经营管理者要大力推行“场地挂钩、场厂挂钩”，引进优质品牌商品，鼓励优质产品生产者与进场经营者建立总代理、总经销，开设场内专店、专柜和专营区，逐渐采用新的经营方式。

（四）规范引导市场的战略调整

1. 生产资料市场要加快向现代流通方式转变。要逐步使企业和公司成为市场经营主体，使总代理、总经销、远期合同交易成为主导交易方式，开展网上交易，探讨与期货市场相结合的途径，逐步与物流采购供应链产业相结合。建材市场要向家居超市转变，农资市场要发展连锁化经营。

2. 工业消费品市场要推进经营创新。综合性批发市场要向专业市场过渡，专业市场要向品牌市场发展，品牌化经营要推广总代理、总经销方式，引进专卖店、专业店展示交易；市场要加强与优质生产企业和现代批发、零售企业的相互经营渗透，创立市场自有商品品牌；有条件的市场可以举办展销会、进出口贸易博览会、走出去引进来、代理进出口业务，实现内外贸经营一体化，探索境外办市场的正确途径；工业消费品零售市场要逐步向场中店方向发展，取代摊位式经营。

3. 农产品批发市场要完善功能开拓发展。农产品批发和零售市场都应创造条件，按“三绿工程”要求，积极建设“绿色市场”；批发市场作为农产品流通的枢纽，要大力完善商品集散功能、价格形成功能、信息集聚发布功能、资金结算功能和综合服务功能，将批发市场的基础业务做实。在此基础上，有实力的大型批发市场，可以通过投资持股、输出管理等多种形式，向其他批发市场横向联合发展；可以通过投资和合作，向上游生产基地延伸，发展生产、集配和加工业务，向下游超市、社区店延伸，发展零售、配送业务；还可以向会展业和进出口业务发展，最终实现以批发为主业的生产、加工配送、零售和进出口贸易的一体化。

三、几项措施

（一）编制发展规划

商务部将根据《全国商品市场体系建设纲要》和将编制的《全国流通发展纲要》精神，编制《全国重点商品交易市场发展规划》；各地商务部门要结合本地区实际，编制地区商品交易市场发展规划，纳入地区经济发展总体规划、流通发展规划和城市商业网点规划，并依照规划对商品交易市场的新建、扩建、并迁进行预审核。

（二）制定市场标准

商务部门要根据有关法律法规要求，结合行业和批发、零售市场的特点，制定市场建设和管理的标准，作为市场监管和完善的规范依据，标准可分为不同等级，规定必达标准项目和非必达标准项目，农副产品市场要以《绿色市场标准》为目标，再制定出阶段过渡性标准。

（三）完善法律法规

商务部门要认真贯彻国家有关商品交易市场的法律法规和文件精神，商务部将制定《商品交易市场管理条例》，各地商务部门要结合本地实际，制定和完善商品交易市场管理办法，作为监督市场的法律依据，将对商品交易市场的管理纳入法制化轨道。

（四）建立重点市场联系制度

商务部已发布了《关于建立全国商品交易市场联系制度的通知》，各地商务部门要结合本地实际建立地区重点商品交易市场联系制度，以便及时沟通情况，总结经验，发现问题，采取措施，指导各方面工作。

（五）开展交流、咨询和培训

商务部门要有计划地组织市场管理者和进场经营者的考察交流活动，举办研讨会，建立商品交易市场专家队伍，为政府和企业决策提供咨询，培训市场管理者和进场经营者，提高市场管理者和进场经营者的管理水平和整体素质。

批发市场“升级改造”与农产品流通现代化①

一、批发市场的“升级改造”，是农产品流通现代化的重要内容

（一）基本概念

现代化、流通现代化和农产品流通现代化。现代化是指使具有现代科

①本文是于2006年8月17日在一次全国农产流通研讨会上的发言。

学技术水平，是一个历史过程。流通现代化是指使流通活动具有现代科学技术水平。农产品流通现代化是指使农产品交易过程中的商流、物流、信息流和资金流，具有现代科学技术水平的历史发展过程，它包括农产品流通设施、流通组织、流通主体、流通客体、流通方式、流通手段、流通职能、流通规划、流通法规、流通管理和流通理念等诸多方面的整体现代化。而物流配送、连锁超市和电子商务等现代流通方式，仅仅是流通现代化和农产品流通现代化的一部分内容，切不可以偏概全，误导了流通和农产品流通的总体现代化。

（二）农产品流通现代化的国际经验

1. 第一次现代化——是以农产品批发市场的现代化为主要内容。时间是18世纪末—19世纪中期。伴随着欧美发达国家的工业化进程带来的城市化，引发了城市食品供应的紧张，为了保证新增城市人口的食品供应，各国政府大举开办公设市场，包括公设批发市场和公设零售市场，尤其是在城区开办或改建集中的农产品批发市场，据统计，在欧美发达国家当时就先后有500多个市镇开办了公设市场。

2. 第二次现代化——以发展连锁超市和物流配送为主要内容。20世纪60年代— 90年代初。在欧美发达国家连锁超市逐渐取代了集市和传统食品店的零售主体地位，物流配送（荷兰除外）取代了批发市场的主渠道地位，成为农产品流通新的占主导的体系。而在亚洲日本却是在零售终端是连锁超市取代了独立零售店的主体地位，但在批发环节，仍以现代化批发市场为主（虽有所削弱），同时伴有生鲜物流配送体系的大发展。

3. 第三次现代化——以电子商务、网上交易为主要内容。从20世纪90年代开始逐渐发展起来，目前还处于导入发展的起始期，并与现代化批发市场与物流配送、连锁超市体系相结合。

值得说明的是，这三次现代化，在时间上虽然有承续，但在不同国家和地区，又有不同程度的空间、时间并存和交织，如上述的日本、荷兰都是现代化的批发市场成为批发主渠道，但又与物流配送并存，并同连锁超市末端主体形式相兼容。这对我国颇有启发。

（三）批发市场自身有一个现代化的发展过程

在农产品流通现代化的历史过程中，批发市场自身也有一个现代化的发展过程，大体也可分三个阶段：

1. 初期现代化——18 世纪末—19 世纪中期。特点是：位于城市中心，有基本设施、秩序规范、法规初建、规模较小、功能较少、管理较粗，但已完全不同于工业化以前的街道式无序无棚的农产品集贸市场了。

2. 大发展时期现代化——20 世纪 60 年代—80 年代。特点是：修订法规、迁址郊区、规模扩大、功能完备、设施先进、交易规范、管理严格，注意食品安全和质量，引入了现代化信息手段。

3. 调整时期的现代化——20 世纪 90 年代。特点是：适应新形势的要求，面对外国餐饮业、独立零售店和国际农产品贸易，强化信息化、注重环保、严保食品安全质量、发展配送、引入农民直销设施，以食品质量为中心冷链细节化、融合国际贸易、管理体制改革引入或发展成民营化。

（四）我国农产品批发市场的现代化

1. 我国农产品流通的二元结构。

（1）以传统批发市场为批发枢纽，以集市和菜市场为零售末端，以个体商户为经营主体。这是以前和今后相当长一个历史时期的主渠道。

（2）以物流配送为批发枢纽，以连锁超市店为零售末端，以公司企业为经营主体。这是一个新兴的现代化农产品流通渠道或体系，近年来会在发达地区有快速发展，但就全国而言，还没有成为主渠道。

2. 在一个时期内（几十年），我国总体上是要推行两个体系的现代化，并以批发市场体系现代化为主。但对发达地区如北京，连锁超市和物流配送体系的主渠道会有快速的发展，甚至可在某些地区和某些农产品交易中，成为主渠道，但批发市场和标准菜市场的现代化仍会存在一个相当长的时期，并将会有两个现代化体系互相结合互相配合的状况，如配送中心设在批发市场内等。

二、批发市场的现代化是社会公益性事业

（一）公益性的概念和主要内容

农产品批发市场的公益性，是指满足消费需求、满足生产者和经营者销售需要，包括：商品集散功能、商品存储功能、价格形成功能、信息发布功能、食品安全功能和环境保护功能等方面所反映的社会公共利益。

（二）农产品批发市场公益性的国际经验

1. 法律规定——美国、法国、英国、日本、韩国等大多数发达国家均通过不同形式的立法加以确定。

2. 主要措施——在经济发展的不同阶段、不同国家和地区，有不同侧重和做法，总结起来包括：立法保护、制订规划、政府审批、资金支持（直接投资和无息、贴息、低息贷款和允许融资等）、用地支持、税费优惠、政府参与管理、政府承担信息功能、政府承担食品检测功能，政府给予场外道路等环境的修建支持等。

三、我国农产品批发市场“升级改造”中应注意的几个问题

（一）政府的管理和支持，可借鉴上述国际经验

（二）企业的行为筹划

1. 要从发展战略高度来筹划和实行“升级改造”，长短结合，留有空间，形成一个有机整体。

2. 设施建设要先进适用。在空间上，可总体规划，分块实施；在时间上，可长远规划，分期实施。既要防止“华而不实”，又要避免低水平“克隆”，总之要做到“先进适用”，“好看又好吃”。

3. 要重视体制改革和制度建设，要以商户发展和市场发展为中心，走现代企业管理之路。

（三）几个需要特别注意的方面

在选址、规模、用地布局、主辅业务、交易场所、道路、停车场、交易方式、环保绿化、保洁、计算机管理和6大中心（信息、检测、配送、结算、安全、废弃物处理），都应周密规划，科学协调，不可草率行事，以免造成市场“终生遗憾”或建成即弃。

当前农产品批发市场建设中应注意的几个问题①

一个大规模的农产品批发市场升级改造行动，在各级政府的强力推动下，正在全国范围内持续推进，这是一件大好事。为了使好事办得更好，当前必须注意解决好以下十个认识和实践问题。

一、充分认识农产品批发市场的地位和作用

我国的农产品流通，目前是一个二元的体系。一个是“传统农产品流通体系”，它以批发市场为流通枢纽，以个体商户和经纪人为经营主体，以大路货农产品为经营客体，以社区菜市场和集贸市场为零售末端；另一个是“现代农产品流通体系”，它以物流配送中心为枢纽，以连锁超市公司和其他经营公司为经营主体，以标准化和较为优质的农产品为经营客体，以超市店为零售末端。受经济发展水平和居民消费习惯等因素的影响，“传统流通体系”，在当前和今后十几年甚至几十年时期内，仍将是我国农产品，尤其是生鲜农产品流通的主渠道，而“现代流通体系”虽将会得到快速发展，但同样在一个相当长的时期内，仍不会成为全国农产品流通的主渠道。所以，加强农产品批发市场的升级改造建设，仍将是我国今后几十年农产品流通现代化建设的重点和关键，对此，必须坚持实行不动摇。

二、正确认识农产品批发市场的社会公益性

农产品批发市场，具有一种普遍的重要的社会公共利益的性质和作用。主要表现在：一是为社会提供了农产品集中交易的主要场所；二是为社会的农产品交易活动提供了一个公开公正的合理价格；三是为社会的农产品交易行为提供了基本的规则；四是为社会的农产品流通提供了较全面的供求信息；五是为社会农产品的标准化和安全化，提供了一个集中的推行中心和检测检验“关卡”；六是为社会农产品的大流通提供了一个有效的体

①本文先后发表在《经贸参考》2009 年第 15 期和《中国菜篮子工程与农产品市场》2009 年第 7 期。

制。因此，它对满足农民增收，居民消费，市场稳定，繁荣经济，有着不可替代的重要社会公益性功能和作用。而为了使批发市场更好地发挥这些社会公益性功能和作用，各级政府部门，就要有组织、有计划地把农产品批发市场，当做一项公益性事业的整体工程来进行建设，而不能任由市场经济的原则来主导农产品批发市场的升级改造建设。在这方面，欧美和日本等发达国家200多年，对公益性农产品批发市场，在立法、规划、用地、投资、税收、贷款、融资、信息、质检、交通等一系列方面的管理和扶持政策，值得我国认真借鉴。

三、抓紧农产品批发市场的立法工作

世界发达国家和一些发展中国家，为了保证农产品批发市场的公益性建设和健康发展，普遍采取了立法保障。如法国的《国家公益市场法》，意大利的1959年第125号法，美国的《马里兰州法典》中关于“马里兰食品中心”的专章，英国《考文特花园市场法令》及其他众多公设市场专项法令，日本的《批发市场法》，韩国的《农产品流通及价格安全管理法》，印度的《农产品流通规范法案》，以及意大利、德国、比利时等各发达国家的农产品批发市场的专门立法。各国的批发市场法对市场的性质、开设审批、管理制度、交易者资格、交易方式、交易规则、产品标准、使用者权利义务、政府监管和违规处罚，都有明确规定。

正是在法律的规范下，世界农产品批发市场200多年，才得以健康有序的发展。而我国改革开放30多年来，农产品批发市场虽然有了快速的大发展，已达到4300多家，但由于一直缺少法律的规范，因此普遍存在着运行和管理无法可依的诸多混乱局面。

而过去又有一种误解，总觉得我国农产品市场发育不成熟，立法也难以实施。但从国际经验看，各国有关公益农产品批发市场的立法，其法律约束对象都只是界定在一部分重要的农产品批发市场，而非社会上全部农产品批发市场，法国、意大利、日本、韩国等都是如此，英国、美国更是按海洋法系惯例实行一场一法。对于法律约束以外的市场并不纳入国家批发市场法的约束。

我国目前只要针对国家选定的一批大型农产品批发市场进行立法，对社会上众多的其余市场则不纳入该法约束，就不会出现有法难依的局面。并且法律本身也可如国际通行做法那样适时进行修改。

四、加快制订农产品批发市场的发展建设规划

近年来，随着农业的发展和城市的扩建，我国农产品产地批发市场和销地批发市场，都在不断新建、改扩建和迁建。这本来是一件好事，但却出现了很多盲目性。例如，在数量上盲目增加，在布局上盲目扎堆，在规模上盲目求大，在规格上盲目求洋等，不仅造成了资源的严重浪费，而且带来了经营上的恶性竞争和管理上的混乱。尤其是一些房地产资本，以建农产品批发市场为名，行圈地开发房地产之实，更把农产品批发市场建设引到了一条邪路上去了。所以，从中央政府到地方政府，都应该立即着手对农产品批发市场的发展进行行业规划，在全国范围要如同对大型工业项目进行行业规划一样合理规划布局，在地方上要将其纳入到新农村建设和城市发展的整体规划，并严格执行，真正把科学发展观落实到农产品批发市场的发展建设中去，农产品批发市场无计划“生育”的现象再也不能继续下去了。

五、对农产品批发市场科学布局

（一）必须考虑该市场的性质和农产品供需量

看看是产地市场、销地市场、集散地市场或是复合型的产地集散市场或是销地集散市场。作为产地市场要与产地的农产品产量、上市供应量和生产季节性相适应；作为销地市场要与销地的农产品供应人口的消费需求量相适应；作为集散地市场要与集散区域的辐射半径相适应；作为复合型的市场，则要考虑到多重的复合因素。

（二）必须考虑到同类市场的竞争

每个市场一般都有三个商圈半径：一是生存商圈半径；二是发展商圈半径；三是竞争商圈半径。其中生存商圈和发展商圈应是该市场独立拥有的辐射半径，只有竞争商圈半径是可以互相交叉重叠。如果市场布局过密，挤压了这三个商圈半径，就会阻碍市场的生存和发展，反过来布局过疏，又满足不了产品供求对流通的需要。目前这两种偏向都有所存在，而尤其

以布局过密为严重。这是必须加以防止和纠正的。

六、对农产品批发市场慎重选址

批发市场的选址，交通条件是第一位要素。对于产地市场，应选在尽量靠近生产地的集中区域并靠近公路边上为好，以批发市场为中心，按生产者大多数所用送货的运输车辆半小时到一小时的车程距离为限，多数用人力和畜力车，半径就要短一些，多数用机动车，半径就可以长一些。对于销地市场，最佳位置应在进城的高速路或公路与城市的环路交汇处，这样，才能既便于长途运输车送货进场，又方便零售车或二级批发车分销运货，而批发市场距零售市场的距离，以大多数零售商所用车辆的半小时车程距离为佳。对于集散地市场和复合型市场，同样要选在交通主干线边上为好，其辐射半径则要因场制宜来确定。市场选址，还要符合环保卫生的要求，要远离污染源和居民生活区，既要避免环境对上市农产品的污染，也要避免市场对周边环境的污染和干扰。市场所选地址，还要与城市和农村的长远发展建设规划相一致，以免建了不久又要拆迁，劳民伤财。此外，市场的周边最好还要留有足够的发展空间，为长远而计。目前有的市场选址，或交通不便，或靠近污染，或无发展空间，随便抓块地就建市场都是很不妥当的。

七、科学安排农产品批发市场的场内布局

批发市场的场内设施布局，关系到市场的每天运行是否便捷和高效，一旦布局不当，会造成“终生不便”，不得不认真对待。场内布局首先是各类设施的占地分配。在销地市场，一般大约是交易场所占地三分之一，道路停车场占地三分之一，仓储物流区、办公区、生活区和其他辅助服务设施、绿化地等占三分之一，每一个板块都要预留有一定的发展空间。其次是动线设计。场内的道路，应在正门入口到交易区之间，留有较长的进场主路和足够大的停车场；场内道路应建有场内单行外环线，尽量避免和减少交叉路口；各栋交易场之间要留足双行道和装卸货车辆停车场或车位。再次是仓储物流、办公、生活服务、废弃物处理等设施，要一律建在市场的角落和边缘，绿化地也只能建在场内周边，有条件的最好将生活区建在场外或划出一个独立的封闭区域。目前多数市场，动线乱，停车场不足，造成场内交通不畅，办公楼迎门而建，交易场所栋间距过窄，绿化地建在场中间，这都会带来日常运行的长久不便。

八、从经营适用和发展需要设计建筑形式

市场最主要的设施建筑物，是交易场所。除了肉类以外的生鲜农产品的交易场所，首先要根据本场所采取的交易方式来选择建筑物形式。其基本形式有两种：一种是采用拍卖交易的宜选择大厅式建筑物，可以是阶梯式的如荷兰的鲜花交易厅，也可以是平面交易厅式的如日本的拍卖厅；另一种是采取对手协商交易方式的宜采取所谓车库式建筑物，一般是一排火车货运站式的前店后库式建筑，其中又可采取多种变化组合形式。随着社会对生鲜农产品质量要求越来越高，交易场所的建筑物应逐渐达到室内可控温的水平，不然就不能达到将来对产品全程冷链的标准要求，至少对新建和改建的生鲜品交易场所要预留出下一阶段增加温控设备的建筑空间。目前各地市场普遍采用的大棚式建筑交易场所，只能起到遮光挡雨的作用，在北方不能御寒，在南方不能避暑，更谈不到冷链保鲜，都不是长久发展所需要的形式，经过一段过渡期，将来都要逐渐被可控温的交易厅所取代，当然这还要视发展的需要和市场能力所定。至于其他市场建筑物，也都要贯彻当前适用和将来发展需要的原则，特别要防止建一些华而不实的设施。

九、从实际出发完善农产品批发市场的功能

农产品批发市场的升级改造，一定要伴随着功能的不断完善来进行。当前，一是要进一步完善商品集散功能。市场要因地制宜培育龙头商户、龙头品类，推进场地挂钩，场厂挂钩，引进并发展物流机构，扩大商品集散功能；二是要推行统一结算和拍卖及网上交易，来提升价格形成功能水平；三是要引导商品的标准化、品牌化和原产地包装，来创造信息采集的商品规格基础，进而加强信息的采集、加工、分析和发布功能，更好地为商户、农民、政府和消费者服务；四是要明确市场检测检验功能的定位和作用，把重点放在速检抽检上，同时要与产地（厂家）质检相配合，实行质检互认和质检前移，并争取与政府质检部门合作，取得质检资质，提升食品安全关卡功能；五是要高度重视完善安全生产监控功能，加大对消防、治安设施设备的投入和有效利用；六是要强化环保功能，做好垃圾和污水等废弃物的无害化和有益化处理；七是要用计算机网络化手段，提升管理功能的现代化水平；八是要适应商户经营发展和生活改善的需要，不断完善服务功能。

十、建立健全农产品批发市场的企业体制和管理制度

企业体制和管理制度，是农产品批发市场的灵魂，没有一个现代的企业体制，市场就没有长远发展的立足基础，没有一套完善的管理制度，市场就没有规范运行持续发展的前提。当前，对于多数农产品批发市场来说，迫切需要明晰产权，建立规范的企业法人制度，进而进行股份制改造，并在此基础上，实行董事会领导下的总经理负责制，或管委会领导下的总经理负责制，亦可创造条件争取上市，实现更加规范的资本运作和管理体制。就市场管理制度而言，当前，首先要明确的是批发市场管理制度最基本的原则，就是要以服务商户经营为核心来设计来建立，这也是农产品批发市场这种经济组织形式，不同于其他企业的根本特点，因为没有商户经营的持续扩大发展，就没有农产品批发市场的持续发展。北京新发地批发市场有两条大标语，说的是："让商户发财，求市场发展"，就道出了其中的真谛。其次，要建立起一套责权利相统一的激励机制与约束机制相结合的管理责任制体系，定岗定责定人定执行流程和监督程序。还要建立一套社会效益目标和企业经济效益与管理目标相统一的考核目标体系。其中尤以消防制度和食品安全制度最为重要。市场的制度要从实际出发来制定，努力做到目的性、针对性、操作性和有效性都很强。总之，批发市场的升级改造，不仅仅是"硬件"的升级改造，更是"软件"的升级改造，不可不高度重视。

农产品批发市场与冷链建设①

为了适应农产品生产、流通和消费发展新形势的需要，在各级政府的大力推动下，我国农产品流通的冷链建设，正在各地迅速发展起来。这里主要就农产品批发市场与冷链建设，谈几点看法。

一、什么是冷链

冷链是指使生鲜等易腐产品，在生产、储藏、运输、流通销售到消费的各个环节，始终保持在规定的低温状态下，以保证产品的质量，减少损耗的一种低温物流系统。使用冷链的产品大体有三大类：一是初级农产品，如果蔬、肉蛋、水产品、花卉等；二是加工食品，如速冻食品、包装熟食、快餐原料、奶制品等；三是某些特殊商品，如某些药品试剂等。与农产品批发市场相关的主要是生鲜初级农产品和肉类产品等。

生鲜初级农产品的完整冷链，是一个低温物流系统，目前在发达国家，一般要包括七大环节。第一个环节，是收获后的预冷。其中有的产品如大白菜，是在田间收获后即分拣整理包装，直接进入冷藏车预冷运到市场或冷库中；有的产品则在采摘后，先运到集货中心，进行分拣、清洗（打蜡）、包装，然后预冷入库或运输上市。第二个环节，是产地冷藏储存。根据产品的特点和储存目的的不同，有的产品采取短期冷藏快速上市，有的采取较长期冷藏，均衡上市。第三个环节，是第一次由产地到销地的冷藏运输。由于我国幅员辽阔，南北气温差异大，农产品在途运输距离远时间长，这个冷链环节就十分重要。第四个环节，是销地冷藏。包括销地批发、配送周转性冷藏和较长时间的储备性冷藏。第五个环节，是批发交易和配送、加工场所的冷藏，主要是在批发市场的交易场所，以及物流配送的加工车间，实现可控温场地条件下交易和加工。第六个环节，是第二次冷藏运输，即经批发交易和配送加工后，向零售地或餐饮等大批量团体购买者

①本文于 2009 年 7 月 2 日发表在《中国菜篮子工程与农产品市场》刊物 2009 年第 9—10 期合刊。

的冷藏运输。第七个环节，是零售场所的低温销售环节。第八个环节，是消费者在购买后食用前的冷藏。

冷链环节见下图。

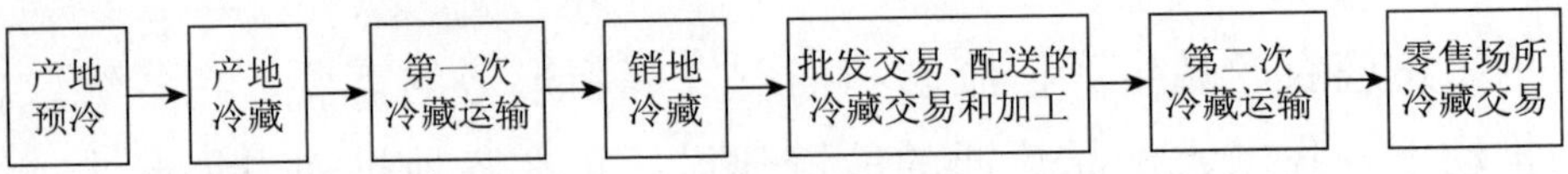

冷链环节图

在各个冷链环节中，又可因产品和生产、加工、运输、交易、配送等不同，有多种形式的选择。由此构成生鲜等易腐产品的完整冷链系统。

随着社会对农产品食品保鲜质量要求的提高，在冷冻工艺学和制冷技术的发展推动下，以及社会对环保的要求变化，低温冷链作为一个系统工程，也有一个由低级到高级，由局部到大范围覆盖的发展过程，我国的冷链建设，尚处于一个初级的起步阶段，探讨一条适应我国国情和发展水平的冷链模式系统，是摆在我们面前的一大理论与实践的课题。

二、为什么要建设冷链

建设冷链，是世界生鲜等易腐农产品和加工食品近几十年来发展的一个大潮流。这是因为其好处颇多，主要是：

（一）有利于保证食品安全

当今，导致食品安全问题的因素很多，其中生鲜易腐农产品在生产、加工、储运和销售环节，出现腐败变质引起食品中毒，是一个重要因素，实现冷链后，可有效地控制这方面问题的发生。

（二）有利于保证产品的质量水平

生鲜易腐产品由本身物质特点所决定，极易受温度变化而失鲜，即使未达到变质有毒的程度，但产品的品质已大幅降低，实行冷链则可保鲜保质，有的还可提质（如冷却肉）。

（三）有利于调剂产销，均衡上市

大量的农产品都是季节性生产，要随熟随收，常年消费，这就需要通过冷藏在保质的前提下，对产品进行较长时间的储藏并实现均衡供应上市，满足消费需要。

（四）有利于产品升值、增收

例如蒜薹在4月份收获时，每市斤收购价只有四五角钱，但经过冷藏储存，到了春节前即可卖到两三元钱。其他初级生鲜农产品通过冷藏存储，不仅可以避免或减少收获旺季的压价损失，还可获得日后销售旺季的升值利益。

（五）有利于降低流通中的损耗

据有关研究显示，我国生鲜农产品在流通环节的损耗有的品种（如大葱）高达20%以上，而发达国家则普遍在3%上下，这其中的差距，很重要的原因在于缺少冷链流通。

（六）有利于促进农产品生产的标准化和信息化

实行冷链流通，必须对农产品首先实行标准化生产和包装，而只有标准化了的农产品流通，才能提供准确有效的供求和价格信息，引导推动农业的产业化、现代化发展。

（七）有利于增加农民收入，提升居民消费水平

通过优产优质优价增收，是今后我国农民靠农业生产增加收入的主要途径，冷链的实施可以保证农民辛辛苦苦生产出来的优质生鲜农产品，实现优质优价销售，实现优产增收，否则，没有冷链保障，优产也还是不能实现优质优价优销增收。另外，我国居民消费已进入了优质化的选择阶段，这种与日俱增的巨大潜在购买力和消费欲，需要通过冷链保障，才能不断提供越来越多的优鲜农产品和食品，把消费由追求数量阶段提升到追求质量阶段，实现提升消费水平，持续扩大内需。

（八）有利于降低污染，促进环保

我国是生鲜农产品的生产大国和消费大国，也是流通大国。每年有大量的生鲜农产品在缺少冷链的条件下，从田间运到产地或集散地批发市场，再运到销地的一级批发市场和二级批发市场，然后再运到社区菜市场和集贸市场销售。这区间产生了大量的破损和腐烂，生成了大量的垃圾和污水，对环境带来极大破坏。同时大量的无效运输，不仅增加了能源损耗，也加大了空气污染。而这些，都是在冷链物流条件下，可以大大减少的。

（九）有利于相关产业的发展

冷链的发展，无疑会推动冷冻科技的进步，带动制冷技术的发展，乃至加快形成一个高科技含量的冷冻制冷大产业，并联带相关的辅助行业，如包装业的发展。

三、农产品批发市场冷链建设的内容

农产品批发市场的冷链环节，是社会生鲜农产品食品冷链系统的重要组成部分，建设好农产品批发市场中的冷链环节，对于建设完善社会冷链系统和批发市场自身的升级改造，都有着十分重要的意义。农产品批发市场冷链建设的内容主要包括以下几个方面。

（一）冷库建设

根据功能不同，可分为：①冷却库又称保鲜库、高温库。库温一般在0℃左右，根据所存产品需要或在2℃～4℃。主要用来储存蔬菜、水果、蛋品、乳制品、饮料等。②冷冻库，又称低温库。库温一般在－25℃～－18℃，一般用于储存肉类和水产冻品。根据建筑结构不同，又分为土建库和拼装库。土建库投资大，建设周期长，使用期长，保温稳定，一般用于大型冷库建设；拼装库又称装配库，投资相对少，建设周期短，形式灵活，大小任选，多用于中、小型冷库建设。

（二）交易场所的温控建设

目前我国批发市场的交易场所，大多是常温下交易，冷链在这个环节出现断链，而发达国家多已采用了可控温交易厅内交易，使冷链成链。可控温交易厅有三种形式：一是大厅内拍卖统一交易，如日本拍卖厅和各国的花卉拍卖厅；二是可控温大厅内再分割成若干独立的摊位对手交易，摊位又有自用的小冷库，如欧洲的一些市场；三是采用车库式建筑，一排大建筑物如同货运火车装卸站台，将建筑物分割成若干单元，每一单元再分割成前店后库，店面内也是可控温的。可控温大厅建筑投资大，变化形式多，集中敞亮；车库式建筑，投资少，经济实用，美国多采用这种形式。

（三）市场内配送中心的物流冷库和车间建设

批发市场引入物流配送功能，是世界的潮流，在我国近年来也有快速发展。这些物流配送机构，需要建设有可控温的加工车间和周转冷库，其形式与规模，因产品不同和业务需要而定。

（四）冷藏运输车辆配置

对于一个完整的冷链建设，要求进出批发市场生鲜农产品的货运车辆，也应根据所运产品的需要，配置冷藏车运输，其中包括进场送货车辆和采购车辆，也包括市场内配送机构自备的货运车辆。

此外，多数发达国家的市场，还设有冷链配套服务设施，如制冰厂和制冷设备维修机构等。

至于场内设有零售区域的批发市场，其零售场所，也应按所经营产品的需要，建设成可控温交易厅，并配有相应的小冷库和冷柜等设施。

四、批发市场冷链建设应遵循的几个原则

（一）遵循长远和近期相结合的原则

冷链建设是一个浩大的系统工程，并且随着制冷科技的发展，冷链自身也有一个不断发展的过程，发达国家的冷链是经过了近百年的发展，才达到今天的水平。我国的冷链建设刚刚起步，还处于初级阶段。所以批发市场中的冷链建设，一方面要借鉴发达国家的经验，看准发展的方向，制订一个长远规划目标，现在的建设不要为后续的发展设置障碍，而要预留空间；另一方面，又要从近期需要入手，“急用先建”，适度超前。例如，可先解决冷库，后解决控温交易场所，但是建常温的交易场所，也要考虑将来的控温改造。

（二）遵循与国情相适应的原则

我国地域辽阔，农产品种类繁多，南北差异大，流通渠道长而宽，经济还处于发展中国家的水平，并且东、中、西部区域和城乡间发展很不平衡。这就决定批发市场的冷链建设，要简易起步，土洋结合，多元化发展。兼顾消费水平和消费习惯。例如，某些产品用冷藏车运输成本过高，可先用冰冷保鲜运输，吃冷却肉不习惯，可先采取冷鲜销售。

（三）遵循与批发市场实际相适应的原则

农产品批发市场千差万别，场内冷链的建设，一定要因场而宜。首先，要分清该市场的性质是产地市场、销地市场、集散地市场，还是复合型市场，不同的市场对冷库的要求也不同。其次是要考虑该市场的吞吐规模，要按量设库，建小了不够用，建大了闲置浪费。再次是要根据该市场的资金实力，因需规划，量力而为，要从发展和实力两方面，算好投入产出账，既不要背上一个大包袱，又不要妨碍了市场的发展，适用为要，选址布局要注意合理性。

（四）遵循建设和运行体制创新的原则

市场内的冷链建设投资主体和使用方式，可以多元化。例如，冷库可以采取“场建场用场管”，也可以采取“场建场管户用”，还可以采取“场建户用户管”，又可以采取“户建户用场户共管”等方式。此外，对于大型冷库，亦可引入制冷厂家或低温物流企业，进场自行投资建设，独立经营或使用，而市场则要统一规划协调管理，相应收费，或采取与其参股合作等形式。无论采取什么样的形式，市场对场内冷链建设都不能放任自流。总之，对于批发市场的冷链建设，不仅要注重“硬件”，还要注重“软件”，要“软硬兼顾”，科学建设，科学管理使用，务求取得最佳效果。

（五）遵循积极正确依靠国家政策的原则

社会主义的中国，国家政策对经济的运行，也包括对企业的运营，作用十分强大。冷链建设已纳入国家物流振兴发展规划，各级政府都有政策出台，作为批发市场要建设冷链不能不察。首先，要察政策的导向和规划。市场的冷链建设一要与政策的指引方向相一致，二要与政策的规划相协调，要把市场的冷链建设纳入到国家宏观冷链发展规划中去，不能“闭场造冷”，那种盲目选址建冷库，盲目选用国家要淘汰的设备和工艺技术，就有很大的风险。其次，要察政策的扶持条件。冷链建设具有投资大、回报慢并且难预测的特点，因此政府已决定在资金和其他政策上大力扶持。市场理应把这些扶持政策吃透，按要求及时申报争取。所谓“举旗帜、作局子、要票子、干事业”，就是指企业要按照政策导向，做出科学规划，争取资金支持，求得企业发展。当然，在利用政策时，也不能脱离市场实际情况，如果盲目跟着政策转，出了问题会调头难。

当前，农产品批发市场的冷链建设，遇到一个大好的时机，愿各地批发市场顺势而上，求得一个快速而健康的大发展。

农产品流通管理标准化①

对农产品流通的管理，可分为两个层面：一是政府行政部门对社会农产品流通的宏观管理；二是农产品流通组织机构，对机构内农产品经营的微观管理。两者的分工职责不同，但又互相配合协调，构成一个完整的农产品流通管理体系，对这两个层面的管理都需要提出标准化的要求。

一、政府行政管理的标准化

1. 管理主体的标准化。政府对农产品流通管理的行政部门，即管理主体，要尽量实行一元化，尽量避免多头管理。各管理部门要职责分工明确，权责统一，要防止职责不清，交叉扯皮，或监管缺失，权责相背。

2. 管理依据的标准化。政府行政部门的监管依据，应主要是法律法规、制度条例和政策规划，包括国家一级的和地方政府一级的正式文件。对这些法规制度和政策的制定，本身就要依法合规，科学严肃，在执行中亦应透明、有力、程序化。

3. 管理对象的标准化。政府管理的对象：一是从事农产品流通事业的主体，包括农产品流通组织机构的开办者、管理经营者和进入流通组织机构中从事农产品流通的经营者。二是进入农产品市场流通的客体，即进入流通的农产品及其加工品。对于这些被管理的对象，应该明确范围并制定标准，管其该管者，管其必管者。

4. 管理内容的标准化。首先，是对于经营主体的管理，主要是管资质、管准入和退出、管权利和责任义务、管经营行为，要区别行业、业态和企业组织的不同特点，分别制定相应的标准。其次，是对于经营的客体商品，主要是管理品质、标准、安全、规格、入市和退市、国家储存调控，以及价格波动和供求信息监控，这些管理，也要区别不同产品，分别制定相应的标准。

①本文是于2010年4月30日为《现代农业标准化》一书写的一节。

5. 管理方式和手段的标准化。管理方式的标准，主要在于法制化、制度化、程序化、透明化，做到公开、公正、公平。管理手段的标准是要方便、快捷、有效、易行，要尽量采用现代化科技手段进行管理。

二、流通组织机构内部管理的标准化

农产品流通组织机构，分为自营性流通组织，如储运和加工配送机构；招商组织经营者的流通组织机构，如各类批发和零售市场；还有自营为主兼有招商的组织机构，如超级市场。无论对哪类流通组织机构的内部管理行为，均应制定出相应的标准规范。对于经营机构的设立和撤销，设施建设的要求，规章制度的完善，以及运营方式的确立和规范等，均应制定出适用的管理标准，并进行标准化的管理。

1. 对经营者管理的标准化。管理的对象，包括进场经营交易者和场外供货及服务商。管理的内容，一是对经营者的资质管理，包括合法身份、守法诚信记录、经营能力和行业特别的要求如健康条件等；二是对经营者市场准入和退出的管理，包括资质审查、注册登记、签订协议等程序；三是对经营者权利和责任的管理，维护其合法权益，要求其履行应负的责任；四是对经营者的经营行为管理，包括守法诚信经营，公平竞争经营，防止偷税漏费、欺行霸市、侵权欺诈、以假冒真、以次充好、短斤少两等不法违规行为；五是对经营者其他行为管理，主要是安全生产、环保卫生、交通秩序的标准化管理。这些管理标准应宽严适度，管而不死，活而不乱。

2. 对商品管理的标准化。一是管货源、管标准、管质量、管品牌；二是管准入和退出；三是管检验检测和追溯；四是监管交易量、交易额和交易价格的变化；五是管经营商品结构的调整变化。对于这些内容，都应制定出适合流通组织差别和商品特点的管理标准，并做到从实际出发，逐步提高。

3. 对安全生产管理的标准化。由于农产品流通组织，大多数地广人多，开放经营，情况复杂，故而安全生产十分重要。这方面的管理重点是消防安全管理和安全保卫管理两个方面，其管理的内容应包括：规章制度管理、设施设备管理、人员职责管理、应急处置管理和教育训练管理。在这些方面，均应有标准化的具体要求规定。

4. 对食品安全管理的标准化。由于农产品的食品安全，事关消费者生命和健康，因此，有必要特别制定标准化的管理措施。主要包括：检验检测操作人员资质和素质要求，检验检测制度建立和执行，商品准入退出规定，检验检测项目和流程、检验检测设施设备配置、经营者的商品质量安全责任、商品的追溯方式，以及不合格商品的无害化处理等。这些方面的标准，都应该以国家法律法规要求为依据，从保护消费者生命和健康出发，科学细致具体制定，严格有效地执行。

5. 其他经营辅助性管理的标准化。一是设施设备完好化和正常运行的管理；二是水电气暖和空调的供应和运行管理；三是场内交通管理；四是废弃物处理和卫生环保绿化的管理；五是租金和税费管理；六是信息、金融服务和生活服务的管理等。

6. 企业运营管理的标准化。作为企业或企业化运作的各类农产品流通组织机构，应该对企业的运营实行标准化的管理。这除了上述相关的内容外，还应该包括：企业的发展战略方向和规划管理，企业的人力资源管理，企业的资金财务管理，企业的设施设备管理，企业的营销管理，企业的绩效和成本管理，企业的信息化、网络化管理，以及企业的现代化装备手段的管理等。在这些管理中，均应制定出必要的标准。这些标准应该：合乎国家的法规政策，合乎企业的行业和业态特点，合乎企业的实际情况，合乎现代化的理念和方向，并且简便易行可操作性强。通过标准化的企业管理，提升我国农产品流通组织机构的现代化水平，进而促进农产品流通的现代化。

农产品流通设施标准①

农产品流通设施，是实现农产品流通的物质基础，标准化的农产品流通设施，是农产品标准化的重要组成部分和物质基础。由于受农产品流通发展水平的限制，受农产品种类行业特点的限制，受农产品流通环节、组

①本文是于 2010 年 4 月 30 日为《现代农业标准化》一书所写的一节。

织和业态的限制，以及受农产品流通地域等诸多其他因素的限制，农产品流通设施的标准化，也具有阶段性、行业性、环节性、业态性和地域性等不同特点。这里仅就我国现阶段经济社会发展水平条件下，农产品流通体系中主要设施的最基本的标准化要求，提出一些意见。

一、产地集配中心设施标准化

为了解决我国农业小生产和大市场的矛盾，提高农民和农产品在产地进入流通的组织化程度和产品标准化水平，在蔬菜和水果的主产地，普遍自发地建立了一些产地集配中心。对于这类集配中心及其设施，需要标准化的引导。

1. 作业场所标准化

作业场所是集配中心的核心设施，其标准化要素应具备：①是封闭式建筑物；②建筑物规模要与集配的产品量相适应；③建筑物形式要与对产品进行分拣、加工、包装机械设备的安装和作业相适应；④对建筑物的采光、通风、温控和卫生也要有所规定。

2. 储运设施标准化

根据集配的不同产品的需要，集配中心要建有低温保鲜库，并根据集配产品储藏的数量和周转时间的不同需要，来确定库容的规模大小，此外还要配有相应的装运设施。

3. 预冷和保鲜设施标准化

大型集配中心应建有果蔬预冷设施，中小型集配中心应建有制冰车间，为果蔬长途运输提供预冷或冰制品。

4. 检测设施标准化

集配中心应建有果蔬食品安全检测设施，并配备规定的检测设备，可进行规定的检测项目操作。

5. 信息设施标准化

集配中心应建有必要的信息设施，能够对产品出入货、计量、质量、等级、储藏、运输、上市和追溯等信息进行录入和处理。

6. 辅助设施的标准化

（1）废弃物处理设施；

（2）卫生设施；

（3）办公设施；

（4）生活服务设施；

（5）安全生产设施等。

二、批发市场设施的标准化

批发市场是我国现阶段农产品流通的主渠道和枢纽，实行农产品批发市场设施的标准化，对于推动农产品批发市场乃至农产品流通的现代化，都有着十分重要的意义。

1. 批发市场的布局和选址

批发市场的布局和选址，事关批发市场设施资源的投入配置和利用效率的优劣，所以必须首先有标准化的要求。

（1）批发市场布局。一是考虑农产品生产的布局、生产量和上市量；二是考虑农产品消费的分布区域和消费量；三是考虑农产品的流通途径走向和方式；四是区别产地市场、销地市场和集散地市场。据此，规划出全国和区域农产品批发市场的发展数量和布局。

（2）批发市场选址。应满足两个要素：一是交通方便。产地市场要建在靠近主产区的交通干道附近。销地市场建在进城主干道和环城干道的交汇处为最佳。二是环保达标。既要避免污染周边环境，又要防止被周边环境污染。

2. 批发市场建设规模

市场建设规模主要是指市场的占地面积和建筑面积。占地面积和建筑面积，取决于市场的交易量、交易的品种构成和交易方式（相对交易或拍卖交易）等要素。一定的品种、一定的交易方式，每平方米的交易量是大体固定的，可以据此测算出该市场按设计交易量所应具备的规模标准，并留有发展空间。

3. 批发市场设施结构和场内布局

根据批发市场的功能需要，确定市场设施的总体结构构成，主要应包括：经营场所、道路和停车场、加工配送场所、仓储设施、检测中心、信息中心、结算中心、消防和安全监控中心、废弃物处理中心、关联服务区和绿化区域等功能区域及其设施设备，这些都需要进行科学标准化的摆布。总的要求是：占地比例合理、位置安排适当，方便交易经营，有利功能发挥，动线畅通无阻等。

4. 批发市场经营场所

（1）要根据经营不同商品的交易量，测算出经营场所需要的最佳规模。

（2）要根据经营商品的特点和交易方式，确定经营场所可选择的建筑物形式。

（3）标准的经营场所应是能满足：控温、保湿、通风、卫生、消防、采光、展示、储藏、装卸、通行、办公和交易需要的封闭式交易大厅。

（4）经营场所建筑物的材质、高度和跨度等，也应根据经营不同商品的需要，制定相应的标准。

5. 批发市场的道路和停车场

本着动线畅通，安全有序的原则，进场道路要伸长，环场道路要单行，主要道路要宽敞，栋距间隔要适度，停车场要备足，货客车辆要分停，标识要清楚醒目，进出口要便捷，人车路线要分离。

6. 批发市场的加工配送场所

应是封闭式的建筑物，内有进行集货、分拣、加工、包装、配货的作业间，包括机械作业间或手工作业间，设有常温或低温保鲜库，配有装卸设施和设备。

7. 批发市场的仓储设施

根据经营品种的不同需要，设有常温库和低温库（包括冷冻库和保鲜库），根据交易量和周转时间长短，确定所需库存容量规模，根据经营需要可设有公用库和商户自用专库。库房设计还要方便进出货的需要。

8. 批发市场的检测中心

根据检测品种、检测批量和规定的检测项目，确定检测中心的设施面积，在检测中心内应设有：细菌检测室（含无菌室）、理化检测室、消毒室、冷藏室、药品室、样品室、洗涤间、器具室、办公室、卫生间等，并配备相应的设备。

9. 批发市场的信息中心

市场的信息中心要能够为市场管理服务，为商户经营服务和为社会需要（包括农产品生产者、经营者和管理者等）服务。为满足这“三大服务”，市场的信息设施，需要具备相应的农产品信息的采集、加工、处理、发布、交流和应用功能，并依此制定市场信息中心的设施建设标准。包括：办公场所、大小屏幕、光纤铺设、软件开发、备用电源室、设备安置室等，并配置相应的各类设备。

10. 批发市场的结算中心

（1）有适用的软件开发。

（2）有安全方便的收费处、登记处、办卡处、查询处。

（3）有电子结算秤及有线或无线网络。

（4）有金融机构办公点。

（5）有资金账目处理室。

11. 批发市场的消防和安全监控中心

（1）根据《消防法》的要求，市场要建设完备的消防设施系统，包括：烟感系统、自动喷淋系统、消防栓和灭火工具系统、防火隔离墙系统、安全通道系统和消防警示系统，有条件的大市场还要配备专业消防车及人员。

（2）市场应根据安全生产和治安管理需要，建立电子监控系统，要实现时空全覆盖，录像资料要能按期存储，随时调阅。

12. 批发市场的废弃物处理中心

（1）实现无害化处理。

（2）处理能力与产生的废弃物数量和类型相协调。

（3）保持正常安全运行。此外，市场还要建设适用足量的其他卫生设施，包括消毒、杀虫、灭鼠等消杀设施，雨水排放设施。

13. 批发市场的关联服务区

（1）办公区设施。主要应具备为客商服务的一站式办公中心，其中应包括政府相关部门的一站式服务中心和市场管理部门的一站式服务中心。建筑物要宽敞、明亮、舒适、便捷，设施设备要以人为本，现代化。

（2）经营性服务区。根据市场经营需要，应建有安全有效节能环保的水电暖系统、设有金融机构、包装品销售部、汽车维修部、制售冰等保鲜品机构和加油站。

（3）生活性服务区。应包括住宿、餐饮、购物、医疗、休闲娱乐等设施场所。

14. 批发市场的绿化区

绿化设施的标准植物品种选择应考虑到防止污染，如杜绝杨花柳絮。减少衰草败叶，防止虫鼠为害，禁用化肥农药等，用于绿化的面积要适当，位置要靠市场边缘。

三、运输设施标准化

农产品运输的主要设施是运输工具，此外，还有与运输工具相配套的货场、仓库、车站、码头、空港和装卸设备等设施。这里仅就运输工具的标准化进行分述。

农产品运输按运输工具划分，可分为公路运输、铁路运输、水路运输和航空运输。在这些运输中，按产品特点要求，又可分为常温运输和冷藏运输。

农产品运输工具设施标准化的总体要求是：安全、快捷、高效和保质。

1. 公路运输

公路运输的主要工具是汽车，选择所用汽车的标准，应考虑到不同的要素要求：

（1）温度要求。分为用于常温运输的汽车和用于冷藏运输的汽车，后者又分为具备制冷功能可控温的冷藏车和只具备保温功能的保冷车。

（2）防护要求。分为厢式车、棚布车和敞篷车，敞篷车中用来运输活禽畜的车辆，要设有护栏和护架。

（3）通风、保温和加氧要求。这是对某些特殊产品运输的需要，如活鱼运输中需要加氧。

（4）运量要求。根据运量不同，可分别选择微型货车、轻型货车、中型货车和重型货车。

（5）运距要求。短途集货和配送，可选择小型货车，长途运输则应选择大型货车。

（6）道路要求。城内交通拥挤或道路低等级，易用小型货车，高等级公路则可用大型货车。

（7）卫生要求。根据所运产品的要求，所用汽车也应达到相应的卫生清洁标准。

（8）通信要求。各类车辆均应配备通信设备，以备联系、监控和调度。

（9）散货和集货要求。散货运输可选择普通货车，集中的货物运输则可选择集装箱来运输，包括常温集装箱和冷藏集装箱的汽车运输。

（10）安全要求。无论何种汽车，都必须具备可靠的安全性能，包括适应所运输行驶的道路和气候的条件。

（11）成本和效率要求。应选择利用成本最低而效率最高的车辆。

（12）绿色环保要求。用来运输农产品的汽车，应该既要不污染所运输的农产品，又要减少污染环境，做到节能减耗。

2. 铁路运输

铁路运输的工具是货运列车，货运列车由货运车辆组成。

（1）常温货运车辆。根据所运输的农产品的不同，又可分别选用：篷车、敞车、集装箱车和专用车辆。在专用车辆中，专运活禽畜的车辆，要保证禽畜的安全健康，专运散粒粮食的车辆，要保证粮食不受耗损并方便装卸。

（2）保温车辆。是指采用加冰和隔热而不是由制冷设备来保持低温的车辆。一种是冰箱保温车辆，利用冰和沿途加冰，来防止温度上升和出现过低温的冻害；还有一种是干冰保温，适用速冻果菜，而不适用新鲜果菜运输。

（3）冷冻车辆。是指车厢装有制冷设备保持低温的车辆。根据农产品生产集中度和集中运输量的不同，分为多辆冷冻列车和单辆冷冻车辆。冷冻车应在外部温度变化的情况下，仍能保持车内温度达到所运货物需要的低温水平。

（4）冷藏集装箱车辆。是专门装运冷藏集装箱的车辆。冷藏集装箱既要能达到所需温度，又要能防止所运行产品变质，还要避免产生毒气为害。

3. 水路运输

水路运输的工具是各类船舶。不同的农产品运输对船舶有不同的要求。

（1）温度要求。分为常温运输船和冷藏运输船。冷藏船应能根据所运产品的需要，将温度控制在所需范围内。

（2）性状要求。根据所运农产品性状需要，可选择散装船，如散粒专用船，或集装箱船，包括常温集装箱和冷藏集装箱。

（3）船载要求。包括所载重量和容量，都要适合所运产品的需要。

（4）航力要求。要能分别适应内河运输或海上运输，短途运输或长途运输，并能保证安全和时限。

（5）装卸要求。所选船舶应能适合所运产品的特点，方便装卸，低耗高效。

（6）卫生环保要求。

4. 航空运输

航空运输的工具是飞机。用飞机运输的农产品多是高档易腐产品，需要保鲜快运。运输的设施是冷却器装置，将产品放入该装置中，再装入飞机运输，冷却器装置要求控温达标、环保无害、简单质轻、操作方便和航运安全。

四、仓储设施标准化

农产品的仓储设施种类繁多，不同种类的仓储设施，应有不同的标准。这里仅就共性的主要标准，提出一些应考虑的要素要求。

1. 仓储设施的选址

（1）要与仓储设施的使用性质相适应。如生产和集散性仓储应建在产地和货源集中地，分配性和零售性仓储应建在主要消费区，选址要符合产品流向。

（2）地质条件要符合安全的要求。

（3）周边环境没有污染。

（4）交通要方便畅通。

（5）水电资源要充足。

（6）符合城市发展规划。

2. 仓储设施的规模

要依据所建仓储设施的使用性质、功能要求、所储产品的特点和储存方式的特点，计算出最大储存量和周转量，依此确定所建设施的最佳经济规模，大则浪费，小则不足。

3. 仓储设施内建项目结构

不同使用性质、规模和产品的仓储设施，建设项目结构会有很大的不同，但一般较完备和大型的仓储设施应包括：

(1) 生产设施：库房、装卸设备、理货设备、分拣设备、包装设备、产品监控系统和自动控制系统。

(2) 生产辅助设施：检测化验室、中心控制室、水电系统、消防系统、安保系统、信息系统、卫生保洁系统、计量系统、设备材料库和维修间。

(3) 办公生活设施。

(4) 室外工程设施：道路、站台、货场、管线、标识和绿化等。

4. 库房设施建设

库房是仓储设施中的主要设施，要根据所储产品特点、库房使用性质、储存要求，来确定库房建设的标准。包括：

(1) 库房的建筑形式和所用材质。

(2) 库房的容量和库内结构、布局。

(3) 库内温度、湿度、光线和通风控制。

(4) 库内防菌、防虫、防鼠和防有害气体以及卫生保洁设施。

(5) 库内的消防、安保系统设施。

(6) 库存产品监测和出入库信息系统设施。

(7) 自动仓库的自动控制操作系统。

(8) 库内货架，装卸搬运设备。

(9) 网线光纤设施。

(10) 库内上下水和用电系统。

(11) 冷库的制冷设施和制冰设施。

(12) 其他专用库的专用设施。

五、加工配送设施标准化

这里讲的加工，是指农产品在流通过程中的加工活动，包括在流通途中加工和配送中心加工。这里讲的配送，则是指在经济合理区域范围内，根据用户的要求，对农产品进行拣选、加工、包装、分割、组配等作业，并按时送达指定地点的物流活动，一般通过专门的配送中心来进行。

1. 加工配送场所选址的标准化

（1）符合食品安全和环保要求，远离污染源，方便处理废弃物。

（2）符合交通方便的要求，方便集货和送货，能保证产品在规定时间集足和送达目的地。

（3）符合经济合理要求，布局有利于低成本高效率的集货和送货。

（4）符合用水用电的要求。

（5）符合城乡建设规划的要求。

2. 加工配送建筑物的标准化

（1）要与加工配送业务的功能要求相适应。包括：备货、整货、储存、分拣、检验检测、清洗、分级、涂被、包装、预冷、催熟、配货和装卸运输等。

（2）要与不同农产品的特性要求相适应。

（3）要与设备的安装和操作要求相适应。

（4）要与加工食品安全、卫生和环保要求相适应。

（5）要与加工配送数量规模要求相适应。

（6）要与安全生产要求相适应。

3. 加工设施的标准化

农产品的流通加工，因加工的农产品特点不同，加工要求达到的目的不同，以及用户的要求不同，加工选用的设施及其标准原则也应有所不同。

（1）果菜产品的加工设施。应包括的类型和功能有：采收设施、预冷设施、分级设施、清洗设施、涂被设施和包装设施等，这些设施应能适应不同产品和不同加工的需要。

（2）水产品的加工设施。一是保鲜加工设施，包括各类低温保鲜加工、超冷保鲜加工、高压保鲜加工、气调保鲜加工和化学保鲜加工等设施，要求能满足不同的水产品对加工和保鲜的不同需要。二是包装设施，包括对不同生鲜水产品的普通包装和气调包装。

（3）畜禽产品的加工设施。包括对不同产品的宰前设施、屠宰设施、宰后检验设施、分级分割设施、冷却冷冻设施、细分割设施和深加工设施等，以及相应的包装设施。

（4）加工设施的其他标准要求。主要是卫生、环保、节能、安全、高效、低成本、易操作和方便维护等，并能使这些加工设施与配送、运输、储存和商流等作业相协调。

4. 配送设施的标准化

经过加工处理过的农产品，根据客户的要求，按规格、品种、数量，在指定时间送达到指定地点，构成了农产品的配送体系。在这个体系中，在不同的环节需要不同的设施和标准。

（1）备货设施。包括订购货设施、进货设施、质检验货设施等。

（2）储存设施。包括长期储备设施和暂存储备设施，常温储备设施和低温储备设施，普通储备设施和特需储备设施。这些设施要满足配送产品对质和量的要求。

（3）分拣及配货设施。有自动分拣设施、半自动分拣配货设施和人工分拣配货设施。这些设施需要高效、便捷、准确。

（4）配装和运输设施。能按经济合理的原则，将多品种、小批量、近距离的产品，快捷配装运达。

（5）信息和管理设施。在配送的各个环节，实现信息化全覆盖和计算机网络化管理，需要相应的信息和计算机及网络设施设备。

（6）其他辅助设施。包括结算设施、咨询服务设施、金融服务设施和展示产品设施等。

六、零售市场设施标准化

我国目前的农产品零售市场，主要是超级市场、城市社区菜市场和农村集贸市场。零售市场设施的标准化，对于实现农产品销售和满足消费需求，都有着重要的经济和社会意义。

1. 超级市场设施标准化

国际上经营食品和农产品的超级市场有两大类，一类是以经营食品为主的“食品超市”，其中经营农产品比重也比较大一些，另一类是“综合超市”，比如“量贩店”（日本）或称“大卖场”，经营的食品和农产品比重相对小一些。这里以食品超市为主，兼顾综合超市，谈一下超市设施的标准化。

（1）超市选址。要达到五个要素要求：一是环保卫生环境要求；二是商圈人口购买力要求；三是道路交通和停车场要求；四是可建的卖场面积要求；五是城市规划要求。

（2）超市建设规模。确定超市建设规模的主要因素，是根据商圈内人口购买力水平和预期市场占有率测定的商品经营量，并根据商圈消费特点所规划的商品结构加以确定，大则浪费小则不足。

（3）超市场外设施。首先要有足够的停车场，且备有进出方便，管理有序的设施；其次要有必要适用的招牌和外装设施；再次要有科学的卖场进出口设施，包括数量、质量、宽度和无障碍等。

（4）卖场建筑物设施。要有足够适当的面积、高度和透视度；要设有醒目的标示设施；要有为客服务的接待、咨询、休息和儿童活动等设施；要有空调、通风、给排水、供电、供暖、消防、安保、卫生、照明、音响、色彩装饰等设施。

（5）超市经营设施。主要是货架、冷柜、计量、结算、购物车、柜台等设施。

（6）超市辅助设施。包括：办公设施、信息系统、检测设施、加工设施、储运设施、生活设施等。

这些设施一要符合国家法规规定的标准，二要满足商场经营需要，三要经济适用。

2. 社区菜市场的标准化

社区菜市场是指以摊位和店面形式，零售粮油、果蔬、肉禽蛋、水产品、乳品及其制品和豆制品、干货食品、调味品等主副食品的经营场所。社区菜市场一般设在城镇居民生活区，对其设施的标准化要求，主要包括以下内容：

（1）选址标准。应符合城市规划，交通方便；有足够的购买力商圈，市场布局合理，方便居民购货；符合环保要求，周围无污染源，亦不污染周边环境；周边环境安全，易于疏散；有足够大的停车场。

（2）建筑物标准。应是封闭的建筑结构；建筑规模应与预测客流和交易量相适应；场内空高适当，通透明亮，通道宽敞无障碍，地面坚固平坦易清洗；应设有通风、照明、消防、安保、水电设施，根据需要设置采暖和空调设施；应设有装卸货场地设施，以及卫生和垃圾处置设施。

(3) 营业和管理设施标准。要有适用的铺面和摊位柜台，专用加工间和设备，检测设备，计量设备，标识告示设施，公共服务设施和管理间及相应设施。

这些设施，均应符合国家的有关法律规章的规定，并符合所经营商品种类的需要。

3. 集贸市场设施标准

集贸市场主要是设置在农村的经营农副产品及加工食品的零售交易场所。其设施要求主要包括：

(1) 选址标准。应符合交通方便、场地开阔，周边环境无污染又不污染周边环境，并有足够的商流的地方。

(2) 交易区建筑物标准。应建有坚固的交易大棚或交易大厅；棚厅高和跨度适合交易规模和交易方式的需要；应建成水泥或硬化地面且排水方便；厅棚应有采光和照明设施；道路宽敞，进出口得当，适合车辆进出，并有足够的停车场；应建有坚固的围墙；设有指示牌和公示设施。

(3) 辅助设施标准。应设有快速检测设施、仓储设施、计量设施、通信广播设施、消防设施、安保设施、水电设施、金融设施、管理设施、卫生设施和生活服务设施等。

这些设施均应按照国家的相关法规规定，并适合该集贸市场经营的商品需要，制定出相应的标准。

商品交易市场管理条例（参考稿）[①]

第一章 总　　则

第一条

为了促进商品交易市场健康发展，维护正常的交易秩序保障市场开办

①本文是应中央有关部门之邀，于2004年12月28日上报的一个相关部门代拟稿，后于2009年发表于《经贸参考》2009年第十六期。本文参考了北京、上海、浙江、天津等省市及国外和我国台湾省的有关条例、法规。

者、市场经营管理者、进场经营者和消费者的合法权益，特制定本条例。

第二条

本条例所称的商品交易市场，是指依法开办，并由市场经营管理者进行经营管理，由进场经营者集中进行现货商品交易的固定场所。

本条例所称的市场开办者，是指依法获得市场开办权并投资开办市场的企业法人、事业法人或其他法律允许开办市场的社会单位。

本条例所称的市场经营管理者，是指市场开办者或受市场开办者授权委托从事市场经营管理的组织机构。

本条例所称的进场经营者，是指在市场内独立从事现货商品交易或相关业务的企业、个体工商户、自产自销的农民及其他组织。

第三条

全市商品交易市场的开办、市场经营管理、场内交易及相关业务活动，以及对市场的监督管理活动，适用本条例。

国家法律法规和规章有特殊规定者，从其规定。

第四条

政府主管部门负责本区域内商品交易市场的规划和规范的编制协调、指导和管理。

政府行业行政主管部门和相关协会，按照各自的职责，协同对本行业商品交易市场进行指导和管理。

政府工商、商务、卫生、税务、质量技监、食药监管、公安、消防、环保、城管、物价、交通等行政监管部门，按照各自的职责，依法对商品交易市场实行监督管理。

交通、邮电、银行、保险等有关部门和单位，应支持市场的建设和规范发展。

第五条

行政部门对商品交易市场的开办者和经营管理者的管理，应遵循国家的宏观经济发展政策，并结合行业和当地的实际情况进行，应有利于促进全国“统一、开放、竞争、有序的现代市场体系”的建设与发展，有利于搞活商品流通。规范交易行为，引导商品流通的现代化。

商品交易市场的开办者和市场经营管理者，应提供与市场经营交易内容相适应的设施、管理与服务，并明确市场开办者和经营管理者的责任。

商品交易市场的进场经营者，应依法从事商品交易活动和经营业务、信守承诺、正当竞争、服从管理，不得侵犯其他经营者和消费者的合法权益，不得侵犯他人的知识产权。

第二章　商品交易市场的开办

第六条

商品交易市场的开办应当符合下列条件：

（一）符合当地城市、村镇发展建设规划，符合商品交易市场发展和商业网点规划建设布局。

（二）市场选址应符合所经营商品对环境保护、环境卫生、治安消防和交通条件的要求。

（三）市场要具备与所经营商品品种与规模相适应的固定场地、配套设施和资金。

（四）市场要有相应的管理人员、管理机构和管理制度、措施。

（五）国家法律法规和规章规定的其他条件。

各类商品交易市场开办的具体条件，由政府行政主管部门会同有关行政和行业主管部门提出，并征求行政监管部门和相关行业协会意见后确定，向社会公布。

第七条

全市商品交易市场的发展纲要和布局规划，由政府行政主管部门负责编制，各区县商品交易市场的发展纲要和布局规划，由各区县行政主管部门，根据全市商品交易市场发展纲要和布局规划结合本地实际负责编制，报经当地人民政府批准后实施，并报政府主管部门备案。

商品交易市场发展纲要和布局规划，应当包含商品交易市场开办的种类、数量、区域、方位、规模、功能和交易商品品种等基本内容。

市场发展纲要和布局规划的编制，应征询相关行业协会的意见。

第八条

各级政府拟投资开办的公益性商品交易市场或重要商品交易市场的开办权，应当依照公开、公正、公平竞争的原则，通过公开招标方式确定并不得转让。其招标程序，由相应的政府主管部门负责实施。

重要商品交易市场的认定，由当地政府主管部门负责。

第九条

依国家工商行政管理局颁布的《商品交易市场登记管理办法》规定，企业、事业单位、社会团体、村（居）民委员会以及符合国家规定，经政府行政主管部门批准的单位，可以开办商品交易市场；申请开办大型商品批发市场者，必须具有相应的经济实力和正当资金来源，资信良好，无违法记录。

各级政府应鼓励公有经济、非公有经济和外资企业，依法独立或合资、合作投资开办商品交易市场。

第十条

开办商品交易市场应履行下列手续：

（一）向政府主管部门提交开办申请，开办大型批发市场需同时提交可研报告。

（二）按投资管理权限，应向相应的行政投资管理部门报批。

（三）经政府主管部门和自由竞争管理部门批准后，按《商品交易市场登记管理办法》的规定，向工商行政管理部门，申请办理登记注册，并提交相关文件，包括：

1. 政府主管部门批准开办市场的文件。

2. 投资管理部门批准立项投资建设的文件。

3. 工商登记注册，申请报告。

4. 可行性论证报告。

5. 符合规定用途的土地、房屋所有权或者使用权的证明材料。

6. 符合消防、治安、卫生、环保等要求的证明材料。

7. 市场管理机构负责人的证明材料。

8. 联合开办市场者，应提交联办各方共同签署的协议书。

9. 国家特别规定的其他文件或证明。

（四）经工商行政主管部门审核批准后，颁发《市场登记证》，申请开办者方可依法开办市场。

（五）市场开办的同时若设立相应的企业法人者，应依相关法律规定，办理企业法人设立手续。

第十一条

市场因迁移、合并、转让、分立、扩建、撤销、开办者变更、负责人变更等原因改变市场登记事项的，原开办者应在做出决定之日起 30 日内向市场监督管理机构申请变更或注销登记。

重要商品交易市场的变更、注销，要经原政府审批机构批准。

第十二条

各地商务主管部门应建立商品交易市场专家咨询委员会，对政府拟制定的商品交易市场相关的法律法规、规定、发展纲要、规划布局及其他拟采取的重大政策措施进行咨询，对重要商品交易市场的开办、改扩建、迁移、合并等进行必要的可行性审议。

第三章 市场经营管理者

第十三条

市场经营管理者应当维护和及时完善市场内的交易场所、仓储设施等经营设施，确保进场经营者的正常使用；应当确保消防、卫生、环保、治安、交通、信息、通信、检测等相关设施完好运行。

第十四条

市场经营管理者应组建职责明确，运行有效的市场管理服务组织机构，负责市场的日常管理服务工作。

第十五条

市场经营管理者应当制定和及时完善市场各项管理制度，并组织实施检查，根据检查情况及时采取必要措施。

第十六条

市场经营管理者与进场常住经营者，应当签订进场经营合同，合同内容应当明确双方共同对国家相关法律法规和规定所承担的义务，对消费者权益所承担的责任，应当明确双方相互间的权利、义务，以及违约责任和发生纠纷的解决方式。

进场经营合同示范文本，由工商行政管理部门制订并推荐使用，市场经营管理者亦可根据推荐合同文本，结合本市场实际另行拟定合乎国家法律规定的合同文本。

第十七条

市场经营管理者应当对进场经营者进行资质审核，包括身份证明、营业执照、税务登记证和经营申报种类商品和从事申报业务所需提供的特别证明材料。

第十八条

市场经营管理者应当对进场经营者的经营行为和所经营的商品、服务进行监督管理。市场经营管理者不得为进场经营者的违法经营活动提供经营场地、保管、仓储、运输、加工、宣传、交易等条件。

市场经营管理者对进场经营者如有违反法律法规、规章规定的行为，应随时检查，立即制止和督促改正，并及时向政府监管部门报告，并配合查处。

第十九条

市场经营管理者对进场交易的商品和服务的质量，负有第一监管责任，应对重要商品实行市场准入制和退出制，确保进场内交易的商品合乎国家规定的标准，不得侵犯他人的知识产权，不得对消费者构成安全和健康危害，有责任协助政府有关部门做好商品质量检查检测工作，农副产品批发市场应当进行必要的场内自检自测。

市场经营管理者应对场内交易行为和交易价格进行监督管理，制止非法囤积倾销、强买强卖、欺行霸市、哄抬物价等不正当经营行为。

市场经营管理者应当对进场经营者的计量器具和计量行为，进行监督检查，协助计量监管部门查处计量违规行为。

第二十条

市场经营管理者应当在市场明显地方，设置公示屏幕或公示栏，对进场交易者行为和商品质量特别优良和伪劣者，予以公示。

第二十一条

市场经营管理者应当协助国家税费征收部门做好进场经营者的税费缴纳工作，同时维护进场经营者依法合理承受缴纳税费的权利。

市场经营管理者可依国家有关规定向进场经营者收取经营场所和设施的租赁费、使用费以及交易费、服务费和管理费等收费项目，收费标准和收费方式应合理、公开、公正。

第二十二条

市场经营管理者有责任对市场交易情况进行统计，并按期如实填写统计报表，向政府主管部门报送，并将应向社会公布的内容向社会公布。

第二十三条

市场经营管理者应当建立市场交易纠纷调节处理相关制度，设有消费者投诉设施系统和投诉处理机构。

鼓励市场经营管理者建立消费者权益保护赔偿基金，实行先行赔偿制度。

鼓励市场经营管理者将保险业务与市场维护消费者权益工作结合运作。

第二十四条

各区县政府主管部门应建立商品交易市场专家审议委员会，对政府制定的商品交易市场的管理法规、制度发展纲要、规划布局及其他拟采取的重大政策措施进行咨询，对重要商品交易市场的开办改扩建、动迁、合并等行为进行必要的可行性审议。

第二十五条

政府鼓励市场经营管理者自愿组成经营管理者协会，对商品交易市场经营管理提供服务、交流、协调和实行自律。

第四章 进场经营者

第二十六条

进场经营者要由市场经营管理者按国家有关规定和市场制度规定进行资格审核。进场经营者要提供企业法人证明、营业证明、身份证明和与所经营商品和从事的行业所必须提供的相应的资质批准文件和条件证明。

第二十七条

进场经营者应当依法经营，遵守市场管理制度，服从行政监管部门和市场经营管理者的管理，自觉维护市场秩序、维护知识产权、保证商品质量、符合计量物价要求，信守承诺、公平交易、合理竞争。

第二十八条

进场经营者应当在市场指定位置悬挂其营业执照、税务登记以及与其所经营商品和行业所应当取得的经营许可证。

农民在市场出售自产自销的食用农产品，或者非正规就业劳动组织人员从事经营活动者，不受前款规定限制，但应持有相关证明。

第二十九条

进场经营者应当按照工商行政管理部门核准的并经市场经营管理者批准的进场经营范围，进场从事经营活动，不得超范围经营，如要变更需经批准。

第三十条

进场经营者对所购进场交易商品，负有渠道合法和质量合格的责任，应当提供商品质量检验合格文件，并保存能够证明进货来源的原始发票、单证等文件，农民自产自销的食用农产品应提供当地有资质的检测检验机构的检测证明或进场后主动接受市场的检验检测。

进场经营者所经营的全部商品，均需合乎国家质量规定，进场经营者有义务接受并主动配合执法部门和市场对商品的检验检测和违规处理。

进场经营者如从代理经销商和特许经销商进货要向对方索要相关授权证明；进场经营者是代理经营商或特许经销商者要向市场经营管理者提供相关证明文件，并亮证经营。

第三十一条

进场经营者出售的下列大宗、重要商品，应建立销售去向台账：

（一）粮油、肉类、豆制品、禽类、电器产品等与人体健康和生命密切相关的商品。

（二）钢材、化工原料、有色金属等属于重要生产资料的商品。

（三）含有化学成分的建筑装饰装修材料和水暖材料。

（四）属于驰名商标或地方著名商标的商品。

进场经营者出售商品或提供经营服务，应当按照国家有关规定或商业惯例，向商品购买者或服务接受者开付由税务部门监制的统一发票或其他购货凭证。

第三十二条

进场经营者要使用市场经营管理者规定的合乎国家标准的计量器具，并保证计量准确；进场经营者应当通过正当竞争的交易行为形成合理价格，不得囤积抢购、欺行霸市、强买强卖、哄抬物价。

第三十三条

进场经营者有义务按国家规定，按时按额缴纳应缴的税费款项。

进场交易者有责任向市场经营管理者按时按额缴纳应缴的租赁费、使用费、交易费、服务费、管理费及其他应缴费用。

第五章 法律责任

第三十四条

未经政府主管部门批准和工商行政部门注册登记擅自开办经营商品交易市场者，由工商行政管理部门依法处理；

凭伪造文件等欺骗手段开办经营商品交易市场者，视情节由政府行政主管部门和工商部门予以处理。

第三十五条

市场经营管理者超越所批准的经营范围进行经营，由工商行政管理部门依法处罚。

第三十六条

市场经营管理者未履行下列市场管理职责者，由政府主管部门限期改正，对拒不改正者，予以警告，并视情节情况，由工商部门处以 1000 元以上，5000 元以下的罚款：

（一）未制定必要的各项市场管理制度的。

（二）未对市场准入和商品质量进行严格监管造成严重后果的。

（三）为违法经营者提供经营场所、保管、仓储、运输等条件，纵容、庇护违法经营活动以及伪造文件逃避国家监管者，视情节轻重由工商部门处以 5000 元以上，2 万元以下的罚款，由工商和政府主管部门责令整改。

第三十七条

进场经营者不履行国家法律法规或规章规定的义务，相关行政监管部门可依照法律法规或规章的规定进行处罚。

第六章 附　　则

第三十八条

国家法律法规、规章对有关商品交易市场的管理部门、布局规划、开办条件和监督管理职能、内容等有特别规定的，从其规定。

展会、赶集、庙会等城乡临时集市交易活动和商业企业租赁柜台经营行为，不适用本条例。

第三十九条

现有商品交易市场应当按本条例要求，在本条例实施一年内进行整改。

第四十条

本条例由北京市政府行政主管负责解释。

第四十一条

本条例自公布之日起实行。

关于商品交易市场管理的几个问题①

一、市场的定义、本质和构成

1. 市场的不同定义

· 商品交易场所

· 商品交易区域

· 商品关系的总和

2. 商品交易市场的本质

具有公益性的商品交易的经济组织（其中农产品交易市场具有社会公益性质）

3. 商品交易市场的构成要素

· 两物两人一活动

· 两物——设施、商品

· 两人——开办管理者、交易者

· 一活动——交易行为

不同的要素有不同的作用和诉求；要素的水平反映了市场的发展水平

①本文是2010年9月的一个授课提纲。

二、管理的一般概念

1. 组织的定义："以结构化和协作形式共同工作，来实现一系列目标的群体。"——［美］里奇·格里芬

2. 管理的定义：为了实现组织确定的目标，利用组织的资源，所进行的一系列活动

3. 管理的实现目标：最佳效率、最佳效益

4. 管理利用的资源：人力、财力、物力、信息

5. 管理的过程（见下图）

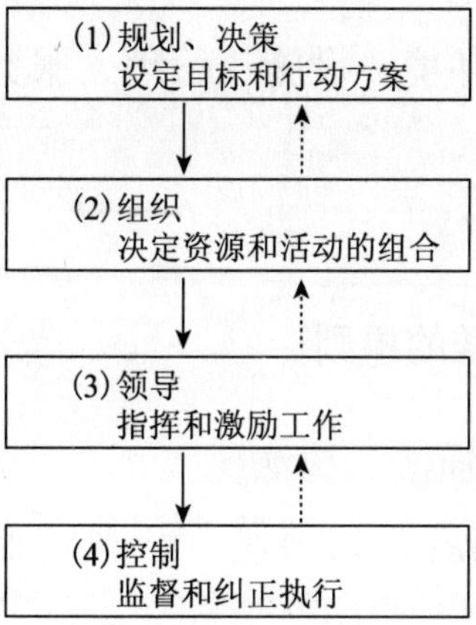

管理流程图

三、商品交易市场管理的特点——双重性

1. 双重目标责任

·企业目标责任——效益最大化

·社会目标责任——和谐与稳定

2. 双重管理对象

·企业内部管理——人、财、物、事

·市场商户管理——人、物、行为

3. 双重管理环境

·企业管理封闭式

·市场商户管理开放式

4. 双重管理相互制约

·企业管理是市场商户管理的条件

·市场商户管理是企业管理的基础

四、商品交易市场管理的目标

总目标——“三做”：做大、做优、做强

1. 做大

交易量、交易额（龙头商品、龙头行业、龙头商户）

2. 做优

商品、商户、秩序、环境、设施、管理、服务

3. 做强

商户发财、企业发展

五、商品交易市场管理的原则

1. 依法管理：学法、懂法、执法

2. 制度管理：建立制度、完善制度、执行制度（明责、确权、保利、量化）

3. 人性管理：关怀、服务、诚信

4. 人技结合管理：人管、技管

六、商品交易市场管理的核心和重点

1. 核心

服务商户（经营、生活）、规范行为

2. 重点

安全生产、安全消费

七、商品交易市场管理的主要内容

1. 商户管理

资质管理、协议管理、档案管理、教育管理、行为管理、奖罚管理、

服务管理

2. 商品管理

商品准入、商品质量（检验、检测、追溯）、商品档案、商品优化、商品供求、商品价格、商品处理

3. 交易行为管理

要求依法诚信经营

打击：欺行霸市、强买强卖、以次充好、以假乱真、缺斤少两、囤积居奇、哄抬物价、越位经营

4. 物业管理

设施建设、设施维护、设施租赁、设施使用（适用、安全、环保、经济）

5. 收费管理

依据（法规、制度）、适度（效益、承受）、三公（公开、公正、公平）、科学（科目、数额、手段、操作）

6. 消防治安管理

认识、法规、制度、协议、组织、责任、设施、操作、政府

7. 环保卫生管理

目标（绿色市场）、内容（整洁、垃圾、污水、消杀、绿化）、组织、责任、制度

8. 交通管理

道路、停车、标识、制度、收费、处理

9. 信息管理

采集、加工、分析、利用、发布

服务企业、服务商户、服务社会

八、商品交易市场管理的考评标准

效率、效益

要高度重视对农产品批发市场的恶性投资①

我觉得应该提醒政府高度关注农产品批发市场的恶性投资，我给起个名，就是恶性投资。这种恶性投资表现在什么地方，为什么说是恶性投资。

第一，投资的目的是为了圈地，经营房地产。因为现在国家对房地产进行调控越来越严，所以拿地和贷款越来越困难，一些地产商为了更多地拿地，更便宜地拿地和更好地贷款。所以，通过进入农产品批发市场这个行业达到目的，这和我们的批发市场在建设过程中也要建一些配套的物业设施是完全不一样的，我们也要给商户盖房子，盖生产的辅助建筑物，这是不同的。这是第一个目的为了圈地，经营房地产。

第二，目的是为了圈钱，上市，或者是扩大上市圈钱。这个目的也不是为了国计民生，作为一个上市公司，或者是一个投资公司，这是本质，是本能，是无可厚非的，但是进入农产品批发市场行业，已经上市的为了进一步做业绩圈钱，这也是与我们农产品批发市场的宗旨不相符的。

第三，最终目的是为了追利，就是追逐利益，不是为了服务国计民生，解决农民的销售问题，解决城市居民的供应问题和国家安定问题。这一点和我们批发市场的经营也不一样，批发市场作为一个市场经济体制下的企业，当然要追逐自己的利润，但是从目前来看，特别是我们现在一些全国性大型批发市场，他的追求利润是建立在维护国计民生前提之下的，凡是当企业自身的小利，即企业利益与国家大利益发生冲突的时候，我们都是以小利让大利的。比如说在冰雪灾害、地震灾害、物价出现了波动等情况下，协会组织我们带头做了很多事情，各地政府依靠我们做了很多事情。所以这两个追逐利润是不同的，作为一个上市公司，作为一个投资公司，他们的追逐利润是不择手段的，是第一位的，不然的话他就不能发展。

第四，我们不排除有的境外的投资公司和基金之类的，投资我们中国的农产品批发市场，有没有一种暗藏的，想控制中国农产品流通，控制或

①本文是在中国农产品市场协会 2011 年会长扩大会议上的发言，刊在《中国菜篮子工程与农产品市场》2011 年第 4－5 期合刊。题目是后加的。

是干扰，左右我们的国计民生与经济命脉这样的企图。这个事情不好臆断，但是这个事情是应该引起重视的。看全世界的发达国家和中等发达国家，没有一个国家的农产品批发市场是由外资投资进行控制和管理，都是政府用某种不同的形式体现出来公益性进行运行的，这方面我做了一个一万多字的课题，查到200年前美国的批发市场是怎么做公益性的，一直查到今天。只有中国目前在这方面没有很明确的法律法规的规定，所以提供了这样一个可乘之机。中国在这方面，农产品的流通是有很深刻的教训值得汲取的，比如说大豆和食用油，就基本被外资控制了市场。

鉴于以上这四点，目前对农产品批发市场需要投资，需要发展，需要扩建，需要升级改造，这是毫无疑问的。但是，我们在投资的热潮中，作为政府应该警惕恶性投资，说恶性就是偏离了农产品批发市场公益性的性质，偏离了对解决农民的销售、增收，解决城市居民的供应和政府稳定物价、保证供应这样一些根本的目的。

这种恶性竞争会带来什么危害呢，一个是使我们的市场建设处于一种越来越无序的状态，农产品批发市场的建设是以生产的产区半径，货源供应圈和城市居民的销售圈和辐射半径的集散圈，这三个圈作为基础的。每一个市场的生存，都要依赖这三个圈的产品供需总量、集散地辐射能力和城市居民的消费力。现在有一些市场的建设，只要有资金，财大气粗，就可以在隔壁建一个市场，比你还大还新还上档次，而且是不择手段的采取恶性竞争。其结果直接导致建设的无序性，不仅造成了土地和其他资源的极大浪费，而且打乱了现有市场30多年已经形成的比较合理的自然形成的布局，一是资源浪费，二是出现恶性竞争。这种恶性竞争的结果，就是整个农产品流通会出现一种极大无序性，这种无序性会产生流通不畅，会产生物价波动，会产生商户的不规范，出现不正当的经营手段，危害国计民生和经济运行。这是恶性投资带来的危害。导致恶性投资的局面的原因：①我国对农产品流通缺少法律的约束，就是法律缺失，没有法律可依。②我们的规划软弱无力，各地也搞一些规划，商务部、农业部也有一些规划，这些规划都是纸上谈兵，一张空文，没有一个地方的批发市场是按照规划审批、建设，所以是规划无力。③与地方政府的政绩挂钩。刚才讲了为了解决地方政府的政绩所以盲目招商，张玉玺总经理说得好，“换市长就换市场”。这种局面屡见不鲜。这种现象与党内的某些腐败现象、腐败行为结合起来，就变成畅通无阻。非恶性的正常的投资却要层层审批，把关很严，而这种恶性投资，非正常的投资，用一些非正常的程序和手段，在政府部门反而容易得到通过，最后领导圈了，不办也得办，各级政府各个部门照办就是了。面对这样的现象，我们觉得政府部门应该高度重视农产品批发市场现在出现的这种恶性投资。这种投资还有一种表现，就是钻一些政策的空子，因为现在国家大力提倡重视农产品流通问题，大力扶持农产品流通，而且提出新的业态，新的经济组织形式，比如说对农产品物流，对农产品冷链，都列入国家积极扶持的产业。所以，很多恶性投资就是打着农产品冷链，农产品物流，物流园这样的旗号做的。这些事情和我们批发市场建自己的冷链物流搞好流通是不一样的。这里就有一个真假猴王，真猴王是保证唐僧西天取经，利国利民的；假猴王是为了自己的私利，假借取经之名行其私的，所以很多事情使人不容易一下子看清楚，地方政府一下子不能分辨清楚，因为很多目的是隐藏在背后的，不到一定时候显露不出来，而且这样的投资公司在批发市场的管理能力上没有团队，没有知识，建起来有场无市的局面屡见不鲜，将来能不能管得好也是一个很大的问号。

针对这种现象我们怎么办，我想有两方面可以作为，一是像操戈同志这样的副秘书长呼吁一下，引导起政府的关注，关注这个事，现在政府提出要保障国家经济安全，文件已经发了，这个文件里面涉及我们批发市场的内容有两条，一是关系国计民生的要审批，二是关系社会经济正常运行的要审批。就是说，一是抢了国计民生的阵地是不行的；二是带来经济秩序的混乱是不行的。而批发市场的恶性投资在这两方面都会对国家经济安全带来危害，这一点需要媒体和协会向上呼吁。

另外，乔彬会长讲了国家安全，我们继续呼吁立法，呼吁规划，“十二五”纲要出来了，各地都在制订规划，商务部、农业部、国家发改委在这方面要大力呼吁，建立编制有权威性的规划，农产品批发市场的规划。这是作为上面来说的，一是舆论，二是政府立法和规划。

我的想法和几位老总同志沟通过，我们能不能在现有的批发市场，特别是骨干企业中，通过某种方式成立若干农产品批发市场集团，真正地想搞批发市场的，想干这个事业的，把这个事业作为宗旨的，作为主业的，我们联合起来成立若干集团，我们之间可以形成竞争和比较，但就不是恶性的了，我们可以更好地发挥主渠道的作用，组织起来。但是一家两家也不行，形成垄断也是一个问题，中国这么大也垄断不了，深圳那么大的实力还是不能把全国垄断起来。但是如果我们假设像深圳农产品那样的做农产品流通和批发市场，中国要是有五六个，十个八个局面会大不一样了，因为会形成一套管理理念，一套批发市场的管理文化，有一些好的经验推广，会做得越来越好的。

我们也可以成立一些农产品批发市场流通的管理公司，咨询投资管理公司，不一定出钱，作为咨询投资管理，这方面可以起一定的作用，批发市场协会各位老总都是专家，各位都是内行，这些方面我们可以发挥作用。

关于公益性市场的界定①

原编者按：近年来，随着蔬菜等鲜活农产品涨跌对CPI和农民增收影响增大，鲜活农产品流通已成为政府关注的重点问题，国际上，欧美、日、韩等发达国家多把农产品流通体系建设作为公益事业予以支持，2011年年底国务院办公厅下发了《关于加强鲜活农产品流通体系建设的意见》，2012年中央一号文件围绕公益性问题都有重要表述，也体现了对公益性的认可。作为鲜活农产品流通主渠道的农产品批发市场具有很强的公益性，在保障供应、稳定价格、解决卖难、保障食品安全等方面发挥着重要作用，业界对于鲜活农产品流通的公益性基本已取得共识，但如何界定公益性市场却不是简单地提一个概念的事情。

北京八里桥农产品中心批发市场总经理赵尔烈对于公益性市场的办公室及后续工作的复杂性直言不讳，他说，虽然现在公益性市场受到了中央领导及中央文件的重视，却面临着很多实际的问题。

第一，公益性市场的办公室问题，是针对农产品批发市场这个行业还

---

①本文是在全国城市农贸中心联合会召开的2011年会长扩大会上的发言摘要，刊登在《中国批发市场》2012年第5期。

是只针对其中的一些市场企业？假定是整个行业的公益性，那么全国 4000 多个批发市场，每一个批发市场都应享受政府针对公益性所提出的优惠政策，政策一刀切并有普惠性。如此下来，公益性市场这项工程是浩大的，所投入的金钱和精力巨大。反之，如果只是针对其中一些市场企业进行公益性改造，那么公益性市场和非公益性市场又是何种关系？公益性市场是在政府的扶持下建设并发展起来的，享受了所有政府给予的优惠政策，而非公益性市场则完全没有享受政府所给的优惠政策，在市场经济下的活动中二者之间是否能平等竞争？这些都是具体操作中非常现实的问题。

第二，界定了行业或市场的公益性，要明确行业或者市场应该重点做什么，明确公益性职责。

第三，公益性由谁来承担？政府支持的资金能不能让市场发挥作用？完全靠市场社会道德责任是不现实的，建议政府给予政策和资金支持成立两级（全国和省级）公益性农批市场投资控股管理公司，承担政府投资责任，作为政策抓手。

第四，要深入研究公益性从哪些方面体现。农批市场应借鉴巴黎伦吉斯市场等欧美批发市场的发展经验，在完善各项基本功能基础上，引进物流、信息平台、安全检查、贸易等功能，提供各种服务，变成大的经销商的孵化器。

第五，市场在实行公益性后的生存问题也不能忽视，而完全由市场组织流通，稳定价格，保障安全，政府责任又怎么体现也是一个有待深入探讨的问题。

农产品批发市场与电子商务①

电子商务的定义，众说纷纭，但总的来说，有广义电子商务和狭义电子商务之分。广义的电子商务是指，利用各种计算机网络及其他信息技术来装备和运行的各类商务活动。狭义的电子商务是指利用计算机网络进行

①本文根据 2012 年 8 月 11 日在商务部召开的“关于电子商务座谈会”上的发言整理成文。

的商业交易及其相关的活动。这两类定义中又可分的更广或更窄。

1. 从广义的定义来说，农产品批发市场开展电子商务，就是要将计算机网络信息技术，运用到以下方面。

(1) 市场内部管理。包括：人事管理、财务管理、安保管理、道路交通管理、环卫管理、后勤管理、信息管理、食品安全管理、办公管理、市场经营管理和对外协调管理等各个方面。

(2) 市场对商户的管理。包括：商户资质管理、商户经营管理、商户的交易结算管理、商户缴费管理、商户对市场资产设施利用管理、商户水电暖管理、商户诚信管理、商户行为管理、商户经营的商品管理、对商户的各类经营服务和生活服务管理等诸多方面。

在上述这两大方面的各类管理中，尽可能地利用计算机网络信息技术，提升装备水平，转变管理服务理念，改革创新市场运营和管理方式，逐步实现农产品批发市场的计算机化、网络化和信息化，将农产品批发市场这个“最土的行当”，变为最现代化的产业。在推行这个电子商务的过程中，一要明确方向，二要坚定信心，三要结合实际，四要先易后难，五要循序渐进。

2. 从狭义的定义来说，在农产品批发市场推行电子商务，就是要以计算机网络技术为平台，进行商品交易及其相关活动。

这里进行的交易可分为：

(1) 农产品生产者（农民、农民合作社和公司基地等）与经销商（商户、代理采购商等）的交易。

(2) 批发市场内，批发商与批发商的交易。

(3) 批发市场内，批发商与零售商的交易。

(4) 批发市场内，批发商与团体用户（餐饮、食堂等）的交易。

(5) 批发市场内，批发商与加工业者的交易。

(6) 在批发市场搭建的电子平台上，社会各类农产品生产者、加工业者、批发业者、零售业者、团体采购者、个人消费者和物流业者等，均可上网进行交易。

3. 在电子商务平台的农产品交易中，对交易者的资质、交易的产品、交易的协商、交易的信息、交易的方式、结算的办法、资金的安全保证、产品的储运、产品的交割、售后服务、纠纷处置、广告宣传和产品展示等一系列相关活动，都要采取计算机网络化处理。这无疑是一个庞大的系统工程，需要具备相应的条件，才能顺利有效推行。这些必要的条件是：

(1) 交易的主体要组织化。千家万户的分散农民和千军万马的个体商贩，绝大多数是很难上网交易的。这就要加快促进农民的组织化和商户的公司化（至少要大户化、规模化）。

(2) 交易的客体要标准化。没有标准化的农产品也是很难上网交易的，而这恰恰是当前我国农产品的普遍状况。这就要加快推进农产品的标准化、品牌化和优质化。

(3) 交易行为要诚信化。如果出现产品质量以次充好，缺斤短两，规格大小不一，交货延迟，付款拖欠等非诚信行为，网上交易是根本谈不上的。这就要下大功夫培育市场诚信商德和遵规守矩。

(4) 交易资金要安全化。网上交易最大的问题是资金的安全性，要保证卖者如数按期收到货款，买者的货款“不打水漂”，这就要多方创新，探索适合中国国情，适合农产品特点和交易特点的安全结算方式。

(5) 虚拟市场要以实体市场为基础。网上交易最终还是要实现实物的交割，这与期货交易的虚多实少，要依靠大量的投机交易，是根本不同的。农产品的特点更是体积大、易腐不耐储。而中国的农产品流通已是“买全国，卖全国”的全国市场大流通。这就要建立一个庞大可靠的现代化的农产品实体批发市场体系和农产品物流体系，来支持网上虚拟市场的运营，使得网上交易落得实，交割安全便捷。对于鲜活农产品来说，建立一个完整的冷链物流系统尤其重要。

(6) 交易各方和相关方职责和利益要协调化。电子网络交易，不仅涉及买卖双方，还广泛地涉及计算机业者、网络业者、物流业者、信息业者、服务业者、交通部门、金融机构、政府部门和其他关联者等。这些行业、机构和部门，作为农产品电子商务的关联参与者，都有各自的职责和利益，必须得到充分的协调，成为一个有机的电子商务整体才行。

(7) 要有法规政策规范和引导。电子商务在世界上也是一个新兴的经济形式，在我国更是刚刚起步。目前出现的热情很高，盲目性大；探索者多，成功者少；开头耀眼，后劲不足等，都说明，一方面要加强法律规范，另一方面要加大政策引导。使这个前途无限的方向性变革，一开始就能在规范化的正确道路上推进。

（8）要加快人才培育和经验交流。电子商务是一个高科技的产业，推行农产品电子商务离不开既懂计算机网络信息技术，又懂农产品流通的复合型人才，更需要探索者及时交流经验，少走重复性的弯路。这就需要政府相关部门，一方面要抓不同类型的电子商务试点，并开展及时的交流；另一方面又要利用协会等行业组织，多开展培训和考察，把人才队伍尽快建立起来。

第三章　建设“绿色批发市场”的探索

第一节　建设“绿色批发市场”的建议和认识

关于实施“绿色批发市场工程”的构想①

经过20年改革开放的发展，尤其是10多年“菜篮子工程”的实施，全国“菜篮子”产品的生产、消费和流通，都发生了深刻的变化，正在从量的扩张向质的提高方向转变。与之相适应，前一时期以增加产量为主要内容的生产导向阶段的“菜篮子工程”，也逐渐向以提高质量为主要内容的市场导向阶段的“菜篮子工程”转变。为了适应这一转变的需要，把“菜篮子工程”推向一个新的发展阶段，进一步推动农业生产的发展，增加农民收入，促进农产品流通现代化，满足人民生活改善的需要，迎接国际竞争的挑战，我们建议国家有组织地实施“绿色批发市场工程”。具体理由和设想如下：

一、“菜篮子工程”发展的新形势和新问题

（一）“菜篮子”产品生产领域的变化

1.“菜篮子”产品问题供求已转入“买方市场”。1997年，我国人均占有肉产品43.3千克、蛋17千克、奶6.6千克、水产品29千克、蔬菜253

①本文是在1999年4月召开的全国蔬菜流通协会年会上的发言，后又刊在《经济研究参考》1999年第93期。后同中国蔬菜流通协会领导汤勇和戴中久同志商议，上报当时的国内贸易局，为领导接受并发展为后来的“三绿工程”。

千克、水果40.8千克，其中肉、蛋、水产品和蔬菜分别超过世界人均水平，蔬菜的人均占有量更分别是美国、日本的2倍以上。长期困扰我们的总量不足问题，已经基本解决，在稳定总量的基础上，实现质的提高成为“菜篮子”产品生产新阶段的主要任务。

2.“菜篮子”产品生产基地布局出现了质的变化：一是城市郊区基础向农区延伸；二是一批面向全国市场的大规模专业产区正在形成；三是设施栽培基地，如温室大棚等发展迅速；四是高科技的无公害“绿色食品”基地和示范场（区）相继出现。这预示：过去以保证本地市场供应为目的，主要依靠行政手段实施的基地建设，正在被面向全国大市场，根据“自然比较优势”和“科技开发”原则，主要通过市场配置生产基地资源所突破，而这正是被发达国家经验普遍证明了的市场经济条件下“菜篮子”产品生产基地建设的必然趋势。

3.“菜篮子”产品生产者的经营方式面临新的转变。同前一阶段相比，从事“菜篮子”产品的生产者，仍然主要是小规模、分散的农户家庭，组织化程度低，逐渐发展起来的专业协会和公司，尚未普及，更没有成为生产的主导。但生产的投入加大，成本提高，风险增强，投入产出比降低，收入增加减缓，比较利益下降，传统粗放经营的小生产日趋艰难。而另外，高投入、高科技的集约化生产，正呈现出勃勃的生机，充满希望，但扩大规模受到限制。因此，如何引导和支持生产者（主要是农民），通过“依靠科技进步，走高产、优质、高效、低耗的路子”，增加收入，扩大生产，提高组织化程度，形成规模效益，已成为“菜篮子”生产发展新阶段的首要问题。

为了适应生产领域的上述变化，“菜篮子工程”必须由生产导向转向市场导向，采取重大举措，强化市场导向的作用。这就需要在全国有计划地建设一批标准的、现代化的，以经营规格化、标准化、品牌化、优质化农产品为主的大规模全国性或区域性的“绿色批发市场”，作为“菜篮子”产品生产市场导向的物质依托和体制枢纽。

（二）“菜篮子”产品消费领域的变化

1. 居民收入提高到新水平，消费层次拉大。1997年，我国农村居民家庭人均纯收入由1978年的133.6元提高到2090.1元，增长14.6倍；城镇居民家庭人均可支配收入由 1978 年的 343.4 元增加到 5160.3 元，增长 14 倍，绝大多数人口达到了小康生活水平。在消费总水平提高的基础上，层次明显拉大，1997 年，城镇居民家庭年人均消费性支出：最低收入户为 2333 元，中等收入户为 4064.55 元，最高收入户为 7314.81 元，相比为 1∶1.7∶3.1。

2. 消费主体向年轻化和年龄化两极发展。1997 年，全国平均家庭户规模为每户 3.64 人，其中 3 口和 4 口之家占总户数的 55.7%，尤其在城镇年轻的 3 口之家已成为消费主体，以文化高水平，工作快节奏和独生子女为中心，形成了新的消费观念和消费方式；另外，全国 65 岁以上人口已占人口总数的 7.8%，城市人口老龄化时代已经正在到来，带来了新的消费需求。

3. 居民消费观念、消费内容和消费方式发生重大变化。大体说来，出现了对“菜篮子”产品消费的多元化质的需求，诸如：儿童讲营养，老年重健康，青年求新特，职工要方便，而整个社会越来越将产品的新鲜和食用安全作为首选。

近年来，受上述消费变化的影响，市场上质地新鲜，营养丰富，名优特新品牌产品，虽然价格略高，但销路都普遍看好。但从总体上讲，目前市场供应的产品，多数还是混等混级，不讲规格、包装的大路货，掺杂使假，腐烂变质不为罕见，尤其是不合格卫生检疫标准的肉食品、水产品，有害农药残留严重超标的果菜，不断涌入市场，严重危害消费者的身体健康，有甚者已屡次造成中毒伤亡，隐患久远。所以，满足消费者对产品质的多元化需求，提供营养丰富、安全放心的食品，从根本上提高国民身体素质，已成为“菜篮子”消费市场的强烈呼声。

建立一批“绿色批发市场”，在流通的枢纽中心设关立卡，严格检验，规范标准，向上游生产者发出强烈信息，引导、支持和组织生产标准化的无公害“绿色食品”，把住市场准入关；对下游零售商，通过检测监督，标准化的选等分级、清洗加工、规格包装、储运配送，为国民身体素质的提高，向消费者提供“放心肉”、“安全菜”等优质健康的营养食品。

（三）“菜篮子”产品流通领域的变化

1. 形成了初级水平的批发市场体系。目前全国有农产品批发市场近 4000 个，其中包括：产区、销区和产销区结合的市场；大型、中型和小型市场；少数全国性、区域性和众多地方性市场；还有专业市场和综合性市场等，形成了全国批发市场体系。经由批发市场的"菜篮子"产品交易量已占绝大份额，批发市场已成为我国"菜篮子"产品流通的中心和枢纽。但另外，现在绝大多数的批发市场仍处于低水平阶段，设施简陋、功能单一、交易原始、信息不畅、服务欠周、管理粗放，尤其是对入场交易者无资格审查限制，对上市产品没有标准规定和质量监测，对大多数产品处理缺少分拣、加工、储藏和配送，并由此带来一系列问题。而全国的批发市场也处于总量过多，而已失衡，低水平重复建设的状态。这种状况远不能适应"菜篮子工程"发展新阶段的需要，必须经过整顿、规范、提高，建设一批现代化的"绿色批发市场"，真正发挥引导生产、服务消费，促进流通现代化的中心枢纽作用。

2. 流通经营者正处于激烈的分化改组之中。一是旧的国有体制已经破碎，批发主渠道作用多数不复存在，零售网点迅速萎缩，再生之路初现转机，但步履艰难；二是私营个体经营已成为主渠道，分散的家族式和合伙制经营大户通过批发市场控制批发，众多的小商贩在城市早晚市和集贸市场发挥零售主体作用；三是新型农工贸、产加销一体化公司和超市等新组织、新业态，显露了生机和活力，但尚未成为大多数市场的主宰。

在目前以分散强小的私营、个体经营者为主体，并发挥主渠道作用的情况下，"菜篮子"产品的流通必然产生众多弊端，如规模小、成本高、风险大、效益差、效率低、秩序乱、污染重、监管难、调控无措。在经营中出现质次价高，掺杂使假，短斤少两，欺行霸市等劣行，也就不足为怪了。整个社会流通长期处在这种低水平而无序的体制中重复运行，必然造成社会资源的重大浪费，损害生产者、经营者、消费者和国家的利益。

上述"菜篮子"产品在生产、消费和流通三大领域的深刻变化，告诉我们：我国"菜篮子"产品消费新水平、多层次的需求大市场已经形成，它呼唤现代化的大生产、大流通与之相适应。我们必须抓住时机，选准关键，注入动力，启动全局，来推动"菜篮子"产品生产领域和流通领域的现代化。在市场经济条件下，在买方市场已经形成的现阶段，这个关键点，就是农产品批发市场。通过实施"绿色批发市场工程"，把现有的批发市场整顿、规范、提高成为标准化的现代化批发市场，使它们真正成为"菜篮子”产品运行的中心枢纽，集商流、物流、资金流和信息流于一体，成为交易中心、物流中心、结算中心、信息中心和价格形成中心。依这样的批发市场为依托，向上游延伸，推动采购上市批发经营者的组织化和规模化，进而引导、促进生产的标准化、优质化；向下游渗透，通过加工配送分销批发和零售的规模化和连锁化，形成新的销售末端业态体系，满足和引导消费需要；横向联成全国批发市场网络，纵向组织产加销、农工贸一条龙体系，促进流通现代化，形成全国大流通，满足大市场的需要。

二、“绿色批发市场工程”的构想要点

“绿色批发市场工程”，是以经营规格化、标准化、优质化“菜篮子”产品为特征的现代化的农产品批发市场。“绿色批发市场工程”，则是以建设“绿色批发市场”体系为核心的“菜篮子”产品流通现代化的系统工程。其主要内容应包括以下几个方面。

（一）建立现代化的“绿色批发市场工程”

1. 市场选址要科学，规模要适度。批发市场的地址，一般应设在交通发达的城乡结合部，选在市中心不仅地价昂贵，而且必然带来交通堵塞，环境污染等问题，近期虽有小贩分销之便，长远却难于发展；市场规模则应根据供应人口数量和商圈范围，结合市场设施摆布和运营需要，倒推测算，小则不足，大则浪费。

2. 市场设施要先进，功能要齐备。首先，要根据设定的交易规模和上市大类产品，建设足够的分类拍卖交易大厅；根据大业产品上市量，建设二级批发商经营设施场地；建设足够的仓储设施，包括常温库、低温库和冷冻库；备足停车场，规划道路。其次，要建立场内计算机管理系统和信息网络中心；建立相应规模的加工配送中心；建立金融机构和资金结算中心；建立质量和卫生检测中心。这样，使市场具有商品集散功能，价格形成功能，质量检测功能，资金结算功能，信息处理发布功能和加工、储存和配送功能。此外，市场还要建立完备的水、电、能源供应系统，建立废物处理和污水处理系统。

3. 市场关联机构要配套，服务要周全。市场应引入与交易经营和交易者生活相关的机构，设立金融机构、邮政、通信机构、包装机构、场内搬运机构、餐饮店、零售店、计量机构等；要提供良好的保安、卫生、通信、加工设施租赁、医疗等服务；要引进政府相关监督管理机构，如工商、税务、质检、技术监督等部门，以及其他市场运营需要的服务。

（二）开发经营优质化的“绿色菜篮子”产品

积极主动地与生产者、经营者相配合，共同开发规格化、标准化、品牌化、优质化的“菜篮子”产品，实行严格的产品进场交易和出场销售的质量保证制度，是“绿色批发市场工程”的核心和本质特征。

其途径可以是：①国家制定标准，市场按国家标准执行，经检验合格的产品方可入市交易；②市场根据国家有关规定，根据消费需求，制定本市场的上市产品标准，向社会公布，凡进入本市场产品需经市场检测合格方可入市；③市场与产地生产者合作，根据国家规定和消费需求，联合制定标准，共同开发，指定或委托生产该标准品牌产品，上市交易；④生产者自行开发生产的品牌产品，达到国家和市场规定的标准，市场检测合格准予上市；⑤流通经营者直接采购或加工、开发的品牌产品，合乎国家和市场标准，经检测合格准予上市；⑥市场对非标准化上市产品，经过市场内部的分拣、加工、整理、包装，达到国家和市场规定的标准，在市场交易和配送到社会。

这些标准应该包括：对有害物含量、细菌、农药残留物、添加剂、新鲜度、保质期、等级、规格、包装、运输、储藏、加工等关系产品质量的内容规定。标准颁布可分为国家标准、行业标准、部门标准、市场标准等不同等级。

（三）培育规模化、组织化的“绿色菜篮子产品经营者”

把分散细小的经营大路货的“菜篮子”产品经营者，尽快培育成具有一定规模和组织化水平的“绿色菜篮子产品经营者”并使之成为“绿色批发市场”的经营主体，是“绿色批发市场工程”成功的关键。这需要在经济利益的推动下，从现有的经营者中择优筛选，重点扶持。

1. 改造国有商业公司。利用国有商业公司政府支持，网络广泛，规范运作意识强等优势，经过改组、改制、改造，发展一些“绿色产品经营者”，从事远距离大批量采购调运（如南菜北运），或向超市加工配送，成为市场交易者。

2. 联合新兴农产品企业。对近年来产生的农工贸、产加销等一体化的公司，通过发展会员、委托采购、相互参股、协议合作等方式，支持它们生产、经营、开发成为本公司或批发市场监制的优质品牌产品，吸引其上市交易。

3. 扶持私营大户。经过几年发展，已有资产上千万元或几百万元的一大批贩运大户。市场可从中择优支持向更大规模化和精品化经营方向发展。如给予资金支持、信息通报、资格认定、委托采购或直接的合伙、参股、合作经营，促使其公司化。

4. 发挥经纪人作用。在集中产区和各大批发市场，产生了一大批头脑灵活，精通业务，信息灵通，了解供求行情，网络广泛的购销经纪人，他们是目前农产品流通的专业组织者。如果将这些经纪人组织起来，经过培训提高，承认尊重其社会作用，使他们成为有执业资格的“绿色批发市场经纪人”，必将会对流通的组织化，起到重要的桥梁纽带作用。

5. 吸收新业态企业。城市中日益发展起来的超市、量贩店、仓储商场、食品专卖店等，是规范化的连锁组织，是绿色菜篮子产品天然的经营者，代表了零售业的发展方向。批发市场通过加工配送与之结合经营，或将其直接吸收为“绿色批发市场”上市交易者，顺理成章。

总之，通过市场先进的设施、多功能的手段、周全的服务、优惠的政策和良好的效益前景，推动“绿色产品经营者”的组织化、规模化进程，就会取得显著效果。

（四）建立权威的“绿色批发市场”法律制度

“绿色批发市场工程”是最终目的，是要通过向广大消费者提供安全优质的“菜篮子”产品，保护人民健康，增强民族身体素质。这是一件关系民族兴旺，国家昌盛的大事，一定要有法律来保证其顺利完成。

1. 完善“菜篮子”产品质量保护性法律体系。改革开放以来，我国已先后颁布了《消费者权益保护法》《产品质量法》《食品卫生法》《关于惩治生产、销售伪劣商品犯罪的决定》等保护人民饮食安全的基本法规。近年来，又颁布了《生猪屠宰管理条例》《农药管理条例》等一批专项法规，针对性更强，规定更详细。这些法律法规，构成了实行“绿色批发市场工程”的法律依据和基础。但还要根据新情况进一步补充完善，根据形势的发展，及时制定颁布新的相关法规，逐步形成“绿色菜篮子产品”质量保护性法律体系。

2. 制订“菜篮子”产品质量规格标准体系。近年来，国家也颁布了许多产品技术规格标准，但对涉及亿万人民身体健康的“菜篮子”产品却一直没有一套完整的标准体系。我们要借鉴发达国家经验，根据我国现阶段生产、流通和消费实际，制订出一套国家、行业、部门的标准，市场和企业再依此制订自身的标准，推进品牌化、优质化。农业部门前几年颁布的“绿色食品标准”，也可供制订“绿色批发市场”产品标准的借鉴。

3. 建立以批发市场检测为中心的全种检测网。“菜篮子”产品的质量，涉及生产、收购、包装、运输、加工、销售、消费等漫长的链条。在整个进程及每一个环节，又有众多分散的参与者，所以监测控制难度很大。实施“绿色批发市场工程”，就是要抓住整个链条的中心环节，在大量商品集散中心——批发市场，建立起严格的质量检测中心，配备先进的设备技术，训练有素的专业人员，把法律的规定落到实处，并通过全国“绿色批发市场”形成一个监测网，向上游和下游带动各个环节的监测检验工作，最后实现全程监控。

4. 建立《批发市场法》。用法律的形式，把“绿色批发市场”的标准确定下来，依法开设，依法运营。

三、“绿色批发市场工程”的实施步骤

“绿色批发市场工程”是一个庞大的系统工程，涉及面广，建设周期长，必须加强领导，制定政策，周密规划，分步实施。

（一）加强领导，科学决策

建议中央有关部门牵头，吸收有相关的流通、农业、卫生、工商、技术监督、银行、交通等部门参加的“绿色批发市场工程”工作领导委员会，下设专门办事机构。领导委员会负责制订工程政策、布局规划、实施方案，指导监督工程的进行，协调各主关系。

建议成立有经济学家、技术专家、工程专家及相关部门官员、企业人士参加的“绿色批发市场工程”咨询委员会，对工程规划方案进行咨询论证，会同主管部门制订“绿色批发市场工程”咨询委员会，对工程规划方

案进行咨询论证，会同主管部门制订“绿色批发市场”和“菜篮子”绿色产品标准的原则，并随时就“绿色批发市场工程”的实施，提出咨询建议，对项目市场的工作提出咨询意见。

（二）制订标准，试点推广

1. 制订“绿色批发市场”的标准。对市场的选址、规模、开设、设施、功能、入场交易者的资格、交易方式、上市规划、配套服务、管理运营等，均要制订出基本标准，即规划出一个现代化“绿色批发市场”的模式，作为整顿、规范、提高、建设的标准依据，这些标准可分为发达标准、期望标准、长远发展目标标准和近期最低标准。

2. 制订“绿色批发市场”交易产品的标准。这是一个极为复杂的工作，可在各主管部门已有的标准基础上，结合“绿色批发市场”的要求修改补充。标准的原则，一是保证安全消费，二是有利身体健康，三是方便储运和交易。近期重点应放在食用安全标准方面，主要是产品的农药残留、病疫细菌、有害物含量三方面。

3. 制订市场内检测机构的标准。包括设备、技术、人员和检测流程的标准化要求。

根据上述标准，主要从现有批发市场中，采取上下结合，自报审批的方式，选择首批试点批发市场，按标准的要求进行整顿、改造、规范、提高，从建立检测机构入手，逐步完善达标，取得经验推广。在上市交易产品试点的品种、数量上，可以先少后多，先易后难，逐步扩大。为了不妨碍市场的正常运营，亦可先采取“一场两制”的过渡办法。

（三）政策支持，开放实施

“绿色批发市场工程”，本质上是政府的公益性事业，是流通现代化的基础设施建设，它具有一次性投资大，回报低，回收周期长的特点。在发达国家也都要有政府的财力支持才行。在我国更需如此。

建议国家财政拨出“绿色批发市场工程”建设专款。专款专用，严格审批，监督使用，同企业自筹资金捆绑使用。国家对这部门投资可采取无偿拨款方式，亦可采用国家股的方式，一般比重不能低于项目总投资的40%。地方政府也要投入相应比例的资金。

建议银行设立“绿色批发市场工程”专项财务贴息贷款。贷款可由批发市场项目公司贷，亦可由国家支持的有还贷能力的市场股东方公司贷，这是因为一般情况下市场还贷能力差，另外，也会有部分市场引入外资后股东结构复杂化。

建议发行“绿色批发市场工程”基金。上市融资，吸收社会资本投入“绿色批发市场”建设。基金的投向可扩大到市场基础设施、冷库、加工配送、经营购销、生产、零售、信息中心等相关配套业务领域，以保证基金投入的回报。

制定优惠政策，吸引外资，进行国际合作。通过与世行、亚行进行多边合作，把目前的农业生产、科研合作领域扩大到农产品流通领域；可以与友好国家和组织进行单边合作，如多家分别参与的方式。对工程总体和个别市场，均可这样做。

政府要在技术上提供支持，也不妨直接引入国际上成功的批发市场和农产品公司来充当顾问，参入投资，或提供管理技术，如同零售业搞中外合资那样，条件是政府要在税收、关税、进出口权、经营范围、合作年限等方面，给予更多的优惠，使投资者有利可图。

此外，国家在税收、进出口权、工商登记、交通管理、土地使用、设备采购等方面，亦需给予批发市场特别的扶持。

我们相信，只要领导重视、政策明确、支持有力，在政府、企业经营者的共同努力下，“绿色批发市场工程”一定会取得成功，造福民族。

提高认识，强化措施，争创“绿色批发市场”①

北京八里桥农产品中心批发市场，是由原北京农产品中心批发市场于2000年对北京通州八里桥市场实行全面托管经营后，变更的新名字。市场现占地48万平方米，建筑面积6.5万平方米，营业面积15万平方米；2000年交易量3.9亿千克，交易额10.7亿元，是京东最大的综合性农产品集散地。

---

①本文是2001年4月在“全国三绿工程”工作会议上的交流文件。

1999年4月，在全国蔬菜流通协会召开的批发市场年会上，我们和会长汤勇、常务副会长戴中久等同志商议，提出了《关于实施〈绿色批发市场工程〉的建议》报告，原国内贸易局等六部委决定实施“三绿工程”后，我们在上级领导部门的指导支持下，开始着手创建“绿色批发市场”的工作。现将近年来的初步工作汇报如下。

一、提高认识，转变观念，下决心建立“绿色批发市场”

要不要建“绿色批发市场”，能不能建“绿色批发市场”，是我们碰到的首要问题。为了解决这个疑问，一是通过分析经济发展形势。认识到我国农产品的生产、流通和消费，已经由量的扩张转变到质的提高新阶段，作为农产品流通枢纽的农产品批发市场，也要顺势而变，向质的方向提高。二是进行实际考察。先后8下山东，2下河北，访遍北京远郊区县，跑遍市区几十家超市、早晚市，认识到，随着农业产业结构的调整和人民生活水平的提高，绿色优质农产品的供给和需求的革命正在到来。三是研究国外经验。认识到，当人均国民收入达到800美元左右时，是经济的起飞期，也是农产品流通和农产品批发市场的现代化建设期，我国尤其是北京这样的大城市正处于同一阶段。四是看到政府的政策取向，正全力向这方面引导。我们市场建场时期晚（1998年），没赶上数量扩张的机会，但可以抓住质的提高的时机，发挥后发展优势，以优取胜，争取实现跨越式发展。

达成共识后，我们又通过实践解决了两个主要顾虑：一是打假能否影响兴市；二是打假能否减少商户收入。实践证明打假有利兴市，2000年市场打假力度很大，查处假冒伪劣案件57件，处罚、停业违规商户几十户，但市场交易额、交易量和营业收入，分别比上年增长了20%、12.5%和14.6%。同时，打击违法户，创造了公平竞争环境，就是保护、鼓励了守法大户，2年来，淘汰了300多户猪肉经营小户，重点大户由日销售几十头，达到100多头；粮食大户由月销300吨，增加到400多吨；饮料大户仅娃哈哈一个品牌年销售就达到了500多万元。由于市场设施改善，管理规范，服务周到，原来离去的20多户蔬菜经营大户，不仅自己又回场经营，还带来了新客户。

理论和实践，使我们统一了认识，坚定了建立“绿色批发市场”的决心。

二、加大投资、改善设施，奠定建“绿色批发市场”的物质基础

原北京农产品中心批发市场，一期投资1亿多元，除4000多万元用于购买土地外，其余基本全用于基础设施建设了。

市场建有4个现代化交易厅，总建筑面积3万多平方米，顶高12.6米，封闭式，宽敞明亮，两侧是复式楼房结构，每户都设有室内厕所和小厨房，上下水和电话入户；投资100万元建有一个污水处理厂，可日处理污水340吨；投资65万元建设一个封闭式垃圾楼，可日处理垃圾28立方米；投资50多万元建有农药残留检测中心，购进日本进口的气相色谱仪等一流设备；冷库则采取市场出地皮商户自建方式，现有42个小冷库，库容达到1200多吨；市场的信息中心是农业部等十来家主要媒体的定点采集单位；有45名人员的专业保安队全部是从复员军人中招聘，配有步话机等警具装备；每年出资33万元雇用专业保洁公司，负责市场卫生工作；封闭式生活小区水电入户；市场还有专职花匠负责绿化工作；场内道路宽敞，停车场充足，春节期间经受了日进出2万辆机动车的考验。2001年，电子大屏幕、电子监控系统、管理结算系统、大型冷库和现代化生活小区，以及300多亩土地的二期开发正在规划筹建之中。

这些优良的基础设施，不仅可以使商户安居乐业，也为创建“绿色批发市场”提供了物质保证。

三、提高素质，严格管理，扎实推进“绿色批发市场”的“软件”建设

1. 进行“双培训”，开展“双学习”。市场对市场管理人员和商户进行有计划的培训，在培训学习法律法规和专业知识技能。每年市场请工商、质检、检疫等部门专业人员，对市场管理骨干和一线职工、保安人员，对每家商户进行全场全员轮流培训。每月对员工进行部门岗位培训。一方面学习《消防法》《消费者权益保护法》《反不正当竞争法》《食品卫生法》《检疫法》《产品质量法》和《计量法》等法律法规，提高法律意识和思想政治素质；另一方面，结合案例，组织学习有关商品知识和识别技能，提高专业素质。平时针对实际情况，对于特殊岗位和肉类、酒水、调料等重

点商品，还组织专项学习，如对猪肉厅管理人员组织参加专门培训班，学会识别注水肉、病疫肉，考试合格后持证上岗；对蔬菜农药检测则聘用专业大家毕业生，由农业部和质检局专家手把手培训。

通过学习培训，管理队伍和商户的执法、守法意识增强了，专业技能提高了，工作的经营都更加自觉主动。

2. 完善制度，规范管理。市场对管理人员实行岗位责任制，在10大类25项考核指标中，有13项与建设“绿色批发市场”相关的内容，定期检查考评，与个人利益挂钩。对商户签订《经营者责任书》和《摊位租赁合同》，其中有18条与建设“绿色批发市场”内容有关，违者视情节分别给予处罚。

对重要商品实行“入场索证制”。如猪肉必须出据从国家规定的定点屠宰部门进货的单据和检疫部门和复检证明；对粮食、酒类、饮料、调料、食盐、白糖、食用油等商品，必须建立进货台账。对粮食实行《定期送检制》；对酒水、饮料、副食品实行《质量信誉卡制》。对蔬菜实行《农药残留检测制》，每日抽检、公布。对全场商品，实行每日巡检抽查，对猪肉实行每日逐头入场复检和上柜复检。全部检查结果都记录在案，收入商户和重点产地、厂家货源档案。除对商品质量的重点严格检查制度外，对安全保卫、环境卫生、计量、服务等均有明确的制度规定，用制度化来实现管理的规范化。

3. 严格执法，管疏结合。为了加大执法力度，我们重点采取市场和工商、公安、质检、检疫、卫生等政府部门联合执法的方式。工商和公安部门平时驻场办公，检疫部门每日到场复查，其他部门随时抽查，各方互相配合如同一家，定期和不定期开会商议情况和制定措施，齐抓共管，效果显著。如2000年国庆节期间，查处假酒400多箱，假酱油、醋1600袋，不合格白糖435袋，面粉厂3家，注水肉多起，假露露1750箱，金额8万多元，追到制假点，发现是一个县畜牧局副局长支持，一个县就有三条制假生产线。

对于违规商户，发现一起处理一起。处理方式包括警告、禁售、罚款、没收、销毁、停业整顿、责令退场，直至工商部门吊销执照和举交司法机关立案。其中最严重处罚的一户卖假酒停业40天，2户卖注水肉严重和卖假调料严重均清除市场。对打架斗殴者更有送经公安部门进行刑事拘留者。经过2年多的严打严查，市场基本上消灭了注水肉和假冒伪劣粮油、副食品。经市、区人大代表和消协、工商、检疫、卫生、质检等部门多次明察暗访，未发现重大问题。

在严管打假的同时，我们又采取了“引真扶优打假”措施。2001年召开了包括娃哈哈、绿宝、露露、王致和、金狮等厂家参加的座谈会，广泛听取“场厂联手打假”的意见，并在此基础上，为优质产品生产厂家和商户牵线搭桥，对5大类30多种优质商品，签署了厂家和商户的联营协议，其中有的大户取得了红星二锅头全国总代理权、可口可乐华北总代理权。市场还举办了厂家新闻发布会和识别真伪现场展示会，收到了很好的效果。对于最难办的蔬菜检测，市场检测中心已与北京市质检所签署了合作协议，被质检所授牌定点，我们正与生产基地和经营大户探讨建立推荐基础、推荐产品和推荐商户的联合扶优方式。要逐步用优质绿色食品占领市场，实现“市场绿色化”。2001年我们准备拿出一个8000平方米的现代化大厅，举办全国绿色食品展销会，并进而发展为常年展销馆。从单个品种、单个商户、单个生产者和单个交易厅“评优评绿”做起，从绿一点，绿一线，绿一块，发展到绿一片。

2000年，我们市场在上级部门的领导支持下，在办“绿色批发市场”的路子上取得了初步成果，经北京市工商局按“文明市场”条件6类83条考核，基本达标，被授予“首都文明市场”称号。但是按“三绿工程”规定的“绿色批发市场”标准，还相关甚远。我们有决心适应“增量提质”的大趋势，用改革的精神，市场经济的原则，以科技为手段，结合企业实际，统筹规划，分步实施，以办“绿色食品展销厅”为重点，以“引真扶优打假”为主要措施，筹集资金，完善设施，规范制度，强化管理，向兄弟单位学习，在“三绿办公室”的指导下，为争取早日建成“绿色批发市场”而不懈奋斗。

创建文明市场，促进农产品流通①

——记北京八里桥农产品中心批发市场

切实规范农产品批发市场，不断扩大农产品流通，是促进农业产业化的重要环节。北京八里桥农产品中心批发市场，2001 年年初提出“争创全国文明批发市场”工程，取得了明显的效果。2001 年上半年与 2000 年同期相比，市场交易量增长 23.4%，交易额增长 19.7%；尤其是作为主营业务的蔬菜交易量和交易额分别增长了 65%和 68%；市场自身的营业收入增长了 22.4%。他们的主要做法是：

一、整顿治安秩序 创建平安市场

农产品批发市场车多人杂，现金交易频繁，并且多在夜间进行，往往容易滋生欺行霸市和偷盗扒窃等犯罪行为。所以，为了给进场交易者提供一个安全的交易环境，是文明市场建设的首要任务。八里桥中心市场从部队复员兵中选聘优秀战士，经过思想教育和专业业务培训，建立了一支高素质的专业化保安队伍。市场对职工管理人员建立安全责任制，与广大商户签订安全协议，实行群防群治。市场还同驻场派出所紧密结合，警民合作，采取“预防为主，打防结合，突出重点”的多次有效行动。市场秩序有了根本好转。2001 年上半年，市场发案率比 2000 年同期下降了 53%，解决交易纠纷成功率达到 100%，一个平安市场正在形成。

二、引真扶优打假 创建放心市场

为首都市民提供一个“放心的餐桌”，一直是八里桥中心市场的办场宗旨。2001 年上半年，市场以“引真扶优打假”为重点，推动消费者放心的市场建设，在全市起到了创新示范作用。市场与工商所一起，先后促成 35 个生产厂家进市场设立了 20 多个商户代销点，引进粮油、副食、调料、酒

①本文发表于 2001 年 9 月 18 日《市场报》，文中提到的“四个创建”，对农产品批发市场的建设管理或仍有启发。

水、饮料等五大类40多个品种签约直供销售，用优质品牌商品和守法经营大户来扩大占领市场。同时，强化进货索证制、复检制、联合工商进场打假，严格查处，推广配送，建立蔬菜农药残留检测中心，取得了显著效果。上半年受理消费者投诉比2000年同期减少了64%，立案查处冒牌商品仅4件，降幅80%，杜绝了注水肉和假酒、饮料、调味品等。

三、热心经营服务 创建满意市场

商户是市场的“上帝”，是农产品经营的主体。服务商户就是服务农民，维护商户利益就是维护农民利益。八里桥中心市场在加强对商户严格规范管理的同时，千方百计加强对商户的服务：一是开展培训提高素质，半年来培训商户200多人次，发放宣传品600多份，走访400多户；二是为商户及时增修设施，免费检修200多起；三是为商户牵线搭桥，“引真扶优”；四是为商户及时办照、办证，进行体检，开展团工妇青活动；五是保护商户利益，打击偷盗，消除火灾隐患；六是加大施行宣传，扩大市场知名度，发布市场信息，沟通交易；七是保证环境卫生，提供清洁市场；八是严格廉政纪律，杜绝管理人员的吃、拿、卡、要。

四、加强软硬件建设 创建现代化市场

市场投资5000多万元，用于基础设施建设，改善经营条件。其中：4个现代化交易大厅，建筑面积3万多平方米，厅内顶高12.6米，宽敞明亮。厅两侧为复式结构，上下水、电话、卫生间、厨房一应俱全；场内停车场可同时存放1000多辆机动车，主干道可并行6辆汽车；投资70万元建成封闭式垃圾楼，投资100多万元建有全国第一家批发市场污水处理厂，投资50多万元建成一流蔬菜农药残留检测中心。一方面，市场的信息中心每天向农业部信息中心和中央电视台等全国10多家媒体定时发布价格信息，市场网站即将开通。这些设施为市场走向现代化打下物质基础。另一方面，市场重点加大“软件”建设力度，市场职工一律经培训后持证上岗，对全员职工实行“以岗定责，责利结合”的岗位责任制，对十大类25项管理责任指标日查月检季评，市场管理不断在制度化、规范化。

半年多来，北京八里桥农产品中心批发市场经受住了市区政府有关部门20多次明察暗访，得到了肯定。国家经贸委把市场列为全国“三绿工程”试点市场之一。中央20多家媒体，多次对市场进行了宣传报道。广大商户和消费者也给予越来越多的称赞。北京八里桥农产品中心批发市场的企业品牌，正在日益打磨生辉，为农业生产的产业化发展，为首都广大市民提供“放心的餐桌”，做出更大贡献。

让绿色布满首都的餐桌①

沐浴着党的十六大春风，全国人民展开了全面建设小康社会的宏伟画卷。在这充满希望的一年，我们八里桥农产品中心批发市场，衷心地祝愿首都人民，合家欢乐，健康长伴！

作为京东最大的综合性农产品批发市场，在新的一年里，我们将以落实“北京食品放心工程”为核心，全面推进市场放心食品体系建设，务求开新花，结硕果，见实效。

在新的一年里，市场将加大设施投入，整治经营环境。4座共1.8万平方米的果菜交易大厅将拔地而起，结束果菜露天经营的历史；70多间精品果菜铺面将投入使用，为优质果菜安家落户；新的质量检测中心扩建落成后，放心食品的监控将会采用更加现代化的技术手段；信息中心实现网络化的方式运行，会把优质放心食品的市场供求状况，随时展现在人们的面前。

在新的一年里，我们将进一步强化市场准入制、索证索票制、质量检查检测制、引真扶优打假制和食品安全责任制。严格的规章制度将为放心食品守护好批发市场的净土。

在新的一年里，我们将把坐落在市场内的北京市第一家“北京放心食品展示交易中心”，运营的更加有声有色，发挥进京放心食品的集中展示交易中心、检测中心、信息中心、物流中心和价格形成中心的功能和作用，为优质放心食品的经营创新探索出一条新途径。

---

①本文是2003年春节发表在八里桥市场网站上的一篇新春致辞，表达的是作者真诚的职业心声。

绿色市场建设中的注意事项及后期管理问题（提纲）①

一、关于绿色市场建设的几个认识问题

（一）绿色市场建设是流通现代化的重要内容

1. 基本概念

现代化、流通现代化、农产品流通现代化

2. 农产品流通现代化的国际经验

第一次现代化——批发市场的现代化

第二次现代化——连锁超市、物流配送的现代化

第三次现代化——电子商务、网上交易的现代化

三次现代化的交织

3. 我国农产品流通的现代化

（1）我国农产品流通现代化的迫切性

（2）我国农产品流通体系的二元结构

（3）我国农产品流通现代化的特点和途径

4. 绿色市场建设是推进我国农产品流通现代化的重大举措

（1）要从这一高度认识

（2）要从这一战略进行部署

（二）绿色市场建设是一项重要的社会公益事业

1. 基本概念

公益性、农产品交易市场的公益性、农产品批发市场的公益性

2. 农产品交易市场公益性的国际经验

（1）公益性的法律规定

（2）公益性在不同发展阶段的不同侧重点

（3）公益性的主要措施

①本文是 2006 年 7 月 19 日在全国“三绿工程”一次培训班上的讲授提纲。

3. 建设绿色市场，是实现我国农产品交易市场社会公益性的重要体现

（1）认识过程

（2）政府和企业共同承担责任，要各负其责

（3）企业要处理好公益性与效益性的关系

（三）绿色市场建设，要与农产品交易市场的“升级改造”和达标建设统一起来

1. 各类标准

国家标准、地方标准、“双百工程”、“5520 工程”

2. 统一起来、统筹规划、统一部署

二、关于绿色市场建设的几个实践问题

（一）绿色市场建设，要纳入农产品交易市场的发展规划

1. 农产品交易市场建设必须要制订规划

（1）是科学发展，节约资源的需要

（2）是市场生存发展的需要

（3）国际经验

（4）我国的经验教训

2. 农产品交易市场规划的主要内容

（1）数量

（2）专业

（3）布局

（4）规模

（5）选址

3. 农产品交易市场规划的主要依据

（1）人口（数量、密度）

（2）经济发展水平（收入水平、消费水平）

（3）流通量（生产量、消费量、集散量）

（4）消费习惯

（5）科技发展水平

（6）市场性质（批发、零售、产地、销地、集散地、综合、专业）

（7）辐射范围（集散区域）

（8）交通

（9）竞争（同业、相关业、垄断）

（10）城乡发展规划

（11）环保要求

4. 要考虑绿色市场建设的目标市场的性质和特点

（1）批发、零售

（2）原址改造、动迁改造、新建、合并新建

（二）绿色市场的设施建设，要达标适用，长短期发展相结合

1. 用地规划

（1）总占地面积（交易量、发展预期）

（2）用地分配（营业场地、道路停车场、辅助设施和绿化）

（3）用地布局（营业场地位置、道路停车场位置和动线、辅助设施位置）

2. 营业设施建设

（1）营业设施建设的原则（要适应：交易方式、交易内容、交易者、食品质量安全、环保、安全生产、方便效率、成本效益）

（2）营业设施的类型选择（交易厅、交易棚、拍卖厅）

3. 辅助设施建设

（1）道路、停车场（位置、宽度、线路、规模、管理）

（2）库区（类型：冷藏、保鲜、常温；用途：长储、中储、短储；用户：公用、户用；建筑：永久、拼装；规模：周转量）

（3）配送中心（建设：场建、引建；使用：自营、出租、公司、个体户；功能：粗配、精配、单配、综配、加工配）

（4）信息中心（功能：服务对象；流程：采集、加工、发布、利用；设备：机器、软件、网站、屏幕）

（5）检测中心（科目、检量、检频、水平、定位）

（6）结算中心（范围：全场、区域、品类；手段：电子、人工、技人结合；结算方式：现金、卡、网、转账，统一、分别，即期、定期；结算方式与交易方式：收费）

(7) 安全管理中心设施（消防：监控，扑救；治安：监控、人技结合；装备水平：土、洋）

(8) 环卫设施（垃圾：清运、无害处理、自办、外包；污水：自办、市政；卫生：自办、外包、清洁、消杀；绿化：面积、分布、品种、养护）

(9) 管理服务中心（计算机网络化管理技术系统设备）

三、绿色市场的制度完善和后期管理

（一）绿色市场制度建设的原则

1. 围绕一个核心：食品安全、环保
2. 突出一个特点：系统、实用
3. 注意一个关键：简明、易行
4. 达到一个要求：可量化考评

（二）绿色市场制度体系的框架（略）

（三）绿色市场建设的后期管理

1. 抓设施完善

要由达标的基本水平，向现代化水平提升，注重抓完好率、有用率、利用率

2. 抓制度完善

要由抓重点、抓环节，向系统化常态化转变；管理手段由手工操作向信息化、数字化、计算机化提升；制度重在落实：对职工：责权利结合，对商户：奖、罚、助结合，为执行：场、官、厂、地、商、消多方协同

3. 抓队伍素质提高

由初期的达标贯标教育，向全面素质提高转变，抓两个队伍：职工、商户；抓两项内容：法规商德、技术技能，用三种方式：培训、考察、树榜样

4. 抓商品

由保安全转向求优质，开辟优质货源，引进优质品牌，培养优秀大户；质检向上游延伸，将场地、场厂挂钩推展到与商户挂钩；质保向下游延伸，发展固定客户和推广供货配送关系，实行追溯制度

对新形势下“三绿工程”工作的几点建议（提纲）①

一、新形势下，对“三绿工程”要有三点新认识

1. 关系民生的公益性事业（农民优产增收、居民优消扩需、食品安全、环保、节能、减耗）

2. 实现农产品流通现代化的动力（观念、设施、冷链、制度、交易、主体、客体、运行）

3. 农产品流通企业发展的生命线（社会责任、企业诚信、发展方式、效率、效益）

二、新形势下，“三绿工程”要完成三项新任务

1. 普及（宣传、培训、推广、覆盖）

2. 巩固（辅导、复审、交流）

3. 提高（安全、冷链、标准、对接、网络、环保、节能、减耗）

三、新形势下，政府对“三绿工程”应加强五项工作

1. 制订“十二五”三绿工程发展规划
（目标、任务、内容、措施、进度、验收）

2. 设立“三绿工程”的政府工作机构

3. 设立“三绿工程”基金

4. 组建“三绿工程”专家委员会

5. 加大资金扶持、政策优惠和业务指导力度

①对“三绿工程”近来有些不同议论，本文是2011年9月5日在中央有关部门召开的一次会议上的发言提纲。

第二节 创建“绿色批发市场”的实践探索

创建绿色批发市场，关爱首都人民健康①

——北京八里桥农产品中心批发市场5年发展巡礼

2003年8月1日，北京的天空万里无云，骄阳似火。中共中央政治局委员、国务院副总理吴仪，在北京市代市长王岐山、国务院副秘书长徐绍史和国家工商总局局长王众孚等领导同志陪同下，来到北京八里桥农产品中心批发市场，对这个实施北京市食品放心工程的重点市场，进行了深入仔细的考察。这一天，距八里桥市场建场5周年还有28天。从领导同志视察中浓厚的兴致，满意的笑容和殷切的叮咛中可以看到，市场5年的工作和发展，向国家和人民交上了一份合格的答卷。

一、肩负政府的重托，心系百姓的期望，市场5年实现了跨越式全面发展

1998年，中国的农产品生产和食品消费都面临着一个历史的转折点，由过去较多地注重数量的增加，进入了更多地追求品质提高的新阶段。面对全面建设小康社会的新形势，如何进一步开拓绿色流通渠道，来满足广大农民优产致富的需要；如何更快地营造绿色的餐桌，来关爱人民群众的身体健康，成为各级政府执政的要务，也是广大消费者心中的企盼。

经过充分地协商和反复地论证，原国家内贸部和北京市人民政府决定，在北京的通州，共同建设一个现代化的国家级农产品中心批发市场，作为经济发展新时期，首都“菜篮子”的重点工程，为首都人民提供优质安全的食品，同时要对全国起到示范作用，带动全国农产品批发市场的现代化建设发展。

项目很快通过了国家计委的立项审批，并决定由中央企业中商企业集

①本文是八里桥市场建场五周年的一篇总结回顾文章，从中可看出“创建绿色批发市场”的一些历史足迹。文章内容后来经记者重新整理以专访形式发表于《中国改革报》2003年9月5日。

团公司和北京潞运通经贸集团，共同投资1亿元着手兴建。为了保证市场按时按质完工顺利运营，北京市政府先后召开了6次专门协调会，市领导做出5次针对性批示。为了组建一个强有力的企业领导班子，政府决定由一位曾出任多年商业企业经理的副区长担任市场董事长，中商集团则选派一名享受国务院政府特殊津贴的流通专家出任总经理。

市场自1998年开业以来，领导班子带领全场广大干部职工，以建设绿色现代化批发市场为目标，发扬“科学决策，艰苦奋斗，团结协作，勇于创新”的企业精神，努力拼搏，不辱使命，取得了企业发展和社会效益的双丰收。

到2003年，市场已占地40万平方米，建筑面积15万平方米，营业面积20万平方米，有12个规范化的农产品、食品交易厅、棚，2600多个室内摊位，3200多商户，近万名从业人员。市场经营粮油、蔬菜、水果、肉禽蛋、水产品、副食调料、酒水饮料、加工食品、百货、建材等10大类2万多种商品，货源来自全国20多个省、市、自治区。2003年，市场交易量将达到5.8亿千克，交易额17亿元，将分别比1999年增长7.3倍和12.6倍，年平均增长速度分别为169.7%和192%。市场营业收入将突破3000万元，实现利润达到700多万元，分别比1999年增长5.5倍和69倍，年平均增长速度分别为59.5%和289%。实现税收将达到700多万元，比1999年增长7.5倍，年平均增长71%，是通州区前50名的纳税大户。

短短5年的时间，市场实现了全面的跨越式发展，跻身北京市乃至全国超大型农产品批发市场的前列。2002年按国家统计局发布的排名，八里桥市场在全国2000多家综合性农产品批发市场中，名列第36位；被国家9部委授予“农业产业化国家重点龙头企业”称号，在全国4300多家农产品批发市场中，获此资格的不足20家。八里桥市场在北京60多家农产品批发市场中，位居第三四位，是本市唯有的两家国家级农产品流通龙头企业之一，也是京东最大的农产品集散地。

5年来，“绿色批发市场”建设工作扎扎实实地向前推进，成果显著。市场先后获得从中央到地方各级政府授予的荣誉称号30多项。市场是农业部、原国家经贸委、全国三绿工程办公室的定点或示范市场，是北京市“食品放心工程”的指定市场，被市政府主管部门授予“首都文明市场”称号。市场的食品安全工作经验，分别在全国三绿工程工作会议上和农业部定点批发市场工作会议上，应邀做了专题汇报，全国几十家媒体进行了广泛的报道，广大商户和消费者给予了普遍的好评。首都的一个绿色餐桌，正在京东的大地上展现出来。

二、提高认识，转变观念，确立建设绿色批发市场的发展目标

对于建设绿色批发市场，八里桥市场的干部职工和商户，都有一个提高认识，转变观念的过程。

因为同所有市场经济下的企业一样，生存和发展是首要的任务，由于八里桥市场建成开业时间比较晚，没有赶上那段“圈块地、搭个棚”就能赚钱的初期阶段，反而是刚刚开业就陷入了激烈的竞争之中。在市场半径15千米之内已经有5家农产品批发市场，其中的4家位于紧靠城区的三四环路边上，而八里桥市场却在五环之外，中间连接市区的快速路限制了人力车、农用车行驶，汽车收费又高。与另一家通州八里桥农贸市场仅有一路之隔，且已经开业7年，形成了气候。

为了生存兴市杀出重围，市场第一年对商户采取了免租、减租、发包子、给红包等一系列措施，全力招商留人。对商品质量不敢严格管理，怕把商户吓跑了，每当质监部门要来检查，一些市场管理人员往往是先抵制后包庇，水产厅竟有许多商户收摊停业躲起来。几个月下来发现，猪肉批发户几乎家家都卖注水肉，酒水饮料调味品经营中假冒伪劣商品猖獗。一年中接到质量投诉达310多起，几乎一天一起。真是兴市未成，劣质先行。

严峻的现实向市场的领导班子提出了一个根本性的问题，那就是农产品批发市场到底应该确定一个什么样的发展目标，走什么样的兴市之路。领导班子通过深入分析宏观经济的大势，调查市场供求的变化，考察生产基地和零售市场，学习国家的方针政策，重温政府领导的嘱托，借鉴国内外经验，最后统一了认识。于1999年4月，他们提出了“建设绿色批发市场”的长远发展目标，2000年又提出了“创建放心批发市场”的近期目标，坚决走优质兴市之路。

为了实现这些目标，市场对职工和商户多次进行了教育培训，促使他们转变落后的经营观念。

1. 讲形势

让大家认识到，农产品的生产趋势、供求格局、销售方式和消费特点，都发生了根本性的变化，由数量扩张转为质量提高。农产品批发市场和经营商户，必须弃旧图新，顺势而为，迎接新的挑战，抓住优质发展的新机遇。

2. 讲法规政策

组织职工、商户学习《消费者权益保护法》《反不正当竞争法》《食品卫生法》《产品质量法》《动物检疫法》《刑法》和各级政府关于整顿市场经济秩序，打击经营假冒伪劣商品的政策，以及实施“菜篮子”工程、“无公害食品行动”、“三绿工程”和北京市“食品安全工程”的一系列规定。使大家认识到，食品安全事关法律法规，业者人人有责，必须执行，不能通融，不能侥幸。

3. 讲商德

通过宣传有害食品造成严重后果的案例，唤起市场管理者和经营者的职业道德良心，不能挣黑心钱，害人钱，企业更不能在置老百姓生命健康于不顾中求“发展”。

4. 讲技能

请执法部门和生产厂家的专业人士，向市场管理人员和商户，讲授识别假冒伪劣商品的知识和技能，举办真伪商品对比鉴别展示会，提高大家鉴别能力，减少因无知上当的购假售假行为。

思想教育是个慢功夫，但坚持下来就会有成效。现在整个市场的质量观开始发生了四个转变：一是商户由抵制惧怕检查，转变为主动接受配合检查；二是由互相攀比包庇，转变为相互学习监督；三是由寻机销劣售假转变为自觉拒假售真；四是由过去想靠欺诈取巧赚钱，转变为走诚实致富之路。5 年来，市场共举办集中培训班 50 多次，培训人员 18000 多人次。市场管理人员已把确保食品安全当做自己的首要职责。食品质量安全第一的观念日渐深入人心，优质兴市，优质致富开始蔚然成风。5 年来，在以人为本，提高职工和商户素质的基础上，八里桥市场的食品安全工作由点到面，迅速推开。

三、加大投入，完善设施，建造经营绿色放心食品的物质基础

传统的农产品市场，给人的印象往往是：设施简陋，交易拥挤，垃圾随地，污水四流。而进入八里桥市场，映入眼帘的却是：道路宽阔，厅棚敞亮，场地清洁，绿树成行。许多见多识广的记者，初来八里桥市场都时常惊叹："想不到农产品市场还有这样的！"

5 年来，市场累计投资 1.5 多亿元，下决心建设一流的环境，一流的设施，为经营放心食品打好物质基础。

1. 营业场所建设

市场现有粮油、副食、水产、食品、鲜肉、熟食等经营大厅 7 座，建筑面积 30000 多平方米；有蔬菜、水果交易大棚 5 座，建筑面积 16000 多平方米；有酒水饮料、茶叶、精品果菜和腌渍品经营街 4 条，建筑面积 4500 多平方米。这 7 厅 5 棚 4 街总面积达到 51000 多平方米，占到全场农产品和食品经营面积的 90％以上，基本上消除了露天经营。熟食经营做到了生熟分厅，并户户备有冰箱、冷柜和紫外线消毒灯具，连水池也每户 2 个分类使用。豆制品厅封闭防蝇，上下水通畅。

2. 环卫设施建设

市场投资 100 多万元，建有全国农产品批发市场第一个现代化污水处理场。经过生化处理后的生活、营业产生的污水，可以清澈达标地流入通惠河载游船西去。市场投资 100 多万元，建有一座日处理垃圾 40 多吨的封闭式垃圾楼，配有自动装卸的封闭垃圾车，并组建了一支 80 人的保洁队伍，对全场随时清扫，对交易厅和厕所每日坚持消毒。困扰其他农产品市场的蚊蝇、老鼠和蟑螂，在这里已受到有效地抑制，不再为害。

3. 商品质量检测中心建设

这是市场食品安全的核心设施。先后投资 100 多万元，配有一流的进口气相色谱仪和紫外分光光度计，可进行多种定性定量的质量检测；配有农药残留和注水肉快速检测仪，使用简便快捷。两名质量检测员是质检专业毕业的本科大学生，又经过市质检部门和北大专家的专门培训指导，业务熟练准确。目前，市场的质检中心，已由开始时只能检测一部分蔬菜农药残留，扩大到可以检测北京市政府规定的鲜肉、蔬菜、水产品、调味品、

肉制品、肉类罐头、饮料、食用油等12个大类23种商品的食品安全必检项目。市场现代化的质检中心，成为广大消费者食品安全的可靠守护大门。

4. 基础服务设施建设

市场的水、电、暖等基础设施，达标配套，运行良好。40米宽的主路和20多米宽的支路，纵横交叉，井然成网，加上30800多平方米的停车场，在市场交通班的指挥下，保证了每天上万辆机动车进进出出，繁忙而有序。市场投资200多万元，建立了包括自动喷淋灭火和自动烟感报警设备在内的现代化消防系统，自动监控面达到全场必控营业面积的90%以上。市场支持商户自建自用的1200吨冷库，和自购的5台冷藏运输车，为水产、肉类食品的质量安全，提供了储运保证。为了商品经营区不受生活污染，市场建有3个独立封闭的商户生活区，600多商户在此安居乐业。场内社区卫生服务站，则使商户能做到小病不出场，大病早发现，尤其是在“非典”时期，为保证全场职工和商户的健康，立下了汗马功劳。此外，市场的信心中心、结算中心和一站式服务中心，为商户的经营提供了较为完善的现代化服务。

5年来，八里桥市场坚持设施天天完善，面貌日日增新，从实际经营和管理需要出发，向着现代化绿色批发市场的设施标准，不停顿地迈进，今天已处于全国同类市场的前列，也是首都农产品批发市场一个初显现代化模样的窗口。

四、健全制度，严格管理，把食品安全工作纳入经常性的程序化轨道

一个正确的发展目标，要靠制度来保证实现，制度要通过严格持续的执行，成为大家行为的习惯。在制度建设上八里桥市场的主要做法是：

1. 建立市场准入制度

要建立经营者准入制。凡固定经营者必须做到身份证、营业执照、卫生证和健康证4证齐备，外地来京商户，还要有进京暂住证，方有资格入场租位经营。对承租经营者，一律要同市场签订正式合同，签署质量保证书和卫生协议书，承担商品质量责任，并使用标准价牌明码标价。对商户建立档案和经营记录，奖优罚劣。

2. 建立商品准入制

要求进场商品必须有合法的生产单位、生产日期、保质期、品牌，必

须具备产品合格证、检疫检验合格证和进销凭证。不同的商品要求的项目有所不同，但“三无”产品一律不得进场交易。

与市场准入制相对应的是市场退出制。凡严重违反市场准入规定的经营者，造成严重后果，情节恶劣或屡教不改（连续三次）者，即清出市场；凡质量不合格或手续不齐备的商品，一律清出市场。

3. 建立索证索票制

对关系人民健康特别重要的大宗商品经营，要有进货来源发票、销售专用凭证、销售信誉单、食品检验报告单；肉类要有合法的屠宰证明、检疫证明；大批量销售要有销售去向记录备查。这些商品都要建立经销台账，记录存档。做到重要商品源头清、商品清和去向清的“三清”。几年来，凭借索证索票制，不仅将一些不合格商品拒之市场门外，还凭借票证记录协助执法部门追查制造窝点，追回已销的不合格商品。

4. 建立商品质量检查制

在组织上，形成以市场管理人员为主体，以政府有关部门为主力，聘请有关生产厂家参加的“三结合”质量检查队伍；在内容上，查经营者资格，查必备手续票证，查商品实际质量，落实索证索票制；在环节上，查商品进场，上柜销售和售后反映，问题严重者协助执法部门查生产单位；在方式上，采取商户自查、市场检查、政府执法部门检查、生产厂家检查和多方联合检查，以市场检查为主；在时间上，区别不同商品，分别实行日查、周查、月查、不定期抽查和节假日重点查。检查要有记录，有处理结果。

5. 建立质量责任制

商户一律与市场签署经营协议书，对所经营商品质量承担责任；市场管理人员与市场主管部门签署管理责任书，对辖区经营的商品质量负重要责任，每月考核，年终评分，与本经营区和本人收入挂钩；驻场工商部门也与市场签有合作协议，负责提供质量监督的法律支持。三级责任，照章执行，赏罚为凭。

6. “引真、扶优、打假”制

市场在发展中率先创新提出“引真扶优打假”的全新理念，有效地打击了市场内的假冒伪劣商品。“引真”：通过工商部门和市场牵头，现已组织100多个知名生产厂家在市场建立总代理、总经销、专卖店，代销点80余家，已先后引进“古船”等9个粮油类国家免检品牌和“娃哈哈”饮料等10大类百余种名优产品进场销售。“扶优”：市场组织定点生产基地与生产厂家同市场诚信好，有实力的优秀经营大户签订购销协议，为其提供优质农副产品货源。2002年，结合落实北京市“食品放心工程”，市场与127家优质放心菜基地，9家果品基地，18家定点屠宰厂和40家副食品生产厂，建立了产销联系，进一步扩大引真范围。同年12月，我市第一家“北京放心食品展示交易中心”在八里桥市场落成，并在此举办了“北京市与山东潍坊放心食品进京产销对接会”。会上，有138家生产基地、厂家展示了2000多种绿色名特优放心食品，5天接待顾客近10万人次。据统计，现场销售350多吨商品，销售额393万元；签订正式购销合同161份，合同销量25万吨，16亿元；签订协议合同777份，协议销量180万吨，约46.7亿元。“打假”：市场与工商、质检、卫生等执法部门和生产厂家联合打假，并聘请生产厂家帮助培训市场管理人员，掌握识假技能。5年来，打掉假“王致和”酱油、吊白块面粉、甲醛浸泡水发品、注水肉等假冒伪劣商品500余批次，配合执法部门端掉制假窝点近10个。

几年来市场初步形成了一套商品质量保证体系制度，做到有章可循。为了贯彻这套制度，把工作的重点放在严格管理落实上，动真格的不手软，不让制度成废纸。

（1）严格执行检测检查。一是加大检测检查密度。仅2002年市场就配合政府执法部门检查和自查，累计65343户次，平均每天检查179户次。二是重点商品严查。蔬菜农药残留每天抽查，水发海产品、分割鸡、牛羊肉每天逐摊查；猪肉每天逐摊逐品查。三是增加检测内容。由对农残单一的检测，增加到市政府规定的注水肉、水发品甲醛、分割鸡火碱、面粉增白剂、茶叶和大米的重金属等12大类商品23个品种。四是扩大检查范围，由查商户扩大到查供货商、生产厂家，由查重点商品到查全场绝大部分商品。

（2）严格执行处罚。市场依靠执法部门支持，对违反商品质量规定的商户，区别情节分别给予警告、公示、书面检查、罚款、停业整顿和清出市场；对有问题商品实行暂扣、清出市场、没收和销毁。仅2002年，与执法部门配合就查处商户262户次，其中罚款44户，对粮食违规罚款一次高达2500元，相当1吨多大米钱。停业12户，停业最长时间达7天；处理商品112批次，其中没收和销毁12批，清出市场25批。因为对商户的处理，多数是“又打又罚”，综合处罚，所以处理商户次数大于处理商品批次。几年来还多次协助执法部门查抄制假生产窝点，追处不法供货商，追回售出的有问题商品。处理中顶住了威胁、利诱、说情和哭诉求情。有的商户检查不过关开不了业，竟花100元雇律师写检查，查处的严格程度可见一斑。

(3) 扶持大户树立先进。调查中发现质量违规者多为实力弱的散户，大户经营的商品质量普遍较好。市场就采取措施调整优化商户结构，一方面通过引真扶优，帮助大户建立稳定有利的优质商品供货渠道；另一方面用经济手段挤走小户，如猪肉厅通过摊位竞价拍租，每摊租金最高由每年2万多元拍到5万多元，将130户压缩到68户，扩大大户市场占有率，实现优质薄利多销增收，市场也提高了租金收入，商品质量也好了，一箭三雕。另外奖励优秀经营者。市场从1600多农副产品固定商户中严格评选出第一批50户文明商户，敲锣打鼓逐户授牌，起到了积极的示范作用。在管理中实行从实际出发，区别对待，由少到多，由宽到严，突出重点，循序渐进的原则。

(4) 对管理者严格责任。市场管理人员实行目标责任制，出现质量管理失责，扣分扣奖扣工资。几年来，因对商品质量管理工作失职，有的职工受通报批评，有的留岗察看，有的降职使用，有的被扣罚奖金工资。

五、依靠科技，开拓创新，建立市场食品安全运行网络信息化系统

俗话讲：“快马追不上菜市行。”说的是生鲜农产品市场行情变化之快，信息对经营者之重要。进入21世纪，随着生产结构的调整和现代化流通方式的发展，全国的优质农产品市场，每年都出现大批新的生产基地、生产厂家、新的产品和新的经营者，新的消费者。这些优质产品的“四新”，都在互相寻找对方，寻求建立新的流通系统。

但是在传统的农产品市场中的经营商户，获取市场信息的手段：一是自身经验；二是业内言传；三是手机电话；四是媒体新闻。落后的信息手段，散、残、迟、粗的市场信息，往往使商户在市场经济的大海中，随波逐流，经营成本高、风险大、收益少。在八里桥市场，商户从海南用4天4

夜运到北京的一车菜，不仅不赚钱，反而要赔上几千元也是常有的事。在这种情况下，让商户去经营优质、放心的食品就更是难上加难了。

针对这个问题，经工商部门正式批准，市场于2003年决定，将2001年建成的八里桥市场网站，进行彻底改版，并在市场内建立一个拥有20多台微机的“八里桥商户网站”。改版后的八里桥网站和新建的商户网站，构成商户从事优质安全食品经营的网络信息服务体系。其主要栏目内容包括：

1. 法律政策通告栏

在网上集中发布有关食品安全方面的法律，如《食品卫生法》《产品质量法》《消费者权益保护法》等，特别注重发布政府有关食品安全的最新政策规定，如《北京市食品安全监督管理规定》（市政府第117号令）等，现有各类法规信息已上网公告44条，使商户可随时学法知法，以利守规经营。

2. 绿色货源栏

在网上首批公布了全国绿色基地、厂家2191家，北京市绿色基地221家，北京市认定的场地挂钩、场厂挂钩单位，8省市区117家果菜基地、7省市区18家屠宰厂，北京3家豆制品厂，以及与本市场签约的挂钩生产单位等，供商户采购参考。

3. 优质产品栏

在网上首批发布了在本市场已经上市经营的国家级、省市区级的优质产品16大类124种，其中包括国家免检产品、绿色食品、无公害食品、有机食品、放心安全食品等，供客户来场进货。

4. 优秀商户推荐栏

对市场经营优质放心食品的诚信商户，在网上公布推介、为其扩大知名度，促进开拓经营业务。首批已上网推介100多户。

5. 供求信息栏

商户可在网上开设本人的信箱，发布供求信息，洽谈业务，进行网上交易。

6. 市场行情栏

商户可从网上查到全国200多家重点批发市场的5000多条即时价格信息，从中进行比较、选择和进一步咨询，然后有的放矢地联系业务。八里桥市场当日交易的4大类商品118条价格，每日也及时在网上公布，供客户来场购买和进场销售时参考。

7. 客户商群栏

八里桥市场是一个农产品销地为主的大型批发市场，下家客户群对商户十分重要。网站公布了北京市从事农产品交易的400多家集贸市场，60多家批发市场和百家大型超市，以及部分机关、团体、学校、大型餐饮旅游单位和配送中心企业等集团采购对象，为商户开拓销路。

8. 质量通告栏

将政府执法部门对全国和北京市有影响的质检通告在网上公布，将本市场检测中心和政府执法部门对本市场的商品质量检测情况，也在网上选择公布，以示奖优罚劣。此外还公布市场对商品检测的要求、办法等。

商户网站开通以来，过去单纯对外发布行情的死网变成了活网，商户反映强烈，上网踊跃。网站的点击率，已由2001年建立之初的每月平均1500多次，增加到目前的50000多次，说明网络越来越把八里桥市场与全国联系在一起了。市场已开办了4期商户上网培训班，培训了400多人，上网商户发布的经营品种信息，已占全场经营品种的75％以上。尤其是商户的第二代子女们，20多岁年龄，文化程度高，接受新生事物快，成为市场商户信息化的新生力量，代表了农产品经营主体发展成熟的希望。

特别值得提到的是，在“非典”期间，八里桥市场网站，充分利用网络优势，坚持每天向国家发改委、商务部、农业部、北京市农委、商委等8个政府部门，向6家全国和地方媒体，向9家全国和地方信息中心及时发布市场行情，并特报供求波动情况。为中央有关部门的决策提供了依据，为组织货源，保证市场供应、平抑物价，起到了特殊的作用。受到了中央有关部委和地方政府的表扬。有的商户还利用网上交易的优势，在“非典”时期做成了生意。

八里桥市场的商户网站，为优质安全农产品、食品的流通，开辟了广阔的绿色通道，为广大商户插上了现代化信息的翅膀，为消费者提供了选择的新天地。商户网站先进而实用，成本低，操作简便易行，适于普及推广，为我国现阶段农产品、食品流通的信息化、网络化，探索出了一条新路。吴仪副总理在视察八里桥商户网站时，始终兴致勃勃地仔细询问，并给予了充分的肯定。

八里桥市场在商户安全食品经营网络信息服务系统的基础上，正在建立食品安全经营管理的网络信息系统，将通过计算机网络，对市场的食品安全运行情况，进行全方位的跟踪监控。使食品安全管理工作，更加科学、全面、及时、深入、有效。同时，市场全场的计算机网络管理局域网络建设也已经开始，软件开发已基本完成，年内即可投入使用，届时，一个管理现代化的农产品批发市场，将为首都绿色餐桌，增加更为可靠的保障。

六、回首5年的历程，初战告捷，瞻望未来的工作，任重道远

在八里桥市场内高高地矗立着两条鲜红的大幅标语。一条是“创建绿色批发市场，关爱首都人民健康”，一条是“开拓绿色流通渠道，满足农民致富需要”。这是八里桥市场为自己确立的办场宗旨。5年过来了，可以说这两条宗旨得到了较好的实现。

1. 食品安全工作取得了显著的直接的成果

2003年同2001年相比，经政府执法部门和市场检测中心自检的主要食品合格率：蔬菜农药残留合格率提高了19个百分点；畜禽肉水分含量合格率提高了13个百分点；水发品禁用甲醛合格率提高了12个百分点；全场商品质量总体抽检合格率提高了19个百分点。特别是落实北京市政府117号政府令以来，成效更为突出。据统计，2003年上半年，蔬菜农药残留合格率，在不放松合格率较低的品种（如韭菜）检测的情况下，仍比2002年提高了近10个百分点，果菜以外的食品合格率达到98%以上。最近的检测表明，在市场销售中，猪肉已经消灭了注水肉、病疫肉，抽查检测也未发现猪肉精问题；分割鸡已无火碱浸泡，水发品没有甲醛浸泡，假酒假饮料绝迹，食用油100%合格，市场食品索证索票合格率达到99%以上，“三无”产品基本绝迹。违规的商户、商品等违规行为大幅度减少，违规性质和程度逐年减弱。其中工商部门立案处理的产品质量案件，2001年比2000年，金额减少44%，案件减少27%；2002年比2001年，又分别减少67%和68%；2003年以来尚未出现工商部门立案处理的商品质量问题。而在市场经营的省级以上名优产品占有率大幅度提高。其中米面油全部为省级以上优质品牌，仅国家免检产品的销量就超过了50%以上，猪肉优质品牌也达到80%以上。八里桥市场向绿色批发市场的发展目标，正在一天天靠近。

2. 市场带动农民致富

到2003年年底，市场5年的交易额累计将会达到60亿元，按目前每户农民从事农业生产年平均收入0.8万元计算，相当于为75万户农民实现了农产品销售价值；市场5年累计农产品成交量将达到20亿千克，按国家统计局抽样调查，每户农民年平均销售“菜篮子”主要农产品953千克计算，相当于帮助210万户农民把产品卖了出去。如果按2003年全年的市场成交额和成交量估算，约相当于每年为21万户农民实现了产值，为61万农户卖出“菜篮子”产品。

此外，市场3200多商户近万名的从业人员中，有51%为农民，25%为下岗职工，24%为待业人员。据测算每个商户年平均收入可达3万元以上，每个从业人员年收入在8000元以上。全市场约有300多商户年销售额超过了100万元，30多商户超过1000万元。这些商户，小者安居乐业，大者发财致富，几年来一大批商户买房购车奔小康。可以说八里桥市场5年来，确确实实为广大农民、下岗职工和待业人员，开拓了一条脱贫致富的绿色大道。为北京市场的繁荣，社会的安定和广大居民生活水平的提高，做出了较大的贡献。

时代在前进，经济在发展，面对21世纪的中国和世界，面对2008年奥运盛会的北京，八里桥市场正筹划着新的发展战略目标。他们计划再用两三年时间，基本上将八里桥市场建成一个比较现代化的绿色批发市场。为此，新一轮企业体制的改革，基础设施的完善，经营结构的调整，交易方式的创新，规章制度的健全，人员素质的提高，科技手段的运用等，都为了这一宏大目标的早日实现，紧锣密鼓地在周密规划，并扎扎实实地开始运作。相信，不久的将来，京东的大地上，一定会耸立起一个有中国特色的与国际标准接轨的现代化的八里桥农产品中心批发市场，那时的八里桥市场，将为北京市乃至全国农产品流通的现代化，为带动广大农民致富，为首都人民的健康做出更大的贡献！

为创建绿色批发市场而努力奋斗（节选）[①]

——北京八里桥农产品中心批发市场食品安全工作汇报

各位委员：

首先，我代表八里桥市场全体同志，对各位委员在百忙之中到我市场检查指导工作，表示热烈欢迎。下面，我将有关食品安全市场准入与管理情况向各位汇报，请予指正。

一、食品安全工作的整体情况

农产品批发市场食品质量问题，关系到人民群众的身体健康和生命安全，也关系到企业的兴衰存亡。市场开业伊始，即提出了“创建绿色批发市场”的目标，6年来始终把食品安全工作作为头等大事来抓。主要做了三件大事：

（一）提高认识，转变观念，确立建设绿色批发市场的发展目标（略）[②]

（二）加大投入，完善设施，建造经营绿色放心食品的物质基础（略）

（三）健全制度，严格管理，把食品安全工作纳入经常性的程序化轨道（略）

二、食品安全工作取得显著成效

在“建设绿色批发市场”目标的指引下。6年来，市场通过教育培训，转变观念；加大投入，完善设施；制定制度，严格管理等强有力的措施，在确保食品安全方面取得了明显成效，同时企业的社会效益显著，经济效益大幅增长。

2005年上半年，市场组织商品质量、索证索票自查和接受上级检查共20136户次，合格率达99.8%，比上年同期提高0.01个百分点。市场质检

---

①本文是2005年11月10日向全国政协考察组的工作汇报。

②文中“（略）”处在前面文章有相同内容。

中心检测商品943批次，合格率95.4%，比上年提高1.3个百分点。其中蔬菜检测535批次，合格率98.5%，水发品检测206批次，合格率100%，肉类检测202批次，合格率82%，分别比上年提高6.5个、1个和10个百分点。其中肉类为进场售前检测，对不合格产品全面禁止销售，场内实际销售的肉类产品合格率近100%。

2005年以来，国家质监部门两次对北京市的农产品批发市场进行蔬菜农药残留抽查，北京市场是北京市唯一一家两次抽检都达到100%合格的市场。

绿色批发市场的建设，扩大了八里桥市场的信誉，培育了优质商品的经营大户，扩大了市场的销售，带来了市场的第4次跨越式发展。2004年，市场交易量达到6.1亿千克，交易额19.1亿元，分别比上年增长12.5%和12%，跻身全国农副产品综合批发市场500强，在全国4000多个同类市场中名列第33，实现利润1303万元，比上年增长64.1%。

八里桥市场现为国家和北京市农业产业化重点龙头企业。先后获得从中央到地方各级政府授予的荣誉称号30多项。是农业部、商务部、全国三绿工程办公室的定点或示范市场，是全国“菜篮子”放心工程优秀企业，被市政府主管部门授予“首都文明市场”称号。

开业6年来，何鲁丽委员长、吴仪副总理和中央有关部委、北京市政府的领导同志先后来市场视察工作，对市场的建设和发展给予了充分的肯定。

目前，北京八里桥市场农产品中心批发市场已展示通州区整体形象的一个窗口，近两年平均每年接待国内外考察团、参观团30余个。

三、市场发展面临的几个问题

（一）关于市场的规划有序发展问题

目前北京市有农副产品批发市场68家，集贸市场598家，从数量上已经饱和，市商务局也制订了农副产品批发市场发展规划，但由于缺少控制执行手段，农副产品批发市场的建设仍有随意性问题，这不仅会造成资源浪费，也势必带来企业恶性竞争，食品准入制度也很难做到准入。

（二）关于市场的依法管理问题

政府对农副产品批发市场管理，尚无法可依，不仅各部门多头管理，并且依据的又多是将本部门的一些普用性法规政策套用农副产品批发市场，往往不适用。上级检查管无计划，遇到有热点时，重复检查一窝蜂，等到解决问题时又往往无人管。

（三）关于市场公益性、现代化与效益问题

农产品批发市场，全世界大多数国家都是作为公益性事业，由政府大力支持。而我国则是企业化经营自负盈亏。市场发展目前已进入升级换代的现代化发展阶段，“投入大费用高效益低”，这是一个很大的矛盾，政府要加大扶持力度。

（四）关于食品安全的源头控制问题

批发市场对食品安全只能起到一个关卡的作用，解决食品安全的关键是控制源头，北京市的“厂场挂钩”“场地挂钩”措施，还有待进一步做扎实了，不要流于形式。在控制源头和市场准入方面，如果政府措施不具体力度不够，仅靠批发市场把关会很难。

以上汇报，不当之处，请各位委员批评指正。

北京八里桥市场“创建绿色批发市场”工作汇报①

北京八里桥农产品中心批发市场，是根据原国内贸易部和北京市人民政府的决定，经国家计委批准立项的国家级重点批发市场，是首都“菜篮子”重点工程。市场由中央企业中商企业集团和北京潞运通经贸集团，共同投资 9400 万元于 1998 年建成开业。市场占地 40 万平方米，建有 66 座规范化交易厅、棚，2800 多个室内摊位。经营蔬菜、水果、水产品、肉禽蛋、粮油、饮料、副食、调料、食品、花卉、日用工业品、建材等共 12 大类 3 万多种商品，货源来自全国 20 多个省、市、自治区，是北京京东最大的综合性农副产品批发市场。

市场自开办以来，坚持以“创建绿色批发市场”为目标，以食品安全为重点，走优质兴市之路，取得了一些成绩。我们的主要做法是：

①本文是 2011 年 9 月 15 日的一个工作汇报稿，附在此，可大体看出八里桥市场“创建绿色市场”十年的路径。

一、提高认识，转变观念

北京八里桥市场创办伊始，市场在深入调查研究的基础上，领导班子最后统一了认识，于1999年4月提出了“建设绿色批发市场，走优质兴市之路”的工作宗旨，通过实施“依法治市，创建交易者平安市场”，“优质服务，创建经营者满意市场”，“引真、扶优、打假，创建消费者放心市场”和“科技强市，创建现代化批发市场”的“四个创建”工程，构建安全消费、放心市场。经过十多年的发展，我们“创建绿色批发市场，走优质兴市之路”的目标，得到了较好的实现。

二、建章立制，规范行为，打造食品安全管理的长效机制

市场自开业就一直加强质量管理制度体系的建设，先后制定完善了《八里桥市场质量管理制度》《质量安全管理办法》《质量保证金制度》《不合格商品退市下架制度》《质量安全应急预案》《经营管理办法》等监管制度，对经营者入场、索证索票、商品经销台账、市场监管流程、责任落实、检测计划、不合格商品公示、退出等进行规定。同时对员工及商户开展商品质量食品安全、知识产权的培训，利用制度上墙等宣传手段，贯彻落实管理标准，有针对性地开展食品安全监管。

三、坚持加大投入，实现设施升级，构筑建设“绿色市场”的物质基础

（一）实验室不断完善，“自检”能力得到提高

八里桥市场于2000年9月开始自行筹建检测中心，对场内流通食品进行监督抽检，先后投资200多万元，经过3次改扩建，由原来单一“蔬菜农药残留检测中心”发展到可对蔬菜、水果、粮油、畜禽肉、水发产品、调料品等13类食品18项指标进行检测的“综合性检测中心”。实验室使用面积达到130万平方米，划分为“气相检测室”“液相检测室”“农残检测室”“水产品快速检测室”等区域，并针对批发市场商品的快速流通特性，研制新型、快速、稳定的检测仪器，以快速定性检测为主，每日按照市场根据历年抽检情况制订的“高风险食品抽检计划”进行检测。2010年抽检样品20653个，合格20513个，日检测量（定性）平均57个，总合格率为

99.3%，比2001年合格率72.7%上升了26.6个百分点。

（二）加大对经营环境的设施投入

《食品安全法》颁布后，为适应经营需要，市场依照相关法律法规，对场内经营区域进行普查，进一步改建了垃圾处理站和污水处理中心，在实现全场经营厅棚化的基础上，对存在安全隐患的豆制品酱腌菜的食品厅，经营环境相对落后的副食厅、水产厅和猪肉经营厅又进行了改造，同时根据民族政策的相关要求新建了牛羊肉批发大厅。分行划市，使品项布局更加合理，避免出现二次污染，同时部分厅内增加了温控系统，消除高温带来的食品安全隐患。

（三）采用现代化交易模式，加强食品安全追溯

2007年八里桥市场率先于北京市建立起一座先进的数字化猪肉批发基地。制定实施了市场生鲜猪肉进场交易的准入标准，开发出一套集理货、交易、结算、质量追溯于一体的综合商务平台，从入场猪肉的索证索票、电子悬轨秤自动称重，到电子交易统一结算，直到出现问题猪肉可及时按销售小票追溯源头。市场已经与十四家相关肉类企业建立场厂挂钩，使市场猪肉的物流配送减少了不必要的中间环节，避免了私屠滥宰的问题肉进入老百姓的菜篮子。市场猪肉批发的卖家与买家都是通过IC卡进行交易，双方真实信息都储存在数据库中，便于追溯和统计查询。为了能使追溯制能真正落实到消费者，市场还在零售大厅统一更换联网的电子秤，每个商户、每台秤、每笔交易都能记录在册，使质量追溯在屠宰—批发—零售的整个物流配送过程中得到贯彻，真正做到买放心肉。同时也在牛羊肉、分割鸡、冻品和熟食零售230家商户中，推广使用带有中文显示和无线传输的电子收银秤，在解决了缺斤短两的问题的同时，利用电子化手段实现了食品追溯。

四、建立联合管理机制，构建建设“绿色市场”的有效监管体制

（一）与基地、厂家联合监管

为从源头把好商品质量关，加强对风险食品的监控，市场曾先后与8省127家企业签订《北京市蔬菜入市场地挂钩协议》，2010年经过对厂家资质的审核，对达不到标准的厂家进行劝退，与7家豆制品、3家面食、14家猪

肉、5家分割鸡共29家有质量保障的厂家续签了场厂挂钩协议。加快经营向生产源头的延伸，与生产基地或厂家挂钩联合，形成场地挂钩、场厂挂钩，构建成一个综合农业合作组织，在保证质量的前提下，减少产品的中间流通环节，降低商户的进货费用，增大产地进货量，与基地、厂家共同搭建食品安全管理体系。

（二）与政府相互配合工作

在政府的支持下，市场近年先后从北京市优质农产品产销服务站、北京市农业局、北京工商局、北京渔政站取得设备、药品支持，共接收总价值一百余万元的酶标仪、农残仪等仪器设备和6万元左右的相应药剂，并得到相关业务技术的培训，提高了市场检测中心的硬件实力和监管能力。同时为了能充分发挥各自职能作用，加强沟通与反馈，提升市场规范化管理与监管水平，市场先后与通州农委、通州疾病控制中心、通州工商局建立了信息沟通机制：政府部门依照日常巡查、执法案件、受理申诉举报及食品检测情况，对涉及市场的信息定期通报，并对市场管理进行行政指导；市场每月将市场管理中遇到的问题，特别是涉及食品安全及其他重要事件报送反馈；双方定期进行沟通交流，对情况进行总结分析，共同加大联合联合力度，查处违规经营行为。

五、做好“引真扶优打假”工作，不断扩大优质品的市场占有率

市场一直致力于“引真扶优打假”工作，走“优质兴市之路”，通过召开“名优品牌订货会”“优质商品展销会”“3·15名优商品推广会”，通过广播、展板、广告栏、宣传栏、条幅、宣传页等途径，公示“优质商品品牌”“放心购物摊位”；采取引进优质新货源、落实“场厂、场地挂钩”等相应管理措施，提高准入门槛，进行商品置换，提升市场品牌占有率。2011年市场万余种商品主要品项商品2086个品牌，优质商品品牌数448个，品牌占有率达到21％。

六、取得了明显的社会效益和企业效益

（一）食品安全合格率全面提升

2011年上半年共检测样品10958个，合格10865个，合格率99.1％，

2001 年至 2011 年 6 月，市场食品合格率由最初的 72.7%上升到 99.1%，上升了 26.4 个百分点。见下图。

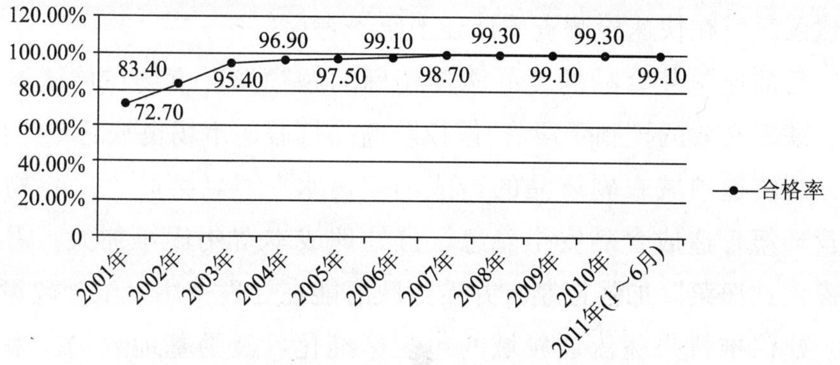

2001—2011 年市场商品合格率示意图

（二）企业声誉上升

多年来，企业获得了商务部批准授予“绿色批发市场”、农业部等八部委授予“农业产业化国家重点龙头企业”、国家统计局和中国商业联合会授予“全国农产品综合批发市场 50 强”、北京市政府文明办和市工商局授予“首都文明市场”等各类荣誉称号 100 多项。“八里桥市场”已经成为北京京东一个值得信赖的品牌。

（三）企业经济效益快速提升

2010 年市场实现了交易额 54 多亿元，交易量 10 亿多千克，全年实现收入 8500 多万元，分别比 2001 年增长了 3.2 倍、1.2 倍和 3.8 倍。

七、目前存在的问题及建议

（1）果蔬基地与市场链接还不到位，应继续延伸，减少中间环节，鼓励基地与市场加强合作，推行“场厂挂钩”，实行“产地直销”，扩大交易量，降低成本，稳定物价。

（2）市场缺乏不合格商品的处置权，市场虽然在经营合同中对不合格商品进行下架、清出市场有约定，但问题商品并没有被处理，很有可能再次出现在流通领域，增加了食品监管工作量及安全隐患。

(3) 市场检测的资质问题，目前各大批发市场都建立了检测中心，对场内商品进行抽检，由于经营者法律意识逐年增强，发现问题商品后，对市场质检资质提出质疑，由于农副产品快速流通的特性，封样送检，耗时过长，建议政府在快速检测资质认证上给予考虑。

(4) 目前预包装食品的食品添加超标问题频发，市场在传统索证索票的基础上缺乏有效的控制手段。“侵权”商品打假，市场也缺乏专业技能。

(5) 现流通领域农副产品的造成的“污水”“烂菜叶、包装物垃圾”，污染经营环境，造成食品安全隐患，且处理成本费用逐年加大，需要在生产环节提倡“净菜”加强控制，并希望政府能在处理费用上给予政策支持。

(6) 建议推行果蔬流通领域的包装标准化，鼓励基地入场。果菜在生产流通领域产地不明，检测过程中发现问题产品，没有标准化包装，经营者登记时对产地只知省市，详细的无从得知，或产地登记谎报，给检测结果反馈产地带来不便，使追溯无法实现。

(7) 还需政府加大扶持。①市场检测项目更新缓慢，无法对社会质量事件做出快速反应。希望与政府部门建立沟通机制，利用现代化手段，第一时间信息共享，并能给予专业建议，对新政策、管理制度的解读系统培训。②北京目前推广“食品电子化追溯”在实际使用中还存在软件升级滞后，追溯点少，软件适用性等许多磨合点，需要政府在人力、财力上持续支持及推广的问题。③希望政府扶持推广电子化交易模式，实现现代化追溯，既扩大交易，又方便市场管理。

第四章　关于农产品流通的企业发展建议和方案

利美农产品交易网方案①

一、项目背景

1998年10月，《中共中央关于农业和农村工作若干重大问题的决定》指出："要进一步搞活农产品流通，尽快形成开放、统一、竞争有序的农产品市场体系"。2000年1月《中共中央、国务院关于做好2000年农业和农村工作的意见》进一步明确："要重点加强产地批发市场建设，加快农产品质量标准体系建设，加强农产品市场信息网络建议。""发展多种形式的农产品流通中介组织"。国家经贸委和国家内贸局于2000年5月于北京联合召开了《2000年中国农副产品批发市场信息管理与网络建设研讨会》，会议提出了《我国农副产品批发市场的信息网络建设规划》。

北京利美商务咨询有限公司，根据中央和政府主管部门的上述精神，将在获得国家经贸委市场司、国家内贸局消费品流通司、中国蔬菜流通协会、中国农副产品批发市场联合会、中国工商联、国家科技部、全国农产品信息中心、中国企业家协会、农业部、中国商经学会、银行、保险公司、中国商报、中国商贸年鉴等部门机构支持与合作的基础上，创办《利美中国农产品电子交易网》。

交易网将以全国一批重点大型农产品批发市场为枢纽，联系生产者、流通经营者、加工业者和消费者，构建起农产品实物流通网络体系。在此

①本文是2000年5月15日提供的相关部门项目报告，在全国较早提出了农产品电子商务网的实施方案。

基础上，建立相应的农产品电子商务交易网。实现传统的农产品流通产业与现代化的电子商务的有机结合。并适应中国加入WTO的新形势，与国际农产品流通接轨，开展网上农产品进出口电子商务交易。争取创办出中国一流的有实质性交易内容的农产品电子商务网。

交易网将采取民办官助的形式，将民营企业的灵活性与政府合作的权威性结合起来；将引进国内外风险基金投资，按照国际结合规范化运作，并通过良好的业绩、发展前景和概念，争取境外上市，快速发展，为中国农产品流通的现代化作出贡献，为投资者提供可靠的最大回报。

二、投资价值

（一）产业分析

中国是一个农业大国，农业是国民经济的基础。经过改革开放20年的发展，农产品供给已由不足转变为总量基本平衡、丰年有余的新格局。农业生产正进行着重大的战略性结构调整，由量的扩张向品质的提高转变，分布在全国2000多个县里的大批优质化、专业化生产基地正迅速形成。流通也实现了市场化。以全国6000多个农产品批发市场为枢纽的农产品流通，正向着规模化、规范化、组织化方向发展；连锁经营的综合超市、超级市场和规范化的菜市场应运而生，且前景广阔。居民对农产品消费也由满足数量需求向追求优质特色方向变化。这一切，都为建设现代化的农产品流通体系创造了无限商机，为实现农产品电子化交易提供了市场需求和可能。而中国加入WTO则更为这一历史性的转变注入了强有力的催化剂，将使农产品市场国际化变为现实。

本农产品电子商务交易网的创建，可谓恰适其时，面对着中国每年几千亿元人民币的交易额，有着无限广阔的市场开发前景。

（二）竞争优势

交易网络的竞争优势来自于其自身定位的准确实际性，信息的权威性，交易的可靠性，结算的安全性，政策支持的持续性和机制的有效性。

1. 定位的准确实际性。交易网的定位是在传统的农产品实物流通体系的基础上，建立起电子商务的虚拟交易网。实现虚实结合，比已有的脱离传统农产品流通产业体系的虚拟网实际，比单纯的信息发布网更增加了真正的交易。

2. 信息的权威性。交易网的信息来自两个方面：一是通过合作方式从国内贸易局所属的全国农产品信息中心和农业部所属中国农业信息网获得全国性官方数据；二是通过入网会员，尤其是分布全国各地的农产品批发市场会员，获得全国各地市场商品供求信息和价格信息，使信息具有权威性和实用性。

3. 交易的可靠性。交易网上的所有交易都是通过批发市场会员、生产基地会员和超市、消费单位团体会员进行，可保证供求交易的完满实现。把网上交易建立在实物物流的配送交割的基础上，避免商流与物流脱节的现象。

4. 信誉的保证。交易网将与银行和保险公司合作，通过严格的资格审查建立入网交易会员制，保证买卖双方具有可能的商业信誉能力：通过银行“一卡结算”封闭资金运作，保证资金结算的可靠、方便和快捷、安全；通过交易保证金制度和保险公司参与担保业务，回避交易风险。

5. 政策支持的持续性。交易网因为适应了政府关于发展农业和农产品流通现代化的战略要求，因此得到了国家经贸委、科技部、国家内贸局、农业部等有关政府部门及所属事业团体机构的支持。将在信息提供、会员发展、业务指导，以及舆论宣传方面给予长期的支持。

6. 机制的有效性。交易网采用民办官助的方式，有利于克服纯民办网络的局限性和纯官办网络的官僚化。在引进风险基金后，更可实现管理运作的国际标准化，避免操作的随意性，既有利于运营的规范、高效，又保持持续的创新与活力。

三、网络的框架设计

总体讲就是：一实一虚，四个中心。

通过吸收会员组织协会，以批发市场为枢纽，建立集货中心和配送中心，构建双伞式实物流通体系。

（一）以产地批发市场为枢纽，吸收生产者会员，组织上市团体集货中心和协会，构建产地集货供应的“倒立伞状”网络体系（见图1）

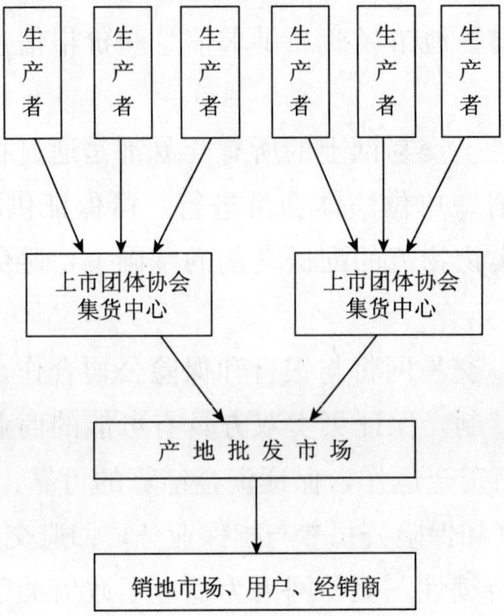

图1　“倒立伞状”网络体系

（二）以销地批发市场为枢纽，吸收销售商、消费大户，通过配送中心，构建销地配送分销“正立伞状”网络体系（见图2）

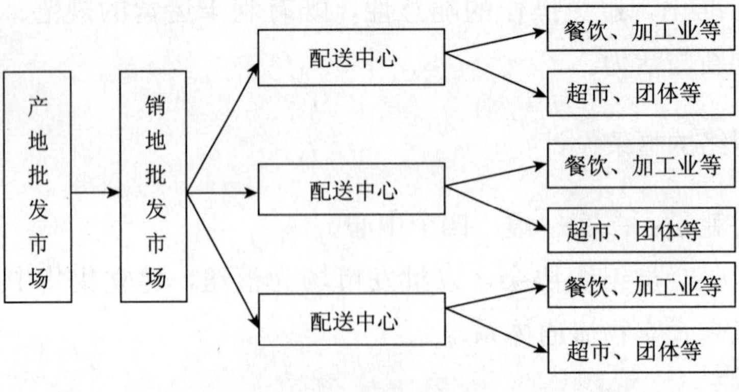

图2　“正立伞状”网络体系

图1和图2所述两个实物流通体系，是就其流通主要渠道而言，具体流通实际又可因不同商品、对象、地域而有多种变化，包括舍弃某些中间环节的直通方式。

（三）在实物流通体系的基础上，通过建立“四个中心”，构建虚拟农产品电子商务交易网

1. 建立网上交易商流中心。开辟电子商务交易中心平台，利用Internet开展B2B交易。一是将实物流通体系的会员，发展成为虚拟农产品电子商务网的上网交易会员，直接在会员之间进行网上交易；二是发展网上交易经纪人会员，由他代理非会员在网上进行交易。此时，交易中心扮演双重角色，即对于卖方，中心是买方；对于买方，中心是卖方。

2. 建立网上交易信息中心。利用国家政府部门的信息资源和参加交易网的会员直接提供的供求信息、价格信息，在网上发布。在总部信息中心下，又可分地域，设立1级站，1级站下面设立信息采集点，每个站点设有信息采集员，由信息采集员对当地市场进行数据采集，然后发送到信息中心总部的数据库，统一进行数据分析，分析后的数据可为参与网上交易的会员进行交易时的指导信息。

3. 建立网上交易配送交割中心。以实物网的产地、销地批发市场为物流基础，建立网上交易物流配送交割仓库，根据网上交易商流合同要求，由批发市场集配中心和配送中心负责商品运送交割。实物交割采取最短运输路线原则，亦可从产地生产者直接运达购买者。

4. 建立网上交易结算中心。上网会员要经过严格的资格审查，要交纳会员费，并根据预期年经营额缴纳一定比例的交易保证金。与交易网合作的银行参与结算中心业务，会员的保证金存入交易中心在该银行的指定账户，会员同时在该银行开设“经营账户”领取专用信用卡，每笔交易结束时，通过专用信用卡在结算中心指定的银行账户进行结算。

银行会对会员提供封闭的资金信贷支持。同时，引入保险公司，对交易双方的贸易从另外一个方面再确保回避交易风险。

四、电子化交易与基础开发

为保证电子化交易的实施，交易网将结合国家的农产品标准化体系建

设，开发适合本网络上交易的基础工作。主要如下：

（一）标准商品编码

从生产、加工环节抓起，对上网交易的商品进行标准化管理，其主要内容见图 3。

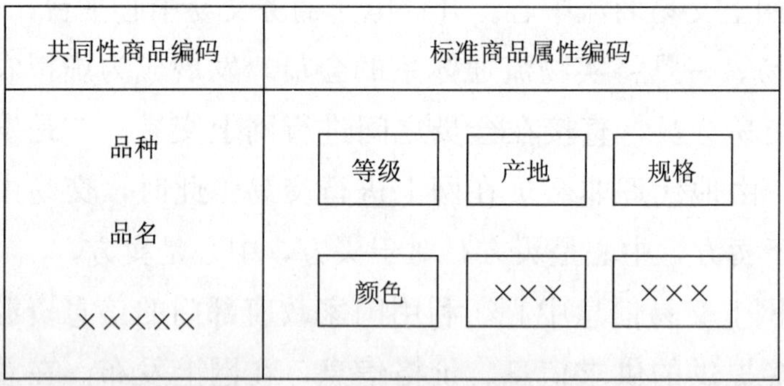

图 3　标准化管理主要内容

（二）制订上网交易商品的 EDI 标准

1. 该标准要配合交易标准化，要与主要客户的 EDI 标准衔接，适应国际标准化，充分利用行业中已有数据项目。

2. 重点以生鲜产品为对象，尽可能通用标准式样，推行标准协议书，将从生产到流通全过程作为检验对象。

3. 在组织规则方面，采用公用标准编码（包括：定位系统、交易系统），并可进行项目追加、行数变更，保持灵活性。

（三）建立相关商品数据库系统

五、农产品电子商务交易网的建设

（一）建设目标

本网是一个基于 Internet 的实时农产品交易网。由于中国幅员辽阔，人口众多，又是一个正在发展中的农业大国，而生产和流通尚未形成欧美国家的大垄断集团，所以从理论上讲，本网有无限广阔的市场发展空间。中国加入 WTO 后，与世界农业农产品流通接轨，更令本网具有国际市场的广大空间。利美商务咨询有限公司与越南、泰国等东南亚国家的政府上层有着紧密的联系，在未来的发展中，可以得到这些国家的政府的大力支持。交易网的最终目标是建立一个基于 Internet 的农产品方面的专业性国际贸易交易平台。

（二）建设计划

1. 第一阶段（2001 年 12 月前）。完成北京主站点建设，在有关的政府部门支持下，在全国发展 1000 个会员，其中生产基地 300 个，批发市场 200 个，运销大户及大规模用户 500 个。设立东北（沈阳）、华北（北京）、西北（西安）、华东（上海）、华中（武汉）、华南（广州）、西南（成都）分中心站，以及 10 个主产区专业站。同时进行相关网络技术开发、调试运行。

2. 第二阶段（2002 年）。在巩固稳定第一个阶段工作的基础上，将会员发展至 5000 个。其中，生产基地 1000 个，批发市场 1000 个，经营者和用户 3000 个。业务覆盖全国，针对粮食、水果、肉蛋禽、水产、花卉、加工品等进行更深层的专项开发。同时针对亚太地区、北美地区、欧洲地区进行更紧密交易，并筹办这些地区的分中心。

六、主要产品及服务

电子商务系统如下：

1. B2B 利美农产品电子商务交易系统。

2. 咨询服务系统。包括市场调研、农产品生产区域规划、农产品生产、加工、流通企业及批发市场发展战略规划、法律咨询、政策咨询、投资顾问、会务、培训、展销会。

3. 技术销售系统。

4. 出版发行系统。农产品生产、加工、流通、消费等方面的书刊资料、企业名录汇总、电子出版物等。

5. 网络媒体系统。国内外农产品及相关产业的网上广告、新闻、商务、论坛。

6. 实物经营系统。根据业务需要，适当逐步地投资农产品生产、加工、运输、仓储、配送、经营、连锁店、批发市场业务，以及与农产品生产、流通相关的业务，如种子、农业生产资料、农机、包装等。

七、组织管理

（一）组织结构

依业务管理需要，设立纵向管理和横向管理系统（见图4）。

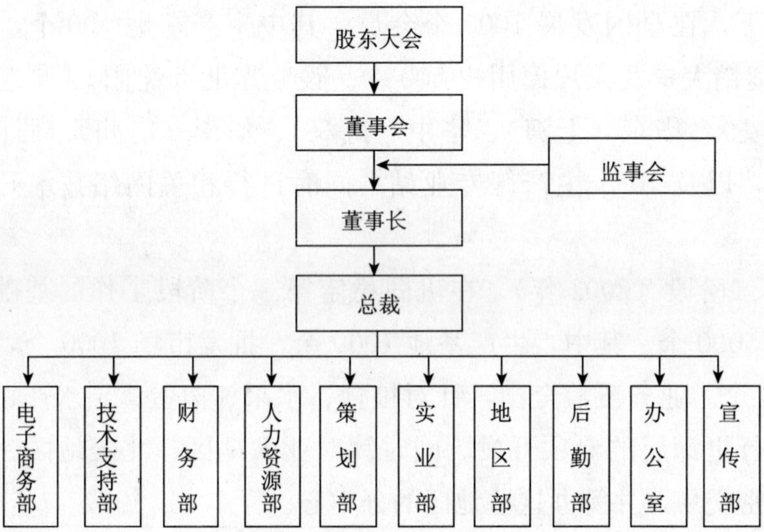

图4 纵向和横向管理系统

（二）管理原则

遵照国际成功经验，建立企业运营科学的决策机制、高效的运营机制、有力的激励机制、切实的监督机制和风险预防机制。

（三）经营理念——4个结合

将实物交易与电子商务网络交易相结合，将国际成功经验与中国实际相结合，将商品经营、资产经营与资本经营相结合，将严格的规章制度与职工的创造性相结合。

八、财务制度（略）

九、投资计划（略）

十、融资计划（略）

十一、投资回报预测

投资的收益来源主要有以下几方面。

1. 会员费收入。区别独立会员、经纪人会员和团体会员；再区别综合经营会员，专项商品经营会员，分别收取不等的会费。

2. 网上交易额手续费提成。根据不同时期（初期少，后期提高）交易额的多少，按不同比例收取交易手续费。

3. 信息服务费。对于特别要求的特别信息收费。

4. 技术服务费。对客户特殊需要的技术开发、维修、网络工程、软件开发销售等，收取一定费用。

5. 咨询服务费。包括咨询、培训、受托、中介、调研、融资等项目收费。

6. 实业开发自营项目收入，如经营、进出口、仓储、运输、配送、加工、生产、销售、包装、检测等。

7. 孵化器式资产运作收入。将一部分项目、资产、股权适时出让，获得升值收入。

8. 资本运作收入。本网络公司最终将在境内或境外上市，获得上市收益。

关于建立全国农产品流通网络集配中心体系的报告①

为了贯彻党的十五届三中全会关于调整农业产业结构的战略部署，落实《十五计划建议》精神，实现农业增效，农民增收的要求，我们建议建立全国农产品流通网络集配中心体系，用信息化、网络化改造传统的农产品流通产业，创建新的农产品流通组织形式和运营方式，用农产品流通的现代化，推动农业的产业化，适应农业发展的新形势，迎接加入 WTO 的挑

①本文是 2000 年 12 月 20 日提供的内部项目方案报告。

战。具体理由和建议如下。

一、建立全国农产品流通网络集配中心体系的必要性

（一）实现以市场为导向，调整农业生产结构，优化农业生产资源配置的需要

农业生产结构调整的首要问题，是要解决农民生产什么的问题。在市场经济的体制下，解决这个问题，不能靠盲目的主观行政干预，也不能凭狭隘的生产经验，而只能由市场导向来推动。就是说，要遵循区域比较优势原则，生产的优质农产品必须同时是市场所需要的、有竞争力的产品。这就需要有一个科学、有效的市场导向机制。

目前我国农业生产的市场导向机制，存在着两大缺陷：一是对农产品高层供求信息的采集、加工和传递上，普遍存在着分散性、片面性、粗糙性和滞后性；二是对农产品市场供求信息的利用上，基本与现实的交易活动相分离，仅限于信息的发布。很显然这种原始的、自发的市场导向机制，不仅难以适应优化农业生产资源配置的需要，反而有误导生产和盲目配置资源的可能。事实上，这种现象已经开始出现了。

我们要建立全国农产品流通网络集配中心体系，就是要利用网络技术，对农产品市场供求信息，进行全面采集、科学加工和快捷传递；同时，又通过网络集配，将农产品供求信息与现实的农产品流通紧密地结合起来，使信息结合着商流和物流，对农业生产起到直接、科学、有效的市场导向作用。

（二）实现以科技为动力，提高农产品生产整体素质，大量生产优质农产品的需要

优化农业生产结构，就是要不断地扩大市场适销的优质农产品生产，淘汰市场滞销的低质农产品的生产。为了生产优质农产品，农民需要新的生产设施，采购并学会使用新的农业生产资料，掌控新的生产技术，并能及时地解决生产优质农产品中遇到的新问题。所以，如何帮助亿万农民尽快地由低素质的粗放式生产，走上高素质的集约化生产，是农业生产结构调整中，一个十分迫切的问题。已有的为农服务体系，在对农业生产资料的供应上，缺少对生产优质农产品所需的生产资料完善渠道和服务能力。

无论是农资商品的数量、质量、规格、品牌和价格，还是农资商品的售前、售中和售后服务，都远不能适应新的需要。在对农业生产的技术服务上，普遍存在着水平较低，人员太少，科技网点分布不足的问题。为农服务能力的薄弱环节，已成为制约农业生产结构优化调整的一个重要因素。

我们拟建立的全国农产品流通网络集配中心，将设立一个网上和网下虚实结合的为农综合服务系统。在网上开设新型农资供求、咨询指导窗口，在网下提供采购和服务。同时还要集中全国优秀农业专家和技术力量，为农民生产优质农产品，提供网上和网下的培训、咨询和技术指导服务，将有限的农业技术资源，转化为无限的为农服务。

（三）实现以信息化带动农产品流通现代化，大量销售优质农产品的需要

这次农业生产结构调整，力度大动作快，大量优质农产品将很快源源不断地涌向市场。如何把这些优质产品尽快卖出去、消费掉，以实现新的扩大再生产，是农业生产结构调整能否持续的关键问题。

优质农产品具有价值高和标准化、规格化、品牌化的特点，在流通中需要检测鉴定，分等分级、预冷保鲜、加工包装、冷链储运、优价销售：在销售中则需要广告宣传、展示促销、引导消费、开拓市场、培育用户。因此，优质农产品需要的是一个全新的现代化的流通组织形式和运营方式。

我国现行的农产品流通组织形式和运营方式，是在生产者和消费者都在追求量的扩张下产生并发展起来的，量大质低。如遍布全国的5000多个农产品批发市场，绝大多数还是扩大的集贸市场、设施落后、交易原始、秩序混乱、功能单一，处于市场发育的初级阶段；千百万个从事农产品运销的市场贩运主体，除部分粮食企业外，绝大多数也是分散弱小的个体经营者。所以市场和市场主体，均无力承担大量优质农产品的流通组织，更无力去开拓优质农产品所需的广阔市场。落后的农产品流通体制，是阻碍农业生产结构优化的瓶颈。

我们要建立全国农产品流通网络集配中心，就是要用信息化带动农产品流通的现代化，改造传统的农产品流通产业，创造新的流通组织形式和运营方式，适应即将到来的大批量销售优质农产品和不断满足大众对农产品需求的需要。

（四）实现以系统创新为保证，化解农民高投入导致的高风险，达到优质增收的需要

农民生产优质农产品，必须进行相应的高投入。高投入企盼的是高收入，但同时也蕴藏着高风险。目前，农民生产优质农产品的高风险，除了存在于前述生产环节的市场导向混乱、农资供应和科技支持滞后外，主要表现在优质农产品的流通环节：①由于市场分割，信息闭塞，加上偶然相对的交易方式，使得本来销得出的产品销不出去；②由于流通手段落后，经营者弱小，渠道不畅，环节繁多，造成产品或不能及时销出，或加大损耗、成本和费用；③由于农民孤立分散，规模细小，在交易中始终处于弱势一方，往往优质产品卖不出优价；④原始的现金交易和缺少信誉保证，也容易产生收付风险。所以，如何化解农民生产优质农产品高投入所带来的高风险，实为关系农业生产结构调整的最关键的难题。

我们要建立全国农产品流通网络集配中心，要通过网络，实现农产品交易市场的全国化、国际化、集中最多的供求信息，吸引众多的买家卖家，提供最大的成交机会；通过直接的供求洽谈，快捷的物流配送，实现减少环节，降低交易和流通成本；通过众多买卖双方公开的竞买竞卖，形成合理的价格，确保价格最优；通过会员制、信用制，确保实物交割和资金收付的安全。可以说，以系统创新为基础的农产品流通网络集配中心，是化解农民高风险的一种有效途径，有利于最终实现农业增效，农民增收。

（五）我国农业生产迎接加入 WTO 的需要

西方发达国家的农业经过几百年的产业化发展，欧美形成了垄断化、专业化的托拉斯式的生产和流通体制，即使家庭农场的生产规模，也不是我国农户可望其项背的。日本则通过农协和农产品专业流通集团，将分散的农户小生产组织成了一个同一协调的整体。这两种大规模的农业生产和流通组织形式，加上其现代化的科技装备手段，确实对我国脆弱、分散的农业生产和农产品流通构成了极大的威胁。

但是，我们也应该看到，我国幅员辽阔，地域广大，土壤肥沃，横跨温带、亚热带、热带，农作物品种繁多；我国农业人口众多，劳动力资源丰厚而且成本较低，优良的农耕传统已有几千年的历史，加上社会主义制度的优越性，这些都是我国得天独厚的农业资源，也是我国农业参与国际

竞争的最大优势。同时，由于当今信息技术和网络化的发展，也为我国农业发挥后发展优势，实现跨越式发展，提供了千载难逢的机遇和可能。正如前所述，我们完全可以利用信息网络技术，创建新的流通组织形式，把分散的农户和经营者组织起来，实现规模化经营。这种有中国特色和时代特点的生产和流通网络化组织，虽无欧美农业生产和流通组织的庞大坚实，却会比其更为灵活机动；虽无日本农协的组织严密，却有可能比其更加畅通快捷。所以，只要我们创造性的用先进科技武装农业，改造农产品流通，依靠党的正确政策，凭借社会主义制度的优越性，以中国广大农民的勤劳智慧，是完全可以与任何国外的农业一争高低的。

我们建立全国农产品流通网络集配中心，也正是为了迎接这决定我国农业和农民命运的挑战，贡献自己的一份力量。

二、建立全国农产品流通网络集配中心的构想

（一）主导思想

充分利用信息网络技术，重新整合配置流通资源，改造传统的农产品流通产业，通过农产品流通的组织创新、制度创新和运行方式创新，实现农产品的生产者、经营者、消费者、物流系统、批发市场与信息网络的有机结合，将信息流、商流、物流与资金流融汇一体，形成虚实结合的优质农产品流通组织体系，实现流通现代化，推动农业产业化。

（二）组织架构

整体上是要建立一个全国农产品流通网络集配中心体系（以下称网络集配体系），该体系由一个总部、网络市场系统、实物市场系统和综合服务系统等 3 个子系统构成。具体如下：

1. 总部。是全国农产品流通网络集配中心体系的管理中心，负责统一管理和指挥体系的运营。下设一个管理中心和三个管理部门。

(1) 体系管理中心。负责网络集配体系总体的发展战略规划及组织实施；制订体系的规章制度和运行规则；确定组织机构设置和人力资源管理；进行资金和财务管理；其他需要总部集中统一管理的职能。

(2) 网络市场系统管理部。即网络市场系统管理总部，负责网络市场系统的总部管理职能。

(3) 实物市场系统管理部。即实物市场系统管理总部，负责实物市场系统的总部管理职能。

(4) 综合服务系统管理部。即综合服务系统管理总部，负责综合服务系统的总部管理职能。

2. 网络市场系统。这是一个包括管理总部、网络电子交易市场、产销地网络服务分中心和产销地伞状网络组织，所构成的虚拟网络电子商务交易市场系统组织。

(1) 网络市场系统总部。负责网络市场系统的发展规划、机构设置、人力资源、规章制度、运行规则和资金财务等方面的管理。

(2) 网络电子交易市场。是通过互联网和利用电子技术建立的从事农产品网上交易的电子商务虚拟市场。主要由 4 个中心构成：

①网上交易中心。负责制订网上交易规则制度；进行网上交易会员管理；监督网上交易运行；制订网上交易电子数据标准，提供电子数据交易条件；开设网上交易大厅和洽谈室；监督网上签约和确认，以及负责网上交易安全等职能。

②信息中心。其职能：一是负责对农产品的生产、加工、流通、储运、销售、供求、价格，以及政策法规等相关信息的采集、分类、分析和发布，并开发网上相应的一系列信息窗口栏目，提供信息咨询服务；二是为网上电子交易提供信息技术支持。

③结算中心。负责开发网上交易所需的金融服务系统，提供交易担保，负责交易者资信审核，进行网上交易结算和其他相应的资金财务业务。

(3) 产销地网络服务分中心。

①产地网络服务分中心。其职能：一是发展和管理产地网上交易会员；二是为产地会员提供上网交易服务。在服务中心设有计算机上网交易室，与总部网络电子交易市场连接，产地会员可为自营需要或为农户代理需要，在网上交易室上网发布供给信息，接收需求及相关信息，经过总部网络电子交易市场进行网上交易。

②销地网络服务分中心。其职能：一是发展和管理销地网上交易会员；二是为产地会员提供上网交易服务。在服务中心设有计算机上网交易室，与总部网络电子交易市场连接，产地会员可以为自营需要，亦可为所代理

的客户需要，在网上交易室上网发布云霄信息，接收供给和相关信息，经过总部网络电子交易市场进行网上交易。

（4）产销地伞状网络组织。

①产地伞状网络组织。以产地网络服务分中心为枢纽，联结设在产地会员的网络终端，进而再连接农户生产者，形成产地伞状网络组织（见图1）。

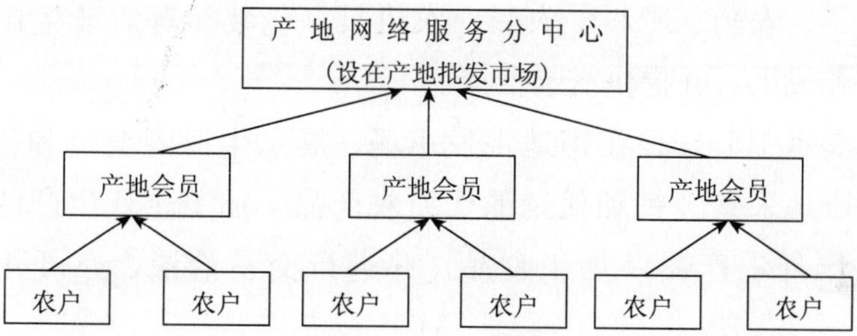

图1 产地伞状网络组织

产地会员可以是生产企业、基地、生产大户、乡村组织和联合体等实力机构。

②销地伞状网络组织。以销地网络分中心为枢纽，联结设在销地会员的网络终端，进而再连接最终消费者，形成销地网络（见图2）。

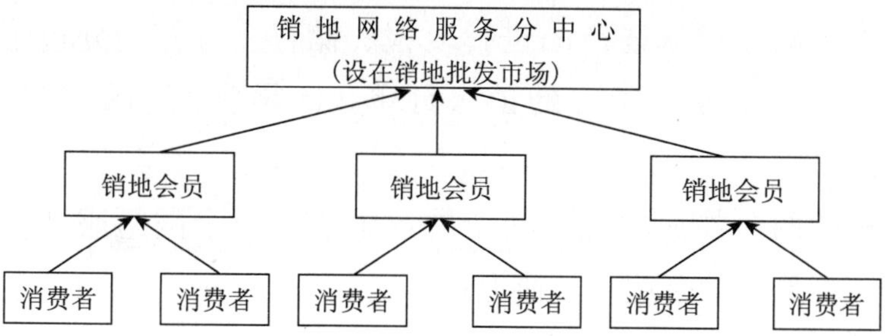

图2 销地伞状网络组织

销地会员可以是超市等零售公司、社会配送中心、加工企业餐饮业者、团体消费者、社区组织及贸易商等实力机构。

3. 实物市场系统。这是一个依托现有的农产品批发市场创建的网络市场的物流支持系统。该系统由一个总部，产销地展示中心，产销地物流中心和产销地实物流通网组成。

（1）实物市场系统管理总部。负责实物市场系统的发展规划、机构设置、人力资源、规章制度、运行规则、资金财务等方面的制订和管理。

（2）产销地展示中心。

①产地展示中心。设在产地农产品批发市场，一方面展示当地和周边地区龙头企业、生产基地和农户所生产的优质农产品；另一方面展示产地所需要的种子、农药、肥料、农膜、农机具、包装品等农业生产资料及新的农业技术和成果，并提供交易洽谈。

②销地展示中心。设在销地批发市场，展示生产者会员和代理商、经营者，从各产地采购经销和代销的优质农产品，加工企业生产的加工农产品和食品，国外农产品及加工食品，并进行交易洽谈，亦可开展招商业务等。

（3）产销地物流中心。

①产地物流集配中心。设在产地批发市场，将按产地网络服务分中心和直接由总部网络市场交易中心，所签订的采购订单购集的优质农产品，进行检验、分级、包装、预冷、储存，并向销地市场及其他购买者进行实物配送、交割。产地物流中心可视需要在基地和乡、村设物流分中心。

②销地物流配送中心。设在销地批发市场，将本系统从产地网络分中心采集的优质农产品，经产地物流中心运送本中心，同时也接受其他会员贩运的优质农产品。对这些产品进行复检、储存、分拣、分包装、配货和交割，按销地网络服务分中心的销售订单，向零售商和最终消费者配送出去。

通过上述的两个物流中心与两个展示中心，两个网络服务分中心，将商流、物流、信息流结合起来，协调运作。

（4）产销地伞状实物流通网。

①产地伞状物流集配网，以产地物流集配中心为枢纽，联结物流分中心、龙头企业、生产基地、乡村联合体，再进而联结农户，形成产地伞状物流集配网（见图3）。

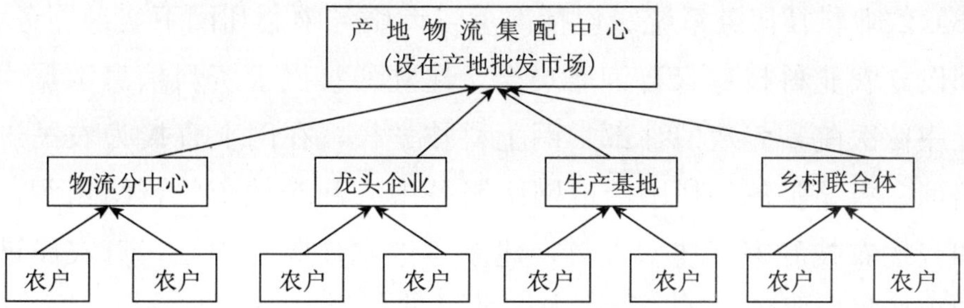

图 3 产地伞状物流集配网

②销地伞状物流配送网。以销地物流配送中心为枢纽，联合销地配送分中心、社会配送企业、连锁公司、批发商、代理商、社区组织等机构，再进而联结众多的零售商和最终消费者，形成销地伞状物流配送网（见图 4）。

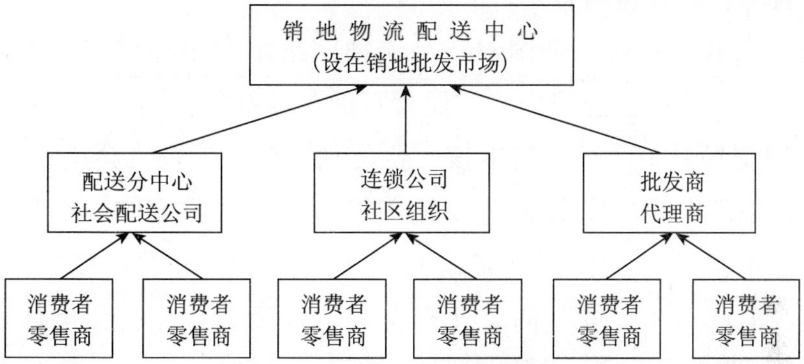

图 4 销地伞状物流配送网

4. 综合服务系统。这是一个为农业生产和农产品流通提供综合性网上和网下服务的综合服务系统。该系统由综合服务系统管理总部、农业生产资料供应系统和农业科技服务系统构成。

（1）综合服务系统管理总部。负责综合服务系统的发展规划、机构设置、人力资源、规章制度、运行规则、资金财务等方面的管理。

（2）农业生产资料供应系统。包括网上供应中心和网下配送中心。将农业生产所需的种子、农药、肥料、农膜、农机具、包装用品、分拣、加工、储运机械设备等上网发布供求信息，进行网上交易。利用前述实物市场的展示中心和物流中心，进行实物展示销售和配送。

（3）农业科技服务系统。包括网上咨询服务中心和网下实地服务中心。在总部设立农业科技专家咨询委员会，建立科技网上资料信息数据库，开办网上庄稼医院，养殖门诊部，网上科技学校，在网上直接为农民进行咨询、培训、指导服务。利用产地网络服务中心和产地伞状网络组织，聘请外地和当地农技专家、技术人员，建立实地农技服务中心，对农民进行面对面的现场指导服务。

（三）运行方式

全国农产品流通网络集配中心体系的运行方式如下：

1. 运行原则。实行五结合，即：虚拟网络市场与实物市场相结合；网络电子商务交易与实物集配流通相结合；商流、物流、信息流与资金流相结合；农产品生产、加工、储运、流通、销售相结合；农业生产、农产品流通与为农综合服务相结合。

2. 开办者和经营者。全国农产品流通网络集配中心体系，由该项目公司开办和经营，该项目公司为一“民营官助”的有限公司。

3. 入网交易者。实行资格审核，会员制。会员分自营会员、代理会员。会员可以是生产大户、龙头企业、生产基地、协会联合体、乡村组织、加工企业、运销大户、代理商、储运商、零售公司、批发市场、配送公司、社区组织、消费团体、贸易商、外资企业、合资企业、科研团体、农资生产供应商等。

4. 网上交易产品。为无公害、无污染的规格化、标准化、品牌化的优质农道口农业科技技术、成果和服务；涉农信息。

5. 网上交易方式。资格认证、网上展示、电子数据交换、网上报价、网上洽谈、网上签约、复核。

6. 网上结算。验资、保证金制度、银行授信制度、电子金融制度、复核制度、保险制度、资金划转。

7. 网上信息。对网上交易产品的生产、供求、流通、价格、质量、规格等信息，以及其他相关的涉农信息，进行采集、分类、分析、传递、发布，以及提供信息咨询服务；交换电子数据。

8. 实物展示。在产地和销地对优质农产品、加工食品、农业生产资料、农业科技成果、农业招商等进行展示。

9. 实物交割。在产地进行农产品的采购集配、分拣加工、包装储运和实物交割；在销地对农产品、加工产品进行验收、储存、分拣、分包装和配送；在农产品产地进行农业生产资料的配送。

10. 科技服务。提供网上和网下服务。

三、建立全国农产品流通网络集配中心体系的可行性

目前，在我国建立全国农产品流通网络集配中心体系，已经具备了基本条件：

1. 农产品生产和消费的发展，迫切要求加快实现农产品流通的现代化，经济发展的强烈需求，是网络集配体系创建和发展的巨大原动力。

2. 农业生产结构的调整，在全国已经形成并将更加迅速发展起一大批优质农产品生产基地，产生越来越多的龙头企业、生产大户和经营大户，同时流通改革正在加快商业业态现代化的更新，加上加入 WTO 后外商的进入，都为农产品网上交易培育了必要的潜在交易会员主体。

3. 随着农业生产结构的优质化，越来越多的优质化、规格化、品牌化的农产品生产量将迅速增长，为上网交易提供了合乎要求的交易客体对象。

4. 信息化、网络化、电子商务的快速发展，尤其是政府关于用信息化带动现代化，建立全国农业信息网络服务体系的战略规划，为我们的网络集配中心体系的建立和发展，提供了技术条件和可供借鉴的经验。

5. 改革开放以来发展起来的遍布全国的 5000 多个农产品批发市场，为网络集配中心体系的建立，提供了广阔的实物市场依托。

6. 近年来的金融体制改革，信用制度、保险制度、电子信用手段的采用，尤其是我国证券业、期货业的发展为网络集配中心体系的网上结算业务提供了金融支持的可能和经验。

7. 本项目自身构想设计的创新性、实际性和方案的严谨性，为网络集配中心体系实施奠定了可操作基础。

四、试点步骤及政府支持

（一）运营方式

本项目拟采取“民营官助，企业化运作”。由北京华荣鑫科技有限公司

和北京利美商务咨询有限公司，共同投资设立一家项目公司负责承担开发“全国优质农产品流通网络集配中心”项目，施行企业化运营，政府给予必要的扶持。

（二）实施步骤

1. 成立筹备工作小组，做好前期准备工作。待申报获政府批准支持后，正式注册项目公司并开始运作。

2. 在北京设立公司总部及总部的4个中心。在北京选择一家农产品批发市场作为基点，并建立相应的销地组织系统；在产地选择一家农产品批发市场作为基点，并建立相应的产地组织系统。

3. 制定各项规章制度、运行规则，发展会员、织布网络、寻求相关合作伙伴合作，同时进行广告宣传。

4. 开始试运行，取得经验后正式运营。

（三）请求政府支持

1. 道义支持。请政府有关部门对本项目给予支持和合作。

2. 资金支持。银行给予必要的优惠贷款：财政部门给予适当的拨款、贴息；纳入科技型中小企业创业基金支持范围。

3. 支持上市和融资。待条件成熟时，优先批准二板上市或境外上市；准许必要的境内外融资，以及中外合资合作。

我们有决心有信心做好此项工作，为实现我国农产品流通的现代化，推动农业产业化作出自己的贡献。

关于建立北京国际农产品交易中心的建议①

中央提出，我国要在2020年全面建成小康社会，到2050年基本实现现代化，而“十一五”时期，则是我国经济社会发展的关键时期。在这个发展时期，我国农产品的生产、消费、流通和国际贸易，都将迎来一个向现

①本文是“北京国际农产品交易中心方案”的一部分内容，曾摘要发表在中共中央政策研究室主办的《学习与研究》刊物2007年第2期。

代化迈进的历史发展阶段，作为首都的北京，则将站在这个现代化发展的最前沿。为此，我建议中央有关部门和北京市，抓住这一历史时机，支持有实力的企业，在北京开办一个真正现代化的，与国际接轨的，具有多种综合性功能的农产品交易中心。

具体理由和设想如下：

一、是促进农业生产结构调整，提高农民收入，建设社会主义新农村的需要

“十一五”时期，我国要大力发展“高产、优质、高效、生态、安全的农产品”，来增加农民收入，满足市场需求。农产品供给格局，将在增加数量的同时，加速向质量全面优化转变。这就迫切需要构建一个适应优质农产品流通的现代化农产品流通体系。要建设一个现代化的大规模的优质农产品集中展示交易的场所。一是有利于确保农民不断增长的大量优质农产品，能够优质优价畅通销售，实现优产增收。否则，像目前这样，将优质品与大路货，混在一起销售，既难保质，也难优价，农民为生产优质品的高投入，反而容易成为高风险。二是有利于形成优质农产品集中准确的市场供求信息，引导农业生产结构的科学调整，减少主观盲目性。否则，像目前这样在市场对优质农产品市场信息分散失真的情况下，各级政府动员农民种什么，不种什么，是很危险的。有时农民种了，市场变了，有时市场有需求，农民却不知道到哪里卖，能卖个什么价钱。

二、是更好地保证食品安全，满足人民对优质农产品消费增长的需求，扩大内需和构建和谐社会的需要

2005 年，我国人均 GDP 超过了 1700 美元，到 2010 年将超过 3200 美元，达到中等收入国家水平。在这个发展时期，居民对农产品和食品的消费，将发生巨大变化，将实现由追求温饱的生存阶段，向追求安全、营养、健康、特色的优质化享受阶段的转变。这也需要加紧建设一个现代化的优质农产品交易中心，来保证供应，满足消费，引导消费，开拓内需，改变目前消费者想吃好的，不知到哪里可以放心地买，经营者想卖好的，不知到哪里可以集中放心地进货的状况。

三、是适应农产品贸易全球化，提升我国农产品国际竞争力，扩大出口的需要

加入 WTO 以后，我国的农产品贸易快速增长，2005 年，进出口总值达到 262.9 亿美元，比 2000 年增长 110%。

“十一五”时期，国家将进一步“提高农产品的国际竞争力，扩大园艺、畜牧、水产等优势农产品的出口”，这是发展现代农业的重要举措。因此，就需要加快建设一个现代化的优质农产品展示交易中心和会展中心，为国内外优质农产品、优质农业生产资料和涉农先进科技成果的交流，提供一个与国际接轨的权威的常年专业的窗口和平台。同时也可为政府调控农产品、农业生产资料和涉农科技成果进出口，提供一个着力点。

四、是农产品流通现代化改革发展的需要

没有农产品流通的现代化，就没有现代农业的持续发展和农民收入的稳定提高，也没有人民生活改善的必要保障。而我国现存的以批发市场为枢纽的传统农产品流通体系，无论是设施、经营者、交易产品和管理水平，虽然在进行着“升级改造”，也取得很大成果，但总体上仍是面对大路货农产品流通的传统流通体系，还不足以达到与国际接轨的现代化优质农产品流通要求的水平。同时，以连锁超市和物流配送为标志的现代化流通方式，因为多种社会因素的制约，在一个时期内，就全国而言，也尚不能成为生鲜食品流通的主渠道。而建设一个现代化的国际农产品交易中心，既可以弥补这两个现存体系的不足，又可以为我国农产品流通现代化建设，提供探索经验，起到示范引导的作用。

五、是北京经济社会发展的迫切需要

2005 年，北京人均 GDP 达到 5457 美元，城乡居民的恩格尔系数，分别为 31.8%和 32.8%，城镇居民人均可支配收入和农村居民纯收入，分别为 17653 元和 7860 元，区域城市化率约 80%。这些指数都已达到或基本达到目前世界中上等收入国家水平，到 2020 年更将进一步达到当时世界中等发达国家水平。所以，北京对优质农产品和食品的消费，正在加快向世界中上等发达国家的水平提升。这就需要抓紧采取有力的创新措施，突破北

京当前传统落后的农产品流通体系，兴建现代化的优质农产品集中批发和物流配送体系，改变农产品流通跛脚，拖首都发展后腿的状况。

而北京国际现代化大都市的定位和建设，以及作为环渤海经济圈、京津冀经济圈和辐射东北、华北、西北的区域经济发展的核心特大城市，更需要抓紧建设一个与国际接轨的现代化、综合性的优质农产品及涉农事业的展示交流中心，以带动区域乃至全国的经济发展。

建议中的“北京国际农产品交易中心”功能构想，其要点是：①综合服务区。设有政府一站式服务机构，园区行政管理一站式服务机构，特别要建设一个有资质的现代化的立足北京面向全国的农产品流通信息中心，建设一个有资质的权威的立足园区面向社会的食品质量检测中心。②会展中心。设有国际化的优质农产品、先进农业生产资料和涉农专业科技成果展示区；设有国际水平的品牌化涉农高层会议论坛。③交易区。设有以冷链为设施基础，以电子商务、拍卖、网上交易为主要手段，以优质标准化产品为交易对象，以大规模化农产品生产基地、有规模的涉农合作组织、流通企业、加工企业、经营特大商户和国内外农产品贸易商为经营主体的，现代化批发交易场所。④物流区。引进大型第三方物流公司和大型连锁超市公司、贸易公司和加工企业的物流中心，在区内进行完全现代化的物流加工、储存和配送。⑤配套服务区。

经过 20 多年的经济发展，建设这样一个现代化的国际农产品交易中心，已经具备了数量充足的组织化、规模化程度高的进场交易者，也具备了数量充足的优质化、标准化的进场交易的农产品和加工食品，而现代农业的持续发展和现代流通的快速发展，必将支持这一项目的持续扩大发展，项目的成功是无疑的。

各种经济社会发展因素表明，现在在北京着手建设这样一个综合性的现代化国际农产品交易中心，正逢其时。它的建成将对北京、三北地区乃至全国的农产品生产、消费、流通和国际贸易，都有着特殊的重要意义。应抓紧实施。

增强信心，抓住机遇，加快培育农产品流通主业[①]

中央提出：我国要在2020年全面建成小康社会，到2050年基本实现现代化，而“十一五”时期，则是我国社会经济发展的关键时期。在这个发展时期，我国农产品的生产、消费、流通和国际贸易，都将迎来一个向现代化迈进的历史发展阶段，也为农产品流通展现出巨大的机遇和挑战。

中商集团，一定要增强信心，抓住机遇，乘势而上，加快培育起自己的农产品流通主业，构建起企业持续发展的基础。

一、背景

我国农产品供需格局，发生了历史性变化。

（一）农产品生产的变化

（1）“十五”时期：主要农产品产量达到世界第一，供给实现了总量平衡，丰年有余，结构过剩。

（2）“十一五”时期：现代农业和社会主义新农村建设全面推进；农业生产结构将进一步进行战略性优化调整，实行产业化、专业化、规模化、优质化、标准化，要大力发展高产、优质、高效、生态、安全的农产品，促进农民增收，满足市场需要。

结论：这将从根本上改变我国农产品供给格局，实现由数量增加到质量全面优化的转变。

（二）农产品消费的变化

1. 经济发展的变化

以2000年和2008年数据为例，反映了人均GDP、居民恩格尔系数、人口城市化率、居民收入等情况（见图1～图4）。

①本文是2009年4月5日为中商集团写的企业报告提纲。

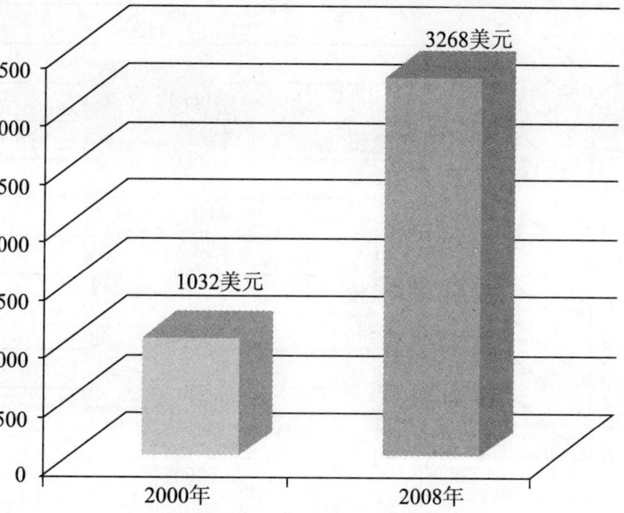

图 1 2000 年和 2008 年人均 GDP

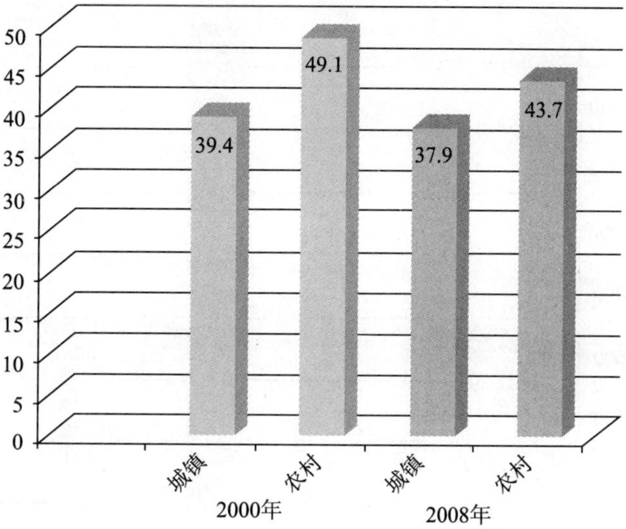

图 2 2000 年和 2008 年居民恩格尔系数

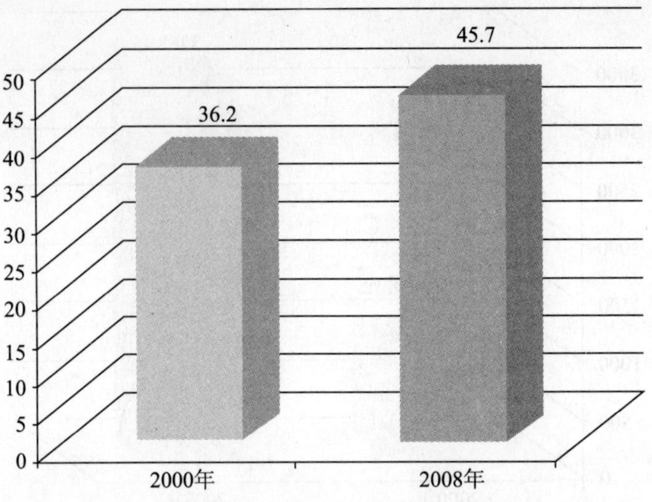

图 3　2000 年和 2008 年人口城市化率（%）

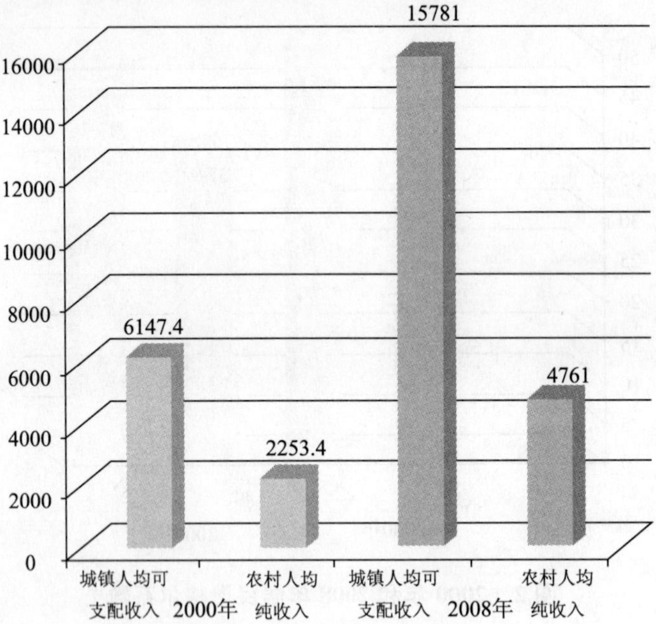

图 4　2000 年和 2008 年居民收入（元）

经济发展不平衡：

A. 东部、中部、西部；

B. 城市、农村；

C. 沿海、内地。

居民收入多层次：高收入、中收入、低收入。

2. 居民消费变化

进入重大的结构调整期：

（1）开始由追求温饱的生存阶段，转变到追求安全、营养、健康、特色的优质化享受阶段。

（2）呈现高、中、低多层次消费结构。

3. 农产品消费地的变化

消费地将逐步由以农村为主，转变为以城市为主，带来优质农产品的全国性大批量流通。

（三）农产品国际贸易的变化

1. 农产品贸易国际化加快

2. 中国农产品进出口贸易快速增长（见图5）

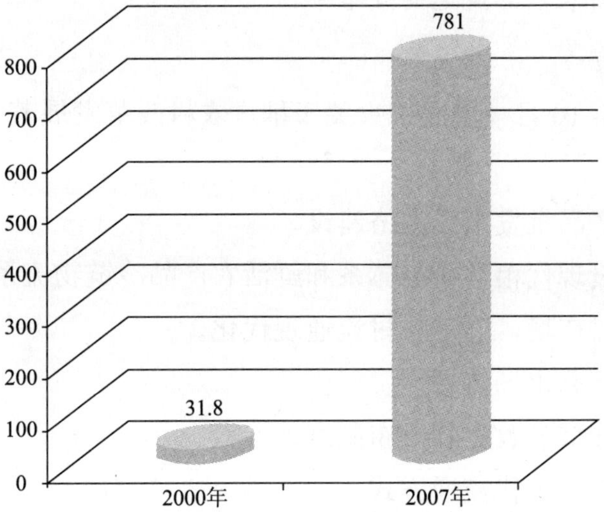

图5　2000年和2007年进出口总值（亿美元）

二、机遇

我国现有的农产品流通体系，不能适应农产品生产、消费、流通优质化和贸易快速发展的需要。

（一）我国目前农产品流通的二元化体系

传统流通渠道如下：

（1）以传统批发市场为集散枢纽。

（2）以个体商户和经纪人为主体。

（3）以大路货农产品为客体。

（4）以集贸市场和社区菜市场为零售末端。

（二）目前的二元化体系不适应新形势的需要

1. 传统流通主渠道的不适应

设施简陋、商品低杂、交易原始、商户弱小、效率低下、管理粗放、难以调控。

2. 现代流通新渠道的不适应

投资大、费用大、价格高、业态偏差、发展不均、占有率低。

（三）政府对农产品流通的战略举措

1. 中央决策

（1）2008年10月《中共中央关于推进农村改革发展若干重大问题的决定》。

- 加强农产品批发市场网络建设。
- 加快建设现代粮食物流体系和鲜活农产品冷链物流系统。
- 开拓农村市场，推进农村流通现代化。
- 健全农产品市场体系。
- 完善农业信息收集和发布制度。
- 发展农产品现代流通方式。
- 减免运销环节收费，长期实行绿色通道政策。
- 加快形成流通成本低、运行效率高的农产品运销网络。
- 培育农业跨国经营企业，逐步建立农产品国际产销加工储运体系。

（2）2009年中央1号文件《中共中央国务院2009年促进农业稳定发展农民持续增收的若干意见》。

- 加强农产品市场体系建设。
- 加大力度支持重点产区和集散地农产品批发市场、集贸市场等流通基础设施建设。

• 推进大型粮食物流节点、农产品冷链系统和生鲜农产品配送中心建设。

• 落实停止收取个体工商户管理费和集贸市场管理费政策。

• 支持大型连锁超市和农产品流通企业开展农超对接，建设农产品直接采购基地。

• 发挥农村经纪人作用。

• 长期实行并逐步完善鲜活农产品运销绿色通道政策，推进在全国范围内免收整车合法装载鲜农产品的车辆通行费。

(3) 2008 年 12 月 30 日国务院办公厅《关于搞活流通扩大消费的意见》。

• 健全农村流通网络，推动农村消费。

• 增强社区服务功能，扩大城市消费。

• 提高市场调控能力，维护市场稳定。

• 促进流通企业发展，降低消费成本。

• 发展新型消费模式，促进安全消费。

• 加大财政资金投入，支持流通企业发展。

在健全农村流通网络，推动农村消费这一条中，规定加快完善农产品流通网络：

健全农业市场信息服务体系，强化信息引导和产销对接，完善农产品运输绿色通道政策，降低农产品流通成本和损耗，着力解决农产品“卖难”问题，促进农民增收。

继续实施“双百”市场工程和农产品批发市场升级改造工程，在重点销区和产区再新建或改造一批农产品批发市场和农贸市场，加强冷藏保鲜、卫生、质量安全可追溯、检验检测、物流等设施建设。

积极推动“农超对接”，支持大型连锁超市、农产品流通企业和农产品专业合作社建立农产品直接采购基地，培育自有品牌，促进产销衔接。

建设从鲜活农产品生产基地到超市的冷链系统、物流配送系统和快速检测系统，提高流通效率，保证产品质量和安全。

2. 各部委的支持政策

• 商务部：双百工程、三绿工程。

• 农业部：5520 工程。

• 发改委、财政部、科技部等。

• 物流产业振兴规划。

3. 地方政府

• 传统批发市场升级改造。

• 现代农产品流通业加快发展。

结论：

中国农产品流通业的大发展时代到来了：生产需要、消费需要、外贸需要、流通需要、政府需要。

三、中商集团的选择

（一）农产品流通业的基础和优势

1. 基础——四个各有特点的市场

• 北京八里桥市场（大城市销区）。

• 河南南阳市场（中小城市产销区）。

• 山东寿光市场（大产区集散地）。

• 海南海口市场（新建产区市场）。

2. 建设和管理经验（以八里桥市场为例）

（1）硬件建设：选址、布局、设施、交通等。

（2）软件建设：制度、信息、网络、检测、监控、安全、结算、交易、计算机管理等。

3. 人才

• 集团总部领导、专业人才、各子公司部门。

• 八里桥市场。

• 海南市场。

4. 中商集团的其他资源

（1）无形资产。

• 央企信誉、中央部门关系。

• 地方政府关系、金融机构。

• 行业伙伴、企业管理。

(2) 有形资产。

资金、大厦、四市场股权、土地。

(二) 农产品流通主业的模式选择

1. 发展现代化的传统农产品批发市场

(1) 增量扩张。

- 新建市场。
- 收购参股市场（产区、地级市）。
- 托管承包市场。

(2) 提质延伸。

- 打造精品市场。
- 向上下游延伸（产地、零售）。
- 横向合作。
- 多元化经营。

2. 开拓现代化的涉农创新业态（四园二司）

- 现代化农产品流通园。
- 农产品物流园（可与市场套做）。
- 农业科技产业园。
- 农业观光度假园。
- 农产品连锁零售公司。
- 农产品进出口贸易公司。

四、运作方式

(一) 组建中商农产品公司

职责：主业战略规划、指导主业发展、掌控主业资源、争取政府支持、寻求合作伙伴、培养专业人才。

(二) 整合扩大主业资源

- 现有四个市场股权资产划并。
- 华运物流土地划并。
- 集团投入主业发展资金。

- 争取政府扶持资金。
- 未来新增资产。

(三) 三个目标与三步走

1. 近期目标与第一步

- 组建中商农产品公司。
- 做成海南市场。
- 做精八里桥市场。
- 择机扩张。

2. 中期目标与第二步

- 做成中商国际农产品交易中心园项目。
- 做成农产品物流项目。

3. 长远目标与第三步

- 逐步发展成多元化经营的涉农集团。

(四) 解决四大关键

1. 决策

信心、决心、科学、规划、执行、落实。

2. 资金

- 盘活存量，以少控多。
- 善用增量，滚动发展。
- 开展合作，借力扩张。
- 发挥优势，输出管理。
- 紧靠政府，求得支持。
- 寻找机遇，资本运作。

3. 人才

成立农产品管理子公司：抽人、聘人、培训、下派、挂职、使用。

4. 体制

责权利统一、团结拼搏、激励约束、“三公”竞争、务实创新。

关于请求承担实施“国家级公益性农产品批发市场工程”的报告①

为了贯彻落实国务院关于“改造和建设一批公益性农产品批发市场”和“在农产品主产区、集散地和主销区，升级改造一批带动力强、辐射面广的大型农产品批发市场”的战略部署，中商集团建议并请求商务部批准中商集团实施“国家级农产品公益性批发市场工程”，即在全国的农产品主产区、集散地和主销区，选择一批带动力强、辐射面广、产权清晰、管理有基础的大型农产品批发市场，通过投资控股、收购、参股等形式，建立起一个由商务部直接调控，由中商集团承担运营的国家级现代化的大型公益性农产品批发市场体系。

具体理由和方案构想如下：

一、工程的必要性

（一）农产品的特点，需要政府对农产品流通进行宏观调控

农产品的生产具有很强的周期性、季节性和不确定性，并且体积大、价值低、易腐不耐储、经营风险大，而农产品的消费则要求常年均衡供应、保质保鲜、价格适度而稳定。因此，对农产品，尤其是鲜活农产品的流通，不能完全由市场这只看不见的手来左右，而必须由政府通过看得见的手来加以必要适当的宏观调控。

（二）中国的国情，需要中央政府在全国范围内，对农产品流通进行宏观调控

中国地广人多，随着农业生产的现代化和结构调整，大宗农产品加速向优势产区集中生产；同时随着城市化速度的加快，农产品消费也加快向大中城市和新兴的城市群集中。我国的农产品流通已形成买全国、卖全国的全国范围的大市场和大流通，并日趋强化。而近年来频繁出现的农产品，尤其是“菜篮子”产品的“卖难”“买贵”和价格异常激烈波动，以及严重的食品安全等问题，都说明在这种新形势下，必须将“菜篮子”的地方市

①本文是 2011 年 3 月 14 日为某央企向中央有关主管部门提交的一个请示报告。

长负责制，同中央对全国“大菜篮子”的宏观调控结合起来，才能更好地解决农产品流通中的“卖难”“买贵”和价格异常波动等问题，才能更有效地降低农产品的流通成本、提高流通效率和保证食品安全。

（三）国际经验证明，农产品流通是一项社会公益性事业，必须由政府调控

200 多年来，发达国家的农产品流通，一直都是以公益性的农产品批发市场为枢纽和依托来运营的，如在法国、英国、德国、意大利、荷兰、西班牙等传统欧盟国家，在日本、韩国、泰国等亚洲国家，甚至在美国这样的高度市场化国家，无不如此。这些国家通过立法确定农产品批发市场的社会公益性质，通过政府投资、低息或无息贷款、减免税费、规划管理和委托经营等一系列措施，保证农产品批发市场的社会公益性，进而保证政府对农产品流通的宏观调控，即便是在最近的 20 多年，在发达国家超市的发展已成为农产品食品流通的主渠道的情况下，但在世界的发达国家，仍未放弃或改变对农产品批发市场公益性的认定支持和调控依托。在中国未来的几十年内，更应该如此。

（四）中央政府对农产品流通的宏观调控，要以中央国有企业为依托

在社会主义市场经济条件下，中央对农产品流通的宏观调控，不能由政府机构直接承担运作，而必须由一个合适的流通组织机构来承担。中央国有流通企业，可以更好地承担这个职责。因为，一是国有企业的性质，使其有责任有可能将社会公益性作为企业的首要职责和目标，而不会像外企、私企和上市公司那样，追求利润第一；二是中央企业的地位，也使其有实力有条件，从全国的角度和范围，来实现对农产品流通的全国性宏观调控，而不是仅局限于保某个地方城市的“菜篮子”。因此中央企业，有条件有能力承担起国家公益性农产品批发市场工程的建设和运作职责，成为商务主管部门靠得住、用得上和调得动的全国性农产品流通宏观调控的依托和抓手。

二、工程和方案构想

（一）建立战略委托合作关系

由商务主管部门与选定央企，签署“国家公益性农产品批发市场工程”

战略委托合作协议，授权委托该央企承担建设和运作国家公益性农产品批发市场工程，明确商务主管部门对该工程的目的、目标、内容、支持和运作方式的要求，明确该央企的职责、运作原则方式和政策支持。

（二）设立工程发展基金

通过政府拨款、企业出资和社会筹资等方式，由该央企控股设立“国家公益性农产品批发市场工程发展基金”，用于该工程的投资建设和运营，克服目前临筹临用的零打碎敲筹资方式，实现工程稳定的资金保障和可持续发展。

（三）建立以资产为纽带的全国国家公益性农产品批发市场体系

按照商务主管部门的规划，在全国农产品的大规模主产区、集散地和销地，选择一批带动力强、辐射面广、资产清晰和管理有基础的大型农产品批发市场，由该央企利用本工程所筹的发展基金，设立工程投资控股公司，代表商务主管部门或受其委托，通过独立投资、合作投资、收购股权和参股等多种方式，建立起以资产为纽带的一批国家级大型公益性农产品批发市场体系，作为中央商务主管部门对全国农产品流通进行宏观调控的物质依托。克服以往国家分散投资而不能得到调控依托的局面。

（四）建立全国性的宏观调控系统

以上述国家级公益性农产品批发市场体系为依托，建立全国主要农产品，尤其是“菜篮子”产品的九大平台：

（1）农产品生产、流通和消费的信息平台。

（2）农产品质量标准和安全检测监控平台。

（3）重要农产品国家储备和商业储备应急调剂中心平台。

（4）全国主要农产品价格收集、加工和发布平台。

（5）农产品流通的调控资金投放调度平台。

（6）主要大宗农产品生产和批发的全国交易和物流对接平台。

（7）全国性的主要农产品的电子交易平台。

（8）全国农产品运销主要主体大户的组织协调平台。

（9）农产品进出口贸易平台。

（五）组织机构和运作方式

（1）国家公益性农产品批发市场工程组织机构，见下图。

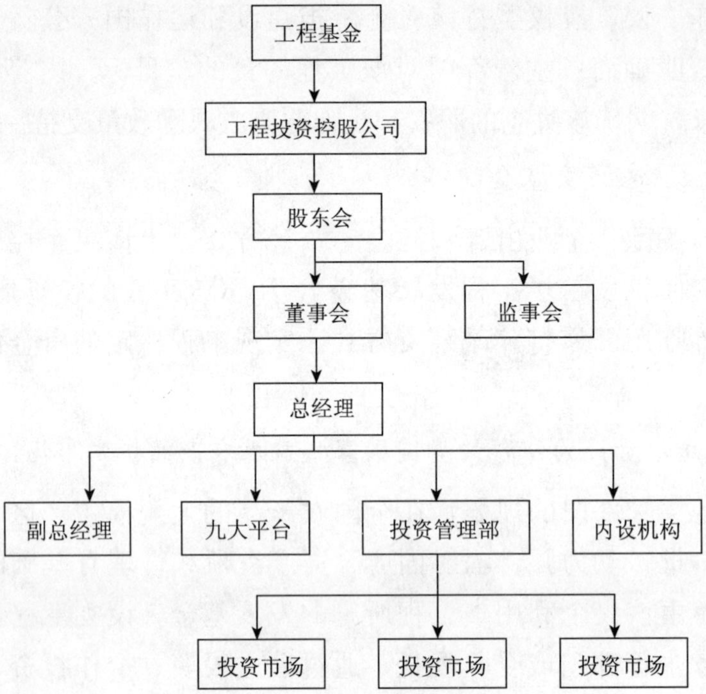

农产品批发市场工程组织机构图

（2）国家公益性农产品批发市场工程运营方式：

①按现代企业制度原则设立企业法人机构。

②由中商集团控股的工程投资公司，按商务部的战略部署和指导监管，负责实行公益性原则下的企业化运作。

③在政府支持下，实现企业自负盈亏。

（六）拟投资的目标市场

经过五年左右时间，投资 15 家大型农产品批发市场，在三年内首批投资 9 家批发市场。首批目标市场初定如下：

（1）对北京八里桥农产品中心批发市场，动迁升级改建后控股。

（2）对海南中商农产品中心批发市场，新建控股。

（3）对山东寿光蔬菜批发市场动迁升级改建后持股和增股。

（4）对福建厦门同安闽南果蔬批发市场，动迁升级改建后投资控股。

（5）对重庆观音桥市场，动迁升级改建后的“双福农产品物流园”参股。

（6）对辽宁沈阳副食集团，改制整合后参股，并进一步投资控股整合动迁新建农产品批发市场。

（7）对山东青岛莱西东庄头蔬菜批发市场，动迁升级改建后投资控股。

（8）对河南商丘农产品中心批发市场参股。

（9）对新疆乌鲁木齐北园春批发市场动迁扩建后投资参股。

上述市场有的已有投资运行，有的已有合作意向。

三、工程可达到的预期效果

（1）有利于掌控全国农产品流通的主要枢纽和节点。

（2）有利于掌握主要农产品生产、流通和消费的相关即时准确信息。

（3）有利于调控主要农产品全国大流通的走向和应急处置，促进均衡供应和价格稳定。

（4）有利于促进形成全国性的农产品价格发现。

（5）有利于促进农产品流通的标准化、品牌化、优质化和安全化。

（6）有利于对农产品生产、流通和消费的科学引导，缓解农民“卖难”和消费者“买贵”，促进农民增收，扩大居民消费，拉动内需。

（7）有利于降低农产品流通成本和提高流通效率。

（8）有利于引导和推动农产品流通体系，尤其是农产品批发市场的现代化升级改造。

四、工程需要的政府政策支持

（1）请有关部门批准本报告的国家公益性农产品批发市场工程方案，并委托选定央企负责实施。

（2）争取国家的财政专项拨款。

（3）争取国家对本工程给予税费优惠。

（4）争取国家对本工程项目征用土地的支持。

（5）请中央商务主管部门协助与地方政府有关部门的协调，以便该央企对目标市场的投资和运营支持。

（6）争取政府其他相关部门的支持。

关于投资“社区便民连锁菜亭（店）公司项目”的建议①

一、项目背景

（一）城市化快速发展，拉动蔬菜消费数量大幅增加

我们城市化已进入快速发展期，全国每年有大约 1800 多万农村人口转为城镇居民，按每人每天消费 0.5 千克蔬菜计算，全国城镇每年仅新增进城人口要增加 32 亿多千克的蔬菜供应量，这种状况要持续到城市化率由 2009 年的 45％达到 70％，需 30～40 年的时间。北京市常住人口已达 1960 多万人，加上流动人口 400 万，每天需消费蔬菜 1200 多万千克。

（二）居民收入持续增加，推动蔬菜消费质量水平不断提升

2010 年，我国城镇居民全年人均可支配收入达到 19109 元，已超过基本小康线向全面小康和富裕水平迈进。与之相适应，居民家庭对蔬菜的消费也由数量型向优质化过渡。

（三）蔬菜生产的产业化发展，提供了日益充足的货源

近年来，我国蔬菜产量以每年 20％多的速度增加，生产的基地化、集中化、专业化程度不断扩大；产品的优质化、标准化、品牌化水平日渐提高，提供了越来越充足优质的蔬菜。同时也带来了一些新的“卖难”问题。

（四）现有的蔬菜流通体系，满足不了生产和消费发展的需要

1. 某些过多的流通环节，拉长了流通链条，增加了不必要的成本，提高了零售菜价。

2. 传统的社区菜市场和集贸市场网点不足，布局不合理，使得居民购菜不便，在新建居民小区尤甚。

3. 社区菜市场的场地摊位租金，伴随着高房价和私人企业对菜市场的企业化经营，租金暴涨，导致菜价居高难下。

---

①本文是 2011 年 5 月 1 日为企业提出的建议，供有心者参考。

4. 已新建的居民小区建筑物结构布局已定，租金高启，很难在小区内再开设适用的低租金的方便菜店。

5. 散、小、弱的个体商户经营，使得蔬菜的安全品质难以得到保证和有效监控。

6. 现代化的连锁超市，受我国现阶段经济社会发展水平所限，也受其本身业态和企业成本效益要求所限，蔬菜销售数量少，市场占有率低，在相当长的时期内尚难成为我国蔬菜流通的主渠道。

当前，蔬菜的“卖难”和“买难”交替或同时发生，成为困扰广大菜农和消费者，以及各级政府的一大难题，也是社会关注的热点。因此，创新一种适合我国现阶段经济社会发展水平和居民消费习惯特点的蔬菜流通新模式，来完善现有的蔬菜流通体系，尤其是零售体系，是摆在我们面前的一项崭新任务，也为我们提供了广阔的投资发展商机。本建议所述的“社区便民连锁菜亭（店）公司项目”，就是这样一个充满机遇和发展前景的项目。

二、项目模式

本项目是一个以配送中心为核心，以社区便民菜亭（店）为销售末端的主营蔬菜的特许连锁经营公司体系。

（一）组织机构

1. 公司管理机构。包括：高管层和必要的管理职能部门。

2. 配送中心。设有采购、加工、包装、仓储、电子网络平台、配送、回收、信息、质检和关联服务等部门。

3. 菜亭（店）。设在居民小区，按商圈供应人口确定规模，用旧集装箱改造为蔬菜销售亭，或建造标准化可移动轻钢结构的菜亭。

4. 连锁。菜亭（店）与社区合作，由公司招标成为特许连锁加盟店，按特许连锁原则管理并做适当变通。

（二）运营方式

1. 公司职责

（1）负责发展战略规划，筹资投资、选址布局和洽谈合作。

（2）招商加盟者，指导和帮助加盟店经营。

（3）负责货源采购，建立稳定合适的供货渠道和战略合作伙伴。

（4）负责物流配送，包括分拣、加工、储藏、配货、运输和回收。

（5）负责质量检验检测，食品安全监管。

（6）建立电子网络运营平台。

（7）信息采集、处理和发布。

（8）与政府及社会有关部门沟通。

（9）对其他非主营业务的拓展。

2. 加盟店职责

（1）接受公司业务指导。

（2）接受公司商品配送。

（3）向公司缴纳菜亭租金、加盟费和管理费。

（4）按需求向所供应的社区商圈居民，销售公司配送的大路货蔬菜和高档蔬菜，以及公司配送的其他相关商品，并开展公司规定的其他非主营业务。

（5）向政府缴纳规定的税费。

（6）向公司报告经营信息。

加盟店对蔬菜和其他商品的销售，采用网上订货、电话订货和菜单书面订货等多种方式并送货上门。

（三）公司体制

设立由中商集团绝对或相对控股，吸收风险基金或民企参股和职工持股的股份有限责任公司，企业化运作，同时争取政府支持。

三、项目的投入产出

（一）项目投入包括

1. 配送中心的加工车间、冷库、电子网络平台、信息中心、检测中心、运输车辆、办公场所、水电设施、分拣设备等硬件设施设备的投资。

2. 公司的人员劳务投资。

3. 公司的日常运营成本费用，如水电费用、垃圾处理、污水处理、设施设备维护、车辆养护和用油、办公费用等。

4. 菜亭（店）投资，包括旧集装箱购买和改造，或标准化轻钢菜亭的建造，以及货架、电脑、网线、电话、水电设施、必要的小冷库或冷柜、送货小车等。

（二）项目的收入

分两个层次：

1. 公司收入。包括菜亭租赁费、加盟费和管理服务费；配送蔬菜等商品的经营收入；自营业务收入，如进出口农产品贸易等；副营业务收入，如广告费等。此外还可争取政府扶持资金等非经营收入。

2. 菜亭加盟者收入。包括销售蔬菜等商品的经营收入；副业（如公用电话和售电话卡）收入；与公司的广告分成；公司对超额销售返点奖励等。

3. 公司争取若干年后上市，实现资产翻倍增值和利用社会资本发展。

四、项目要争取的政府支持

1. 争取纳入商务部农产品流通现代化试点工程，获得资金支持。

2. 争取国家物流产业和冷链建设的资金支持。

3. 争取国家科技部的电子商务和网络信息化资金支持。

4. 争取商务部的食品安全可追溯体系建设的资金支持。

5. 争取地方政府的相关政策资金支持。

6. 争取政府安置就业、扶贫脱困、残疾人就业等专项资金和政策支持，同时公司也要采取政策要求的相应运作。

7. 争取市、区政策和街道、小区物业的支持和合作。

8. 争取部分税费的减免。

五、项目启动流程

1. 中商集团成立项目筹备工作小组。

2. 项目工作组提出项目方案，并进行专家论证，经集团审核通过后成立项目公司筹备机构。

3. 筹措资金和合作伙伴，设立项目公司。

4. 与各级政府洽谈求得支持。

5. 选址规划并与街道和小区洽谈合作。

6. 设计建设配送中心和菜亭。

7. 选择货源基地洽谈合作。

8. 菜亭加盟招标和培训。

9. 制定规章制度，招聘人员，购置安装设备。

10. 试运营。

11. 取得经验后扩张推广。

六、项目的风险

1. 取得各级政府尤其是地方政府的支持。
2. 选择好街道、小区合作伙伴。
3. 规划、布局、建设要合理适用。
4. 市场调研和可行性研究要充分可靠。
5. 有一个坚强有力的专业化领导班子和经营团队。
6. 快速行动不失时机，又要扎实稳步推进。
7. 有一个充满活力的企业机制。
8. 尽快培育起公司的优势差异化同业竞争力。

我相信，在集团领导的亲切关心和指导下，经过周密策划扎实运作，本项目一定可以获得成功，为中商集团的农产品流通开拓一条主营业务产业链条，带来好的经济效益和社会声誉。

附：运行图（见下图）

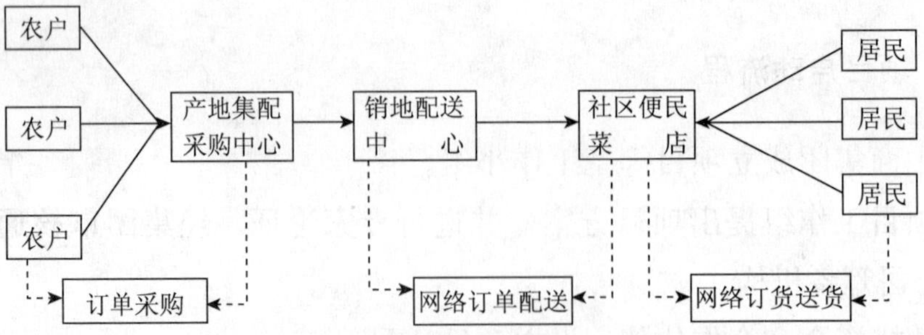

运行图

集团涉农发展战略框架选择[①]

集团可成立涉农控股公司，下设若干个子公司，有选择、有计划、分步骤地介入六大涉农板块。

一、农产品流通板块

（一）批发市场体系

通过投资控股、参股和管理合作等方式，在大城市销区和优势集中产区，布局控制一批销区集散型和产区集散型农产品批发市场。

（二）产区集配中心体系

在优势主产区，与当地龙头生产企业、乡村政府和专业合作社等合作，投资建立农产品集配中心，通过合同生产收购等方式，收购、分拣、检测、包装、预冷、贴牌、储运等方式，实现控制货源上市销售。

（三）销区社区便民店连锁配送体系

1. 在社区设立便民店菜亭（店），在批发市场设立配送中心，建立网络平台，通过网上、电话、菜单订购等方式，对居民实行上门配送。

2. 商品要标准化、优质化、品牌化，大路货与精品特品货兼营。

3. 运营采取由公司负责建设施、管理和配送的特许加盟连锁模式。

二、农产品交易综合园区板块

在大城市建立农产品综合交易园区。其功能区包括：

1. 交易区

2. 物流区

3. 展会区

4. 生活服务区

①本文是2011年5月6日为某集团写的一个涉农发展框架提纲。

5. 行政管理服务

三、农业观光园板块

在适当地方选择开发农业观光园。其内容包括：

1. 农业高科技示范区

2. 种养采摘区

3. 温泉度假酒店区

4. 房地产经营区等

四、农业生产板块

集团通过投资直营或战略合作，建立标准化、品牌化、特色化的农产品生产基地，控制货源，为流通板块和贸易板块提供商品保障。

五、农产品贸易板块

集团以生产板块和流通板块为依托，建立出口农产品采购基地和出口贸易窗口，以及流通渠道，开展农产品贸易。

六、农产品网络平台

包括网络交易、信息和管理系统。下图为农产品流通板块图。

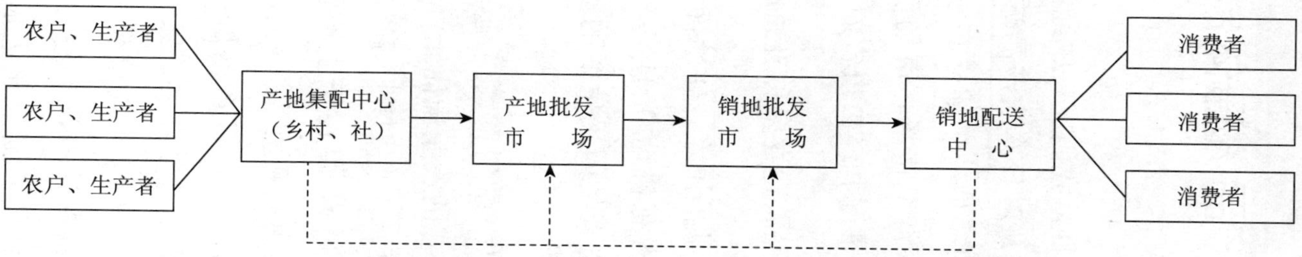

农产品流通板块图

注：1. 产地农产品集配中心。功能包括：生产指导，农资供应，订单订购加工，信息服务，分拣加工，包装检测，预冷，储运等

2. 销地配送连销经营。包括：网络订货配送，经营指导管理，关联服务等

附录：日本农产品流通体制考察①

1988年10月18日—11月16日，我们应日中经济协会邀请，由日本农林水产省接待，以生鲜食品为重点，对日本农产品流通体制，进行了考察。总的印象是：日本农产品流通体制，是一个建立在私有制经济基础上的流通体制。对于我们要建立的“国家调节市场，市场引导企业”的模式，有较大的借鉴意义。现将了解的主要情况和体会报告如下：

一、从国情出发，区别不同产品，建立多种流通形式的农产品流通体制

日本是一个地少人多，资源短缺的国家，耕地面积536万公顷，占国土面积14.5%；人口1.2亿，人均占有耕地0.044公顷，约合0.66中国市亩。使有限的土地资源最大限度地满足国民生活的需要，是日本农业和农产品流通的根本任务和出发点。

日本政府十分重视农业，采取一系列重大措施，经过20多年的努力，在20世纪70年代基本实现了日本式的农业现代化，大幅度地提高了农产品的自给率。1988年，大米产量已连续9年过剩，蔬菜自给率达95%，水果73%，牛奶及奶制品89%，肉类78%。但由于土地资源的限制，加上农业生产规模小而分散，每个农户平均占有耕地1.23公顷，是个现代化的小农业，农业生产率提高缓慢。从总体上看，日本仍是一个农产品供给不足的国家。1986年，食用农产品综合自给率为70%，其中食用谷物为70%，包括饲料则为32%（1985年），为发达国家的最低水平，豆类8%，小麦14%，饲料谷物2%。国民热量供给食品的50%左右依靠进口。

此外，工业现代化的发展，促进了城市化进展，全国人口80%（约8000万）以上集中在几个大城市，其中仅东京就居住了全国人口的10%以

①本文是1988年随原商业部商业经济研究所组团赴日本考察农产品流通的报告。考察组成员有：张其泮、吴硕、赵尔烈（执笔）、于淑华（翻译）。

上。随着国民收入水平的提高，民众饮食生活又趋向高层次、多样化、优质化。日本的农产品消费也就随之形成了一个高层次的集中的大市场。

日本农业的小生产方式同日益发展的农产品消费大市场的矛盾，越来越成为日本经济的一个重要问题。日本政府努力试图用扩大生产规模，变小生产为大生产来解决这个矛盾，并为此修改了有关土地法律，鼓励土地集中。但是，由于：①农民传统习惯舍不得失去土地；②地价飞涨，土地成为农民的保留资产；③小型农机具发展，使农民兼种土地成为可能。因而使政府扩大农业生产规模的愿望，在土地利用型的耕种业进展缓慢，经20多年努力，农户只减少了20%。目前，日本一边务农一边做工的兼业农户有365.3万户，占农户总数的85.3%，全部收入来自农业的专业户63.1万户，占14.7%。

在扩大农业生产规模进展迟缓的同时，日本政府组织农产品大流通的努力却取得了显著的成效。第二次世界大战后，日本政府通过组织和扶持农协，实现了农产品流通的组织化，把小生产组织成大流通，适应了大市场的需要；通过改造完善批发市场制度，促进了生鲜食品流通的市场化，保证了有效竞争，形成公正合理的市场价格；通过健全法制改进政府宏观调控方式，提高了农产品流通的计划性和管理的高效化。从而逐步形成了一个以批发市场为核心，以农协为支柱，以政府宏观调控为枢纽的农产品流通体制。这个体制不仅缓解了日本农产品供求矛盾，而且基本实现了农产品的稳定均衡供给，近年来又取得了市场价格稳定的势头，维护了生产者和消费者的利益。

在上述农产品流通总体制的框架下，日本对不同的农产品采取了不同的流通方式：

（一）粮食流通

日本的粮食流通一直是在政府的严格控制下依法进行。战争和战后一段时期政府对粮食实行统制管理。1969年大米过剩以后，实行大米流通双轨制。农民生产销售的大米，一部分（目前约占60%）由政府按预订数量，按依法制定的生产者价格，委托指定的农协代理商收购，并按依法制定的消费者批发价格，卖给批发商，称政府米，政府米的零售价格放开；另一部分大米则由农民卖给政府批准的经营商，按指定的流通渠道经营，价格全部放开，称自主流通米，农民销售自主流通米的数量和去向亦须向政府申报。大米的上市代理商（日本称集货业者），一部分是农协系统，另一部分是全国主食集货协同组合连合会（简称全集连）系统，但都要经农林水产大臣按法律规定的条件进行资格审查批准。大米批发商和零售商则须由都道府县知事依法批准。其他机构和个人均不得插手粮食经营。见图 1。

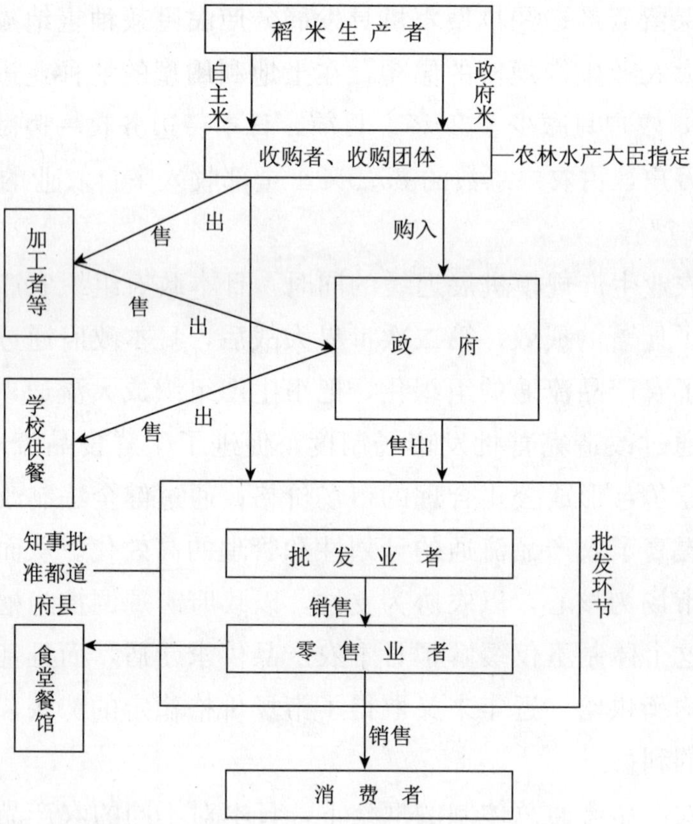

图 1　日本粮食流通体系

（二）生鲜食品流通

日本将蔬菜、水果、水产和肉类农产品，统称为生鲜食品。日本生鲜食品流通是从一个无组织的自由市场流通，发展到今天的以批发市场制度为核心有组织的自由市场流通。目前生鲜食品分为两大渠道：一是经过法定批发市场的场内流通；二是不经过法定批发市场的场外流通。菜、果、水产品以场内流通为主，牛猪以场外流通为主。近年来，随着蔬菜和水果生产的产品日益规格化，储运和信息条件发生了根本性变化，加上超级市场的大力发展，果蔬场外流通比重呈逐渐扩大趋势。不同的生鲜食品又有不同的流通渠道。

其中蔬菜水果的流通渠道首先在产地，经过：①由综合农协、专业农协和农民临时性的任意组合组成的运送上市团体；②由产地收购团体和收购商人组成的集中发货业者；③产地负责集中、挑选、包装、预冷的集货场所，将大部分产品送往批发市场，少部分产品直接销售给零售商和消费者。其次产品在批发市场，由作为代理批发商的批发业者，用拍卖形式卖给中间批发商，大的用户和大零售商。再次，中间批发商再销售给小零售商。最后，由零售商卖给消费者。

蔬菜水果的流通渠道见图 2。

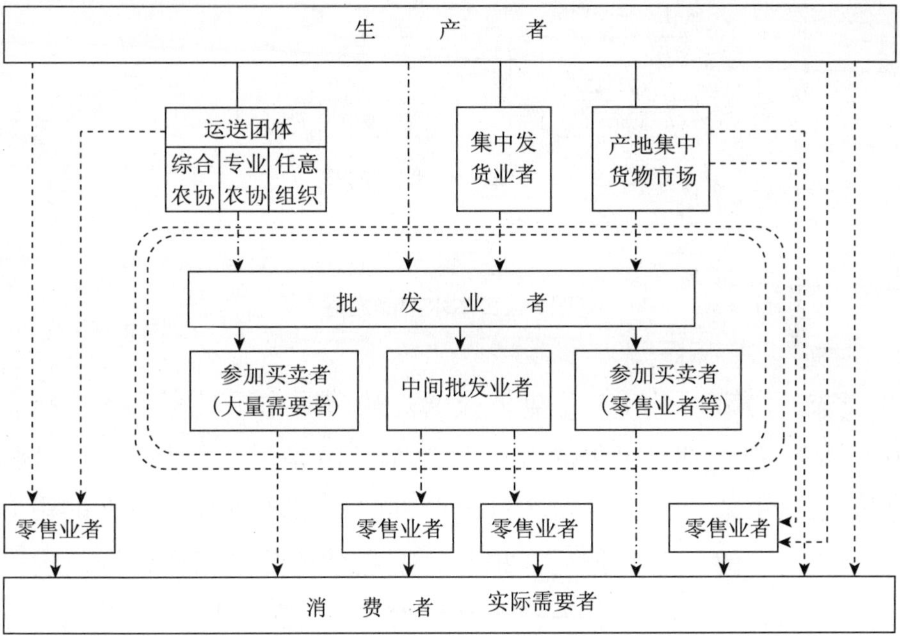

图 2　日本的蔬菜水果流通渠道

水产品流通同蔬菜水果流通不同的是，增加了一个产地批发市场，以利于渔船靠岸后马上成交卸货再出海，也便于立即对产品进行保鲜处理。另外，水产品批发市场全部采取购销方式，而不像水果蔬菜那样头道批发采取代理销售方式。见图 3。

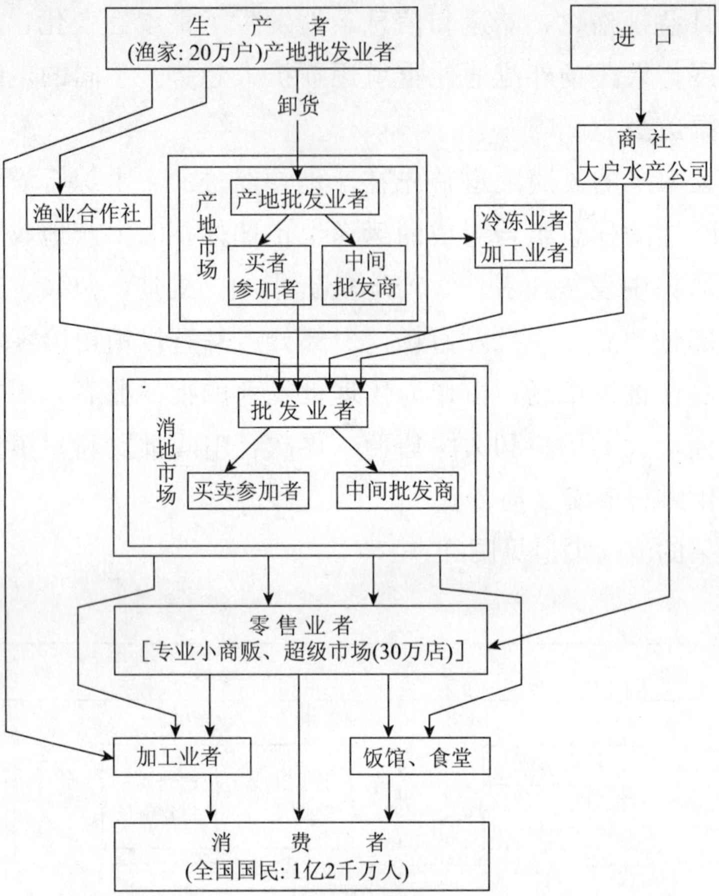

图 3　日本水产品流通

肉类流通的第一个环节是生体流通。从前同中国牲畜市场一样，采取“袖中交易”，现在都是公开拍卖。第二个环节是屠宰解体和白条肉流通。法律严禁私自宰杀，宰杀必须经过政府办的屠宰场或政府批准的民办屠宰场和食肉中心，解体后实行公开拍卖。第三个环节是精肉流通。肉类以及肉食鸡、鸡蛋、奶制品和奶等畜产品，大都由大的垄断商社控制，商社通过提供种畜、饲料、贷款和技术服务等方式，控制生产专业户，实行产销加工一体化，加上过去日本人没有吃肉习惯，肉类批发市场发展比果蔬批发市场晚了 30 年。所以，目前肉类场内流通比重虽逐年加大，但仍很小，不过场内拍卖价格也还是被视为全国肉类流通基准价格。见图 4。

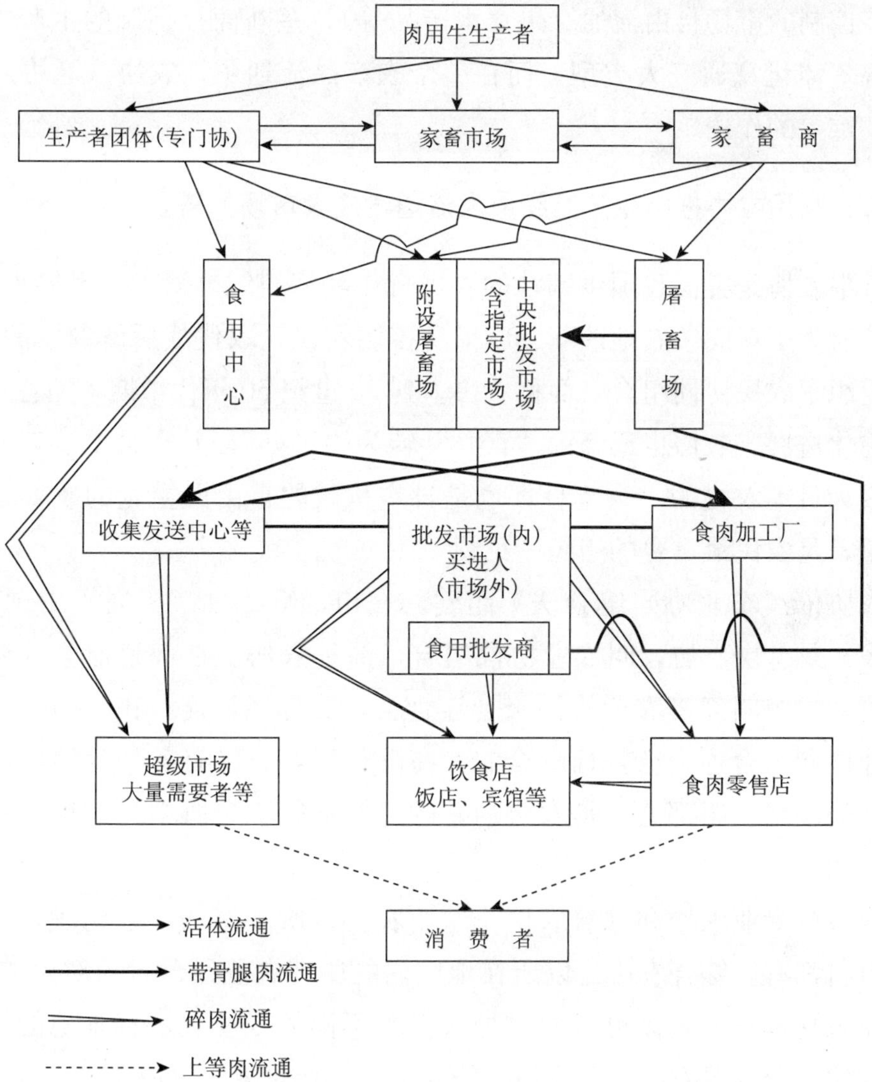

图 4　食肉流通渠道

（三）其他农产品流通

蚕、茧、甜菜、进口谷物的流通。大都由大商社经营，一部分通过农林水产省管理的 12 个农产品商品交易所进行，并形成市场价格，另一部分由供需双方直接交易成交。

此外，近年来发展起来的花卉市场，其流通方式大体和果菜市场差不多。

总的来看，日本农产品流通可分为：政府直接控制的流通（粮食），政府间接控制的市场自由流通（果菜水产品等），垄断商社控制的生产、加工和销售一体化流通三大类型。而在整个农产品流通中，农协（渔协）都起着极其重要的作用。

二、利用农协把小生产组织成大流通适应大市场的需要

日本农协是类似我国供销社的农民合作经济组织。第二次世界大战后，日本政府为了巩固“农地改革”成果和控制农民，取代战后解散了的农会，强行组织了农民协同组合，简称农协。到20世纪50年代中期，随着日本政治民主化进展，农协也逐渐由“官办”转为“民办”，并在日本政府的支持下，成为日本农村的一大支柱，也是日本执政的自由民主党的重要政治支持力量，是农民最重要的组织。见图5。

农协依《农业协同组合法》组建。在市、町、村（相当于中国的县、区、乡）是基层农协，叫农业协同组合，简称农协。在都道府县（相当于中国省）一级叫经济农业协同组合连合会，简称经济连。在全国一级叫全国农业协同组合连合会，简称全农。在町村里，农民有各种专门性的生产和流通的小组，叫部会，是农协的基础，但不属于农协本身的组织机构成分。见图6。

农协分专业农协和综合农协。专业农协按所从事的事业组织，不是每个市町村都有。综合农协是以所在地区内的所有农业经营者为对象的组织，各个市町村都有。农民可以同时加入若干不同的专业农协和本地的综合农协。农协又分入股农协和不入股农协，综合农协是入股农协。

农协的成员称组合员。农协对本组织的组合员是非营利的服务性组织，对本农协组织成员以外的单位和个人则是按商品经济原则办事的营利性组织。即对内服务，对外赢利。

日本政府一方面通过农协落实生产计划，另一方面又通过农协把农民组织起来，将分散的农业小生产，组织成大流通，进入大市场。农协在农产品流通中的作用，主要体现在五个方面：

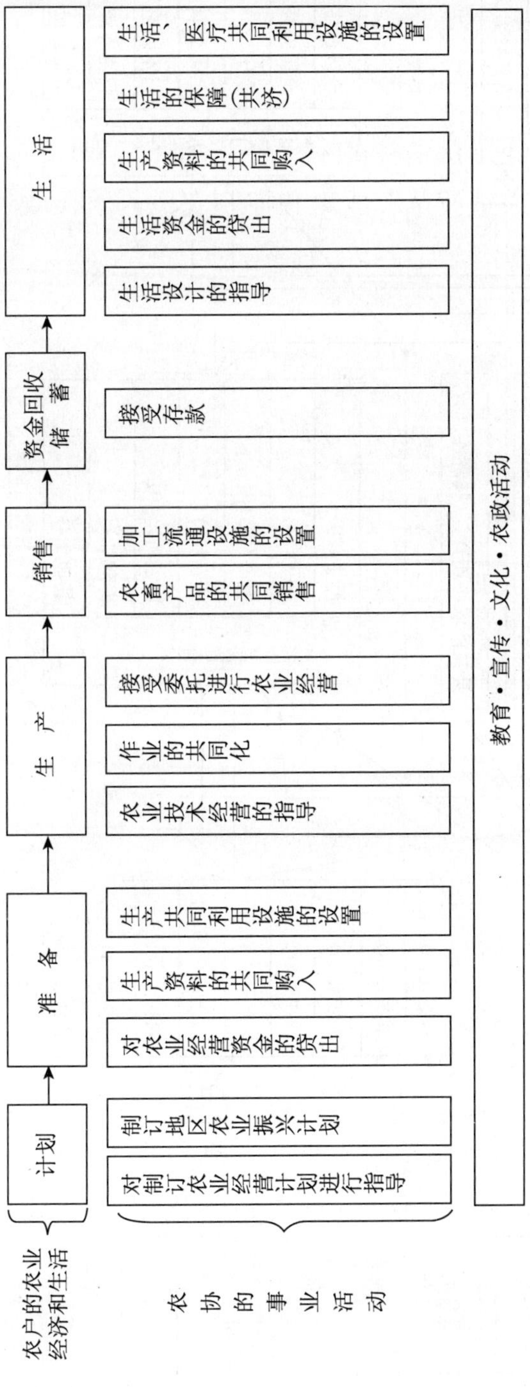

图5　农协所从事的事业和同农户关系

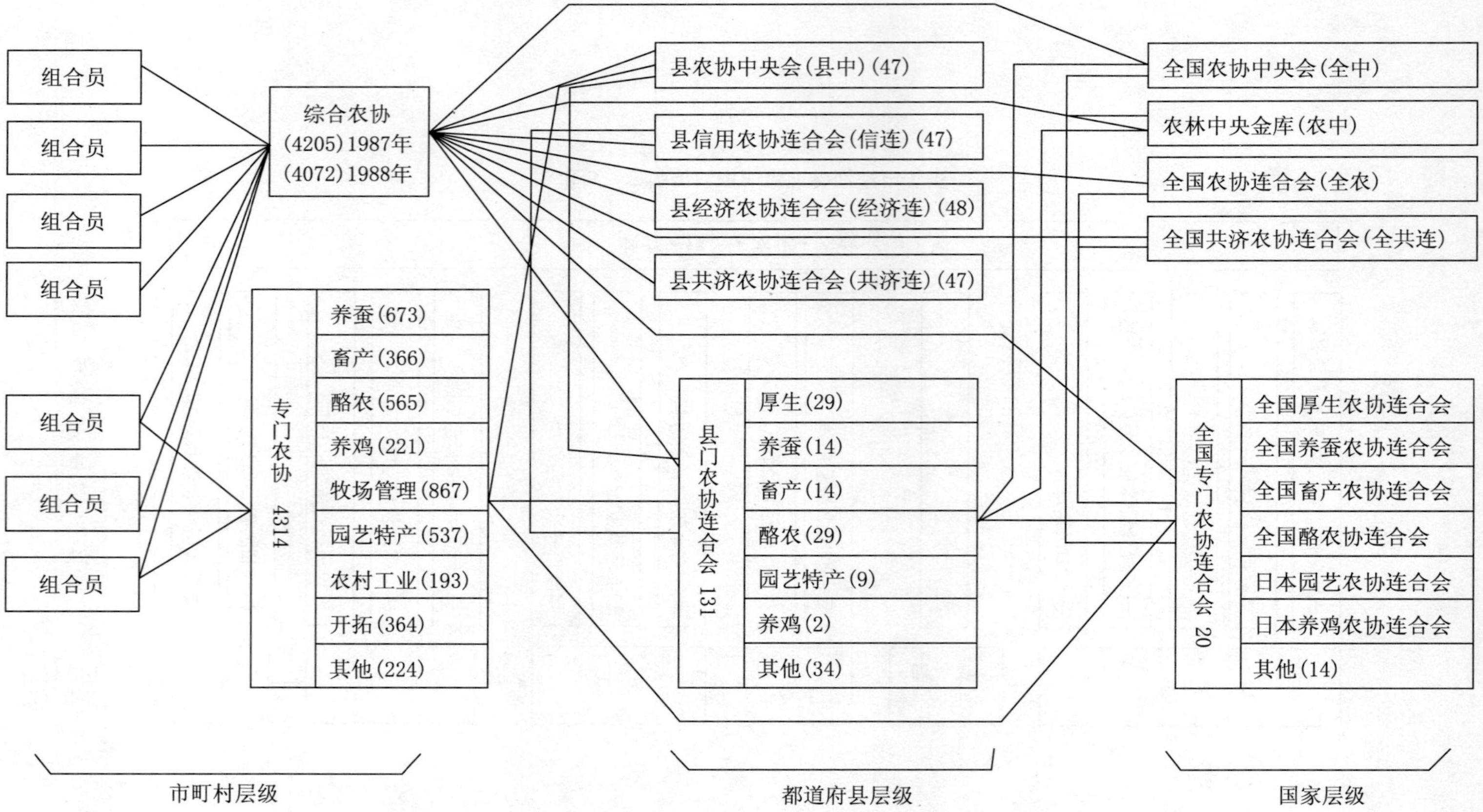
组合员
组合员
组合员
组合员
组合员
组合员
组合员
综合农协
(4205)1987年
(4072)1988年
专门农协 4314
养蚕(673)
畜产(366)
酪农(565)
养鸡(221)
牧场管理(867)
园艺特产(537)
农村工业(193)
开拓(364)
其他(224)
县农协中央会(县中)(47)
县信用农协连合会(信连)(47)
县经济农协连合会(经济连)(48)
县共济农协连合会(共济连)(47)
县门农协连合会 131
厚生(29)
养蚕(14)
畜产(14)
酪农(29)
园艺特产(9)
养鸡(2)
其他(34)
全国农协中央会(全中)
农林中央金库(农中)
全国农协连合会(全农)
全国共济农协连合会(全共连)
全国专门农协连合会 20
全国厚生农协连合会
全国养蚕农协连合会
全国畜产农协连合会
全国酪农协连合会
日本园艺农协连合会
日本养鸡农协连合会
其他(14)
市町村层级
都道府县层级
国家层级

图6　农协系统组织概要

（一）组织物流

这项工作主要由町村一级基层农协承担。基层农协在产区建有农产品集货所，负责本农协组合员农户产品的集中、挑选、包装和预冷，然后组织上市。集货所的规模大小不一，设备水平不等。近年来建设的集货所的一般规模较大，设备先进，有自动包装流水线和高温冷库等。集货所建设资金主要来自农协积累和国家补助。集货所独立核算，为农协会员服务，收取设备使用费，从农户卖出的商品所得货款中扣除。集货所管理人员是拿工资的农协职工，工人则多是雇用的临时工。全国农协系统共有集货所2523个。除经过集货所组织物流外，农协也根据不同产品，组织不经过集货所从菜地直接装车运输上市。县经济连也办有集货中心，选果场等物流中心。全国农协系统，1985年，共有蔬菜水果的选货场1475个，储藏库场711个，冷藏设施960处；畜产品集货场185个，冷藏设施32处；农用仓库16180座，容量达1064万吨（米）；检验洗蛋设施108处；集中牛奶设施231处。此外，农协系统有七个全国运输联合会，下设众多的运输组织。1985年，农协仅蔬菜运输组织就有3592个，占社会蔬菜运输组织的48%，运输量占69%。20世纪60年代中期调整公路网建成后，果菜运输全部改用汽车，采摘后在24小时内可运到指定批发市场，最远距离也可在两天之内运到全国主要市场。而优良的包装和冷藏车运输则保证了果菜的高鲜程度。农协的物流网络系统，解除了农民的后顾之忧。

（二）组织商流

这项工作主要由县经济连承担。经济连在产区设有事业所，负责本地区农协组合员产品的商流组织。事业所联系全国各地批发市场、批发商、大的经营企业和消费单位，联系全农的集配中心，了解各地的供求状况和市场行情。然后制订上市计划并根据随时变化的情况，向管区内综合农协和专业农协，发出上市指令。上市指令包括上市品种、数量、地点、市场和上市时间，并负责组织运输车辆调运。为了使农户得到更好的市场销售价格，事业所也可随时变更上市计划，向已在运途上的卡车下达变更送货地点和市场的命令。一般情况下，事业所与批发市场，代理批发商等客户都有稳定的业务关系。经济连对农协组合员是服务性的代理制，事业所为农户组织商品流通，是按照法律规定收取销售额3%左右的手续费，从农户销货款中扣除。为鼓励农户多利用经济连销售产品，经营连往往要把收的手续费的一部分，再返还给农民。1986 年，农民通过经济连等农协系统销售的蔬菜占 95.6%，水果 94%，肉牛 84.2%，猪 92.6%，鸡蛋 86.5%，花卉 54%，政府米 100%，自主流通米 99.9%。经济连组织的商流既有场内流通，也有场外流通，使生产与流通更加联系紧密。农协系统遍布全国的商流网络，把绝大部分农产品纳入了有计划的流通轨道，一方面克服分散的小生产的盲目性，保证了稳定均衡的供给，安定了市场；另一方面把孤立小规模的生产者组织成有组织的大规模的产品供应者，增强了农民在市场上的竞争地位和力量，有效地维护了生产者的利益。所以，日本农民反映，经过农协销售产品，虽然要付手续费，有时个别产品价格不如自销高，但从总体和长远收入看，还是愿意依靠农协的销售网络。

（三）组织信息流

商品经济是信息经济。日本农协为适应不断变化的市场状况，调整供给，改善生产和流通经营，提高竞争能力，加大力量建立覆盖农协系统和流通各个环节的本系统信息网络，并同社会信息网联网。农协系统信息网由批发公司（批发市场的代理商）、全农、县经济连和基层农协四级组成，以计算机系统为主要形式，伴以电传，电话和邮件等传递方式。计算机系统经过改革，硬件已实现小型化、高效化，软件与国家通信回路系统联网达到高效普及。农协的信息分为销售信息系统、结账信息系统和制约信息系统三大系统，开展销售业务明细情况联络、信息磁带交换、结账书传递和发行业务交流信息业务。整个信息系统做到了快、准、全。农协的信息系统同全国的批发市场、运储团体、加工企业、超级市场、产地和消地农协都建立了联系。从农协信息系统可随时了解到什么时间、什么产地、向哪个消地市场上市了什么品种和多少数量的产品，并可知道卖了什么价钱，农民可根据市场信息决定生产和销售选择。信息网络使批发公司、全农、县经济连和基层农协各个环节，在销售和结账的信息工作处理上，实现了一元化，避免了重复作业，增强了信息工作质量，加快了商流和物流决策。农协系统在主要大城市设有 8 个全国性信息中心，在 56 个中等城市设有信息处理中心，构成全国农协信息网络。

（四）组织结账

及时准确地处理交易账目，是促进农产品流通的重要条件，尽快将销售货款返还到农民手中，更是提高农民生产销售积极性，维护农民利益的有力措施。日本农协在这方面发挥了极其重要的作用，成为农民的全权代表。农户在产品生产出来后，通过集货所、市町村农协、县经济连、全农、批发市场代理商，都是实行委托代理制。产品销售后，按法律规定的比率（区别不同产品），层层扣下手续费和上市的各项费用（如包装、挑选、预冷、运输等），最后通过经济连再通过农协把农民的销售纯收入交给农户。由于实现了销售系统和结账系统的一体化信息网络，所以结账快捷准确方便，一般农户在销售当天或次日即可知道自己的产品的销售价格，在三四天内即可得到销售款。农民在银行开有账户，销售款直接转入农民的账户上，随支随取，十分方便，农民完全不必操心。

（五）组建批发市场和集配中心

日本法律规定，中央批发市场必须由政府开办，但地方批发市场则可以由农协、商社等法人团体开办。日本农协系统办有果蔬批发市场131个，直接组织批发交易业务。此外，除县经济连办的一些集配中心外，全农办有：东京生鲜食品集配中心，大和生鲜食品集配中心和大阪生鲜食品集配中心三个全国性集配中心。集配中心功能类似批发市场，所不同的一是集配中心是生产者自己的设施，为生产者团体直接销售服务；二是销售方式是预约销售，根据用户预约计划组织农户产品上市，而不是批发市场的当日现货现卖；三是交易价格采取双方相对协商议定，而不是拍卖，比较稳定，但成交价也参照当日批发市场拍卖价。集配中心规模都很大，设备完善先进，设有常温、低温、冷藏、冷冻仓库，有挑选、包装、加工和发货设施。其中大和集配中心占地27434平方米，建筑面积18280平方米，日进货量600吨，供应30千米内批发企业和大的用户，20千米内的零售企业和超级市场，供应人口540多万，货源来自全国。集配中心对农户仍是代理制，依法收取手续费。由于集配中心兴办较晚，还不足以与批发市场抗衡，全农三大集配中心果菜经营额目前占市场流通量的9%。除办批发市场和集配中心外，农协系统还办有经营各种农产品的株式会社，从事农产品购销业务。

1986年，日本全国有基层农协8519个，其中综合农协4205个，专业农协4314个；有县经济连709个；农业组合法人团体6654个；综合农协组合员815.4万人。农协、经济连和全农共有职员约32.3万人，其中基层农协2.97万人。整个农村、农业、农户和农民的生产、流通和生活活动，都纳入在农协的组织之中。

三、政府通过办批发市场，管批发市场，控制农产品流通，稳定市场

在商品经济条件下，控制流通稳定市场的关键，是抓住批发环节。日本政府对生鲜食品批发环节的控制，是通过政府办批发市场，管批发市场来实现的。这就是著名的批发市场制度。

第一次世界大战后，日本资本主义迅速发展，工业生产扩大，人口大量流入城市，生鲜食品的社会需求量不断增大。但是，原有以批发商人为交易中介的分散的生鲜食品交易市场，既无大规模组织流通的能力，又因批发商人多是直接到产地采购，从不熟悉消费行情到个体生产者那里低价买进，再高价出售给城市零售商，造成物价昂贵，引起社会不满，市场交易秩序也很混乱，原来的流通体制已不能适应市场发展的要求。日本政府为了有效地组织生鲜食品流通，限制投机倒把，于1923年正式颁布了《中央批发市场法》，由政府陆续开办一批中央批发市场，将经过整顿的批发商公司，组织成批发代理商公司进入批发市场，限制场外交易。20世纪50年代后期，日本经济开始高速增长，城市趋向大型化，生鲜食品需求量进一步大幅度增加。60年代初，日本政府制定了农业标准法等新农业政策，放宽了对农村经济的限制，各种小型地方批发市场发展很快。同时，日本政府开始了以城市为中心的流通体制建设。当时，原有的中央批发市场数量已明显不足，新兴的地方市场又比较混乱，阻碍了以城市为中心的流通体制的建设，而交易方式也突破了《中央批发市场法》的限制。于是，日本政府于1971年废除了《中央批发市场法》，制定了新的《批发市场法》。新的《批发市场法》将地方批发市场也纳入法律约束范围，制订了批发市场的发展原则和规划，将一部分审批权限集中到中央，统一扩建中央批发市场，合并调整地方批发市场，放宽了对交易方式的某些限制，承认了一些例外。这样，一个经营权与管理权分离，以委托拍卖为主要交易形式，有组织的批发市场制度，经过60多年的发展，日趋成熟完善起来了。

目前，日本批发市场有三种组织形式：①中央批发市场。需经农林水产大臣批准，由都道府县或人口在20万以上城市的地方政府开办。可以是一个地方政府独立开办，也可以是有关地方政府联合开办。开设地点要在中央农村水产省规划的中央批发市场开设区域内。要符合开设的申请条件和程序。中央批发市场由中央财政和地方财政按四六比例出资，由地方政府管理，管理人员是政府公务员，农村水产省在市场派员监督。②地方批发市场。中央批发市场以外达到法定规模的批发市场，其中蔬菜水果的法定规模为330平方米，水产为220平方米（产地330平方米），肉类为150平方米，花卉为200平方米。经都道府县知事批准，可由地方政府开办，也可由株式会社、农协、渔协等组织民办。③除中央批发市场和地方批发以外的自由批发市场，不须特别批准，只要登记注册领取执照即可开办，但对开办者和参加者一般也要比照有关条件给予必要限制。

批发市场内部由三部分人组成：一是市场开设者；二是市场经营者；三是市场关联业者。

市场开设者即经批准的开办者，同时也是批发市场内部管理者。开设者有八项职责：①监督市场交易，维护正常经营；②制定本批发市场业务规章制度，并负责实行；③监督指导经营，包括经营范围、资金状况等；④确定设施使用费用标准和维修管理；⑤负责制订市场建设和改造计划，并组织实施；⑥经营附带业务，如冷藏、通信等；⑦负责警卫和卫生工作；⑧从事有关批发市场业务活动的普及事业等。

市场经营者主要包括：①上市者。如生产者、运销团体、产地批发商和进口商，凡是将商品运到批发市场委托给代理批发商销售的，统称之为上市者。②批发业者。即代理批发商。在中央批发市场是株式会社，要经农村水产大臣批准；在地方批发市场可以是株式会社，也可以是农协、渔协等组织，但都须经都道府县的知事批准。每一市场内的同类商品一般要有两家批发业者，以防止垄断。批发业者要拥有从事其业务活动的法定资产金额，有良好的商业信誉道德和批发业务经验，不得有过违法劣迹。③中间批发商。即市场内的经营批发业务的商人。需经市场开办者批准，并交纳其所从事的商品的批发业务的法定保证金。④交易（或买卖）参加者。是指经市场开办者批准，可以直接从市场购买，但不得从事批发业务的单位。如大型超级市场、生协、饮食业和外食业大企业、大零售企业、加工企业和地方批发市场的专职采购人员等。至于小型零售企业和用户，只能从批发商进货，不得进场参加批发交易。

市场关联业者，是指为市场经营提供服务的企业和个人，如餐馆、商店、托运、仓储、金融、通信、警卫、检疫等组织。

批发市场的交易规则。主要有六条：①拍卖或投标原则。批发业者在批发市场进行的批发业务，必须采用拍卖或投标方式进行，只有在法律允许的特定情况下才可以采用相对交易方式。②委托销售原则。批发业者对上市者的货物只能采取委托销售的方式批发，不能收购批发，如要收购要适合于法定的特殊条件。③禁止区别对待原则。批发业者对上市者、中间批发商和买卖参加者要一视同仁，不得歧视或给予不公正待遇。无正当理由不得拒绝委托。④限制批发对象原则。批发业者不得向该批发市场的中间批发商和买卖参加者以外的人进行批发。只有在货物可能出现大量积压或农林水产省规定的特殊情况下，才可以对其他人员批发。⑤禁止从事场外批发和场内非批发买卖活动。批发业者不得在其从事批发业务的中央批发市场开设区域内，从事场外同类批发业务或买卖活动，亦不得在场内从事非指定批发业务外的业务。中间批发业者从事委托销售，也不能从市场批发业者以外的人手中购销经营项目中所列种类的生鲜食品。只有在法律允许的特定条件下，才可以改变上述经营限制。⑥手续费原则。批发业者为批发市场的批发业务而接受委托销售，只能依法收取指定比率的手续费，不能从其委托人领取其他报酬。此外，开设者认为交易出现非正当行为时，有权进行限制和干预、处罚。开设者每天要随时公布市场交易数额和成交价格，以及进货数量。

批发市场的主要功能和作用如下：

（一）集散商品的功能

日本现有批发市场2762个（官办153个）；自由批发市场980个。1985年，三种经过批发市场的生鲜食品流通量占社会总流量的比重分别为：蔬菜占88.9%，水果占81.4%，水产品占77%，花卉占78.7%。在全部批发市场交易额中：中央批发市场占52%，地方批发市场占45%，自由批发市场占3%。中央批发市场交易量占社会生鲜食品流通量比重为51%，其中果菜占50.4%，水产占65.9%，肉类占10.2%。批发市场是日本生鲜食品流通的主渠道，中央批发市场又是主渠道中的主渠道。1987年，中央批发市场共有批发业者（代理批发商）261个经营团体，中间批发商6624个。买卖参加者54569个。地方批发市场，1986年拥有批发业者2055个，中间批发商1836个，买卖参加者248778个。通过这些经营者，迅速向众多的零售商和消费者供应生鲜食品，保证社会消费需要。

（二）价格形成功能

经由批发市场的商品，绝大部分采取委托销售的形式。1985年，在中央批发市场委托销售所占比重分别为：蔬菜90.3%，水果77.4%，肉类92.7%，花卉99.2%，水产占40.6%；在地方批发市场，蔬菜占81%，水果69.9%，肉类77.9%，花卉96.4%，水产品35.2%（因进口水产品不实行委托制）。委托销售的商品价格，绝大部分是采取公开拍卖和投标方式形成的。1985年，在中央批发市场，拍卖和投标交易中拍卖所占比重，分别为：蔬菜77.5%，水果72.4%，肉类89.8%，花卉99.2%，水产38.6%；在地方批发市场所占比重为：蔬菜占79%，水果70.7%，肉类74.4%，花卉98.9%，水产33.8%。在批发市场中预约相对交易所占比重很小，批发市场中绝大部分农产品通过公开拍卖（投标）竞争交易，为形成公正合理的市场价格，创造了最重要的条件。在拍卖形成批发价之后，由批发价向生产者方向推移，扣除批发业者、经济连和农协的法定手续费，再扣除挑选、包装、预冷、运输等上市经费，最后到农户手中形成生产者价格，即收入；由拍卖批发价向消费者方向推移，加上中间批发商毛利和流通费用，再加上零售商毛利和流通费用，即为零售价格。单从水果、蔬菜价格的两端来看，生产者实际收入的销售价格与市场零售价格之间，差距达一倍甚至几倍，差幅是相当大的。这一方面是因为日本民众生活普遍提高，对生鲜食品的要求也相应提高，为保持食品的鲜度增加了流通过程的费用；同时为向消费者提供食用的方便，又将原来由消费者加工的劳动转到了流通环节，也增加了流通费用。另一方面，两端价格的差距虽大，但就多数消费者的收入、生产者的收入和经营者的收入，都维系了一个中等水平。因此，这样形成的价格，能为各方所接受。在供求稳定时自然稳定，在供求波动时价格也能相对合理，既有起有落，又可避免大的起落，反映了市场

调节中的供求基本平衡。1981—1987 年，日本蔬菜价格波动不超过 10%，保证了市场的安定。见表 1

表 1　日本水果蔬菜各流通环节价格形成及其比率

（零售、中间批发、代理批发、产地四个环节调查）

单位｛实数：日元/10 千克；构成%

项目		调查对象产地县	产地环节		代理批发环节		中间批发环节		零售环节		流通毛利润⑨=②+③+⑤+⑦
			生产者接受价格①=④-(②+③)	上市续费②	批发手续费③	批发价格④	中间批发毛利润⑤=⑥-④	中间批发价格⑥	零售毛利润⑦=⑧-⑥	零售价格⑧	
实数	蜜橘	爱媛·福岗	1098	473	118	1689	534	2223	1254	3477	2379
	苹果	山形·长野	2810	662	261	3733	267	4000	1457	5457	2647
	萝卜	千　叶	283	357	60	700	150	850	580	1430	1147
	黄瓜	绮　玉	4378	746	476	5600	300	5900	1045	6945	2567
价格构成比	蜜橘	爱媛·福岗	31.6	13.6	3.4	48.6	15.3	63.9	36.1	100.0	68.4
	苹果	山形·长野	51.5	12.1	4.8	68.4	4.9	73.3	26.7	100.0	48.5
	萝卜	千　叶	19.8	25.0	4.2	49.0	10.4	59.4	40.6	100.0	80.2
	黄瓜	绮　玉	63.0	10.7	6.9	80.6	4.4	85.0	15.0	100.0	37.0

注：表中上市经费除含挑选、包装、包装材料、预冷、运输等费用外，还包括经济连手续费和农协手续费

（三）结算功能

批发市场内有专门的货款结算机构。一种是专业结算公司，是以第三者的身份，受买卖双方委托，代为双方进行货款结算；另一种是买卖双方参加的信用合作组织，为本组织成员进行买卖交易的货款进行结算。全国中央批发市场有专门结算机构 81 个。结算所将买卖双方结清的账目，经双方确认后，通过设在批发市场的银行等金融机构，分别转到双方账户上，输入计算机系统，传递给买卖双方。由于批发市场的结算系统和农协的信息结算系统，以及其他有关单位（如上市运输团体等），都实现了计算机联网，所以工作迅速准确。农协系统在收到批发市场转来的销售款后，立即再通过本系统的信息结算系统，扣除经济连和农协的手续费，再扣除挑选、包装、预冷、运输等上市经费，即将销售纯收入划入农民账户。图 7 为批发市场贷款结算，表 2 为 1986 年生鲜食品销售手续费率表。

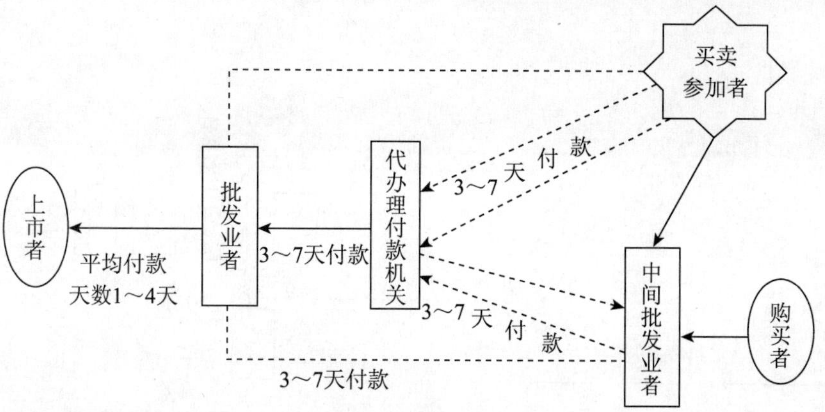

图7　批发市场贷款结算

表2　**1986年生鲜食品销售手续费率表**　单位：%

项目 单位	政府米	自主流通米	蔬菜	水果	肉牛	猪
农协	2.0	2.8（含其他米）	2.1	2.2	1.1	1.3
经济连	0.2	0.6（含其他米）	1.0	0.2	1.1	1.0
全农	0.08	0.3	0.8	0.8	—	1.3（含肉牛）
项目 单位	食品	蔬菜	水果	水产	花卉	
中央批发市场批发业者	3.5	8.5	7.0	5.5	9.5	

（四）信息处理功能

批发市场集中了众多的卖者和买者。是一个自然的商业信息中心（见图8）。按照《批发市场法》的规定，开设者每天必须及时公布上市品种、数量，成交量和成交价。近年来信息现代化潮流也进入批发市场，据调查，有42%以上市场开设者，92%以上的果菜批发业者和84.6%以上的水产品批发业者，在自己的信息系统引入了计算机系统。批发市场在现代化设备基础上，建立七大信息处理系统：①销售结算信息处理系统；②批发业者内部的事务处理系统；③批发业者、中间批发商之间日常业务处理系统；④中间批发商共同事务处理、经营管理系统；⑤供求信息汇总收集分析系统；⑥市场管理经营系统；⑦批发市场的综合信息处理系统。批发市场的各信息系统，通过网络联结成一个有机的整体，市场的全面情况可以得到及时掌握和分析处理。见图9。

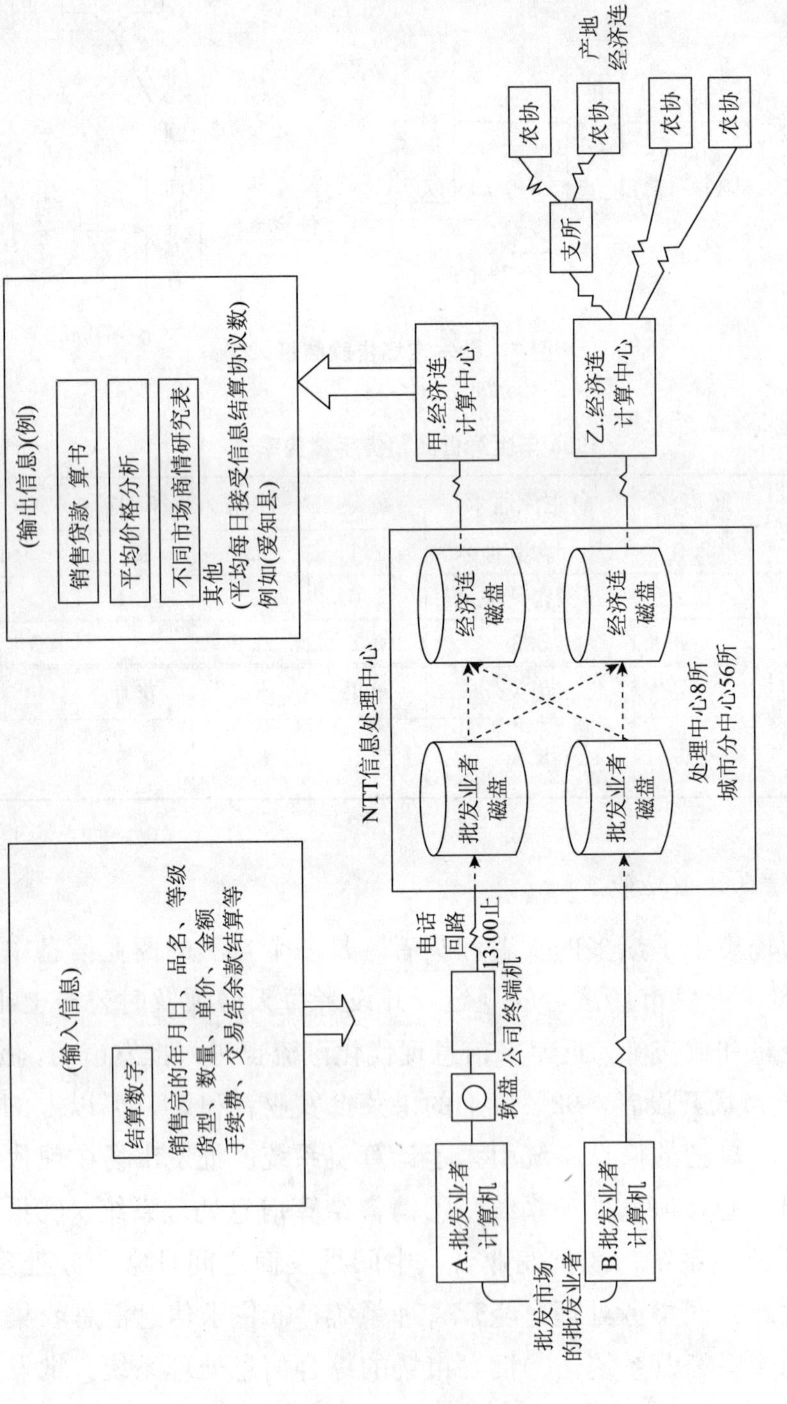

图8 蔬菜水果的销售和结算信息处理系统

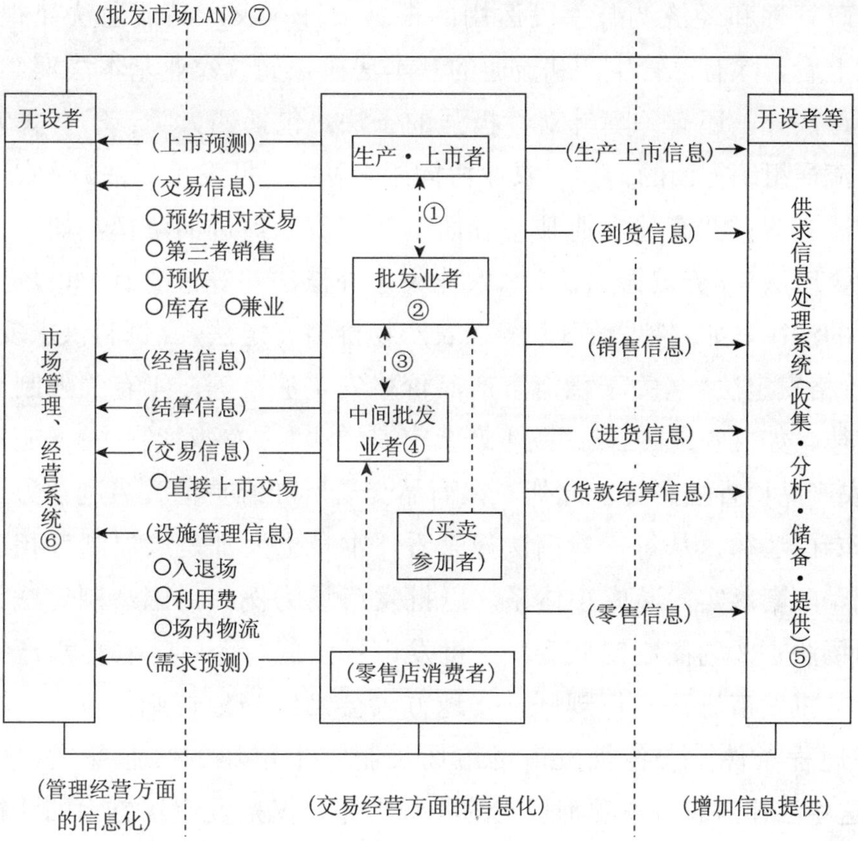

注：①销售结算信息通信系统
②批发业者内部事务处理系统
③代批发和中间批发之间日常事务处理系统
④中间批发业者共同事务处理经营管理系统
⑤供求信息汇总收集分析系统
⑥市场管理经营系统
⑦批发市场综合信息处理系统

图 9　批发市场综合信息处理系统概要

四、在法律的基础上，建立政府对农产品流通的管理和调控

日本政府把对农产品流通的管理，视为保护农民利益，促进农业发展，保证市场供给，安定国民生活的一项基本国策，历来十分重视。现已形成了一个以法律为基础，行政管理和经济调节手段相配合的管理体制。

（一）完备的法律制度

日本的农产品流通是依法进行的。法律不仅是流通行为的准则，也是政府行政管理和经济调节手段运用的根据。日本农产品流通法律很健全，从体系上看，除有总管生产和流通的基本法律，如《农业基本法》《日本商法》等母法外，还有一套针对性极强的子法，包括四大类：①有关农业和农产品流通组织方面的，如《农业协同组合法》《批发市场法》《农林水产省设置法》等；②有关农业某一方面生产和流通促进的法律，如《农林渔业金融金库法》《养鸡振兴法》《农业灾害补偿法》等；③有关市场价格安定方面的法律，如《粮食管理法》《农产物价格安定法》《饲料供求安定法》《茧丝价格安定法》《关于稳定畜产品价格安定法》等；④有关限制规范方面的法律，如《农地法》《蔬菜生产上市安定法》《农药管制法》《肥料管制法》《农产品检查法》等。此外，在商品交易所和维护消费者利益方面也都有成套专门法律。从每一专门法律来看，本身也大都是层层制订相应法令和条例，配套落实，形成小体系。以批发市场为例：①国会制定法律——批发市场法；②内阁制定政令——批发市场法施行令；③农林水产省制定省令——批发市场法实行规则；④地方议会制定当地规则条件——批发市场业务规程条件；⑤各批发市场市场长制定本市场的《业务规程施行细则》。这些法律对有关事项都规定的明确具体，仅批发市场方面的法律就包括正式法律 6 个，省令通告 57 个，内容涉及有关批发市场各个方面规定甚详。如对批发业者的资格、交纳的保证金数额、有多少资金、经营多大范围，以及违法者的法律责任，包括刑事责任和经济责任，都有明确规定。因此，批发市场的开设者、经营者、关联业者及经过批准的参加者均有法可依。可以说，日本农产品流通是在严格的法律约束下有秩序进行的。

由于法律完备明确，执行又严格认真，加上宣传得力，违法现象很少发生。考察中从农林水产省和地方官员，到批发市场职员、农协干部以至农民，在介绍情况时，都言必谈法，给我们很深刻的印象。

(二) 统一有序的行政管理

日本农产品的生产、流通和消费，在中央政府一级都由农林水产省一个部门主管。由于政策、规划、管理和措施等都政出一门，很少有扯皮和不协调现象，政府管理的权威性极高。农林水产省依《农林水产省设置法》组建，其主要职能是：负责改良发展农林水产业，增进农民、山民、渔民的福利以及确保国民粮食的稳定供应。除经济行政职能外，还负有相关的社会政策和国土政策等方面的职能。农林水产省包括本省（即省本部）和兼管的相对独立的粮食厅、林野厅和水产厅三个二级机构。本省有大臣官房（相当于办公厅）、构造改善局、农蚕园艺局、畜产局、食品流通局和地方农政局等 8 个局级机构，69 个处室，另有 14 个专业审议室和调查会，26 个研究所和实验场，7 个事务所。省厅合计共有 43980 人，其中包括大批派往地方的派出机构公务人员。

农林水产省内部机构分工细致，职责明确。粮食厅、林野厅、水产厅和畜产局，分别负责管理粮食、木材、水产和畜产品的生产、流通和消费政策，同时管理这些产品的价格，并掌握相应的经济调节手段。食品流通局是农林水产省的食品流通主管部门，其主要职能是：改善和调整大米以外的食品、饮料的流通，制订特价对策及监督执行，指导并监督批发市场和商品交易所，发展改善商办工业，扶持中小食品企业和批发、零售店的发展，进口食品检验，保护消费者利益，特别是对蔬菜行业进行全面管理。食品流通局下设 10 课 4 室：总务课、计划课（含物价对策室）、企业振兴课（含外食产业对策室、技术室）、市场课、商业课、消费经济课（含食品消费对策室）、蔬菜计划课、蔬菜振兴课、砂糖类课和食品油脂课。其中蔬菜两课，负责全国蔬菜的生产、流通和消费的改善、调整工作，制订并落实蔬菜生产和上市计划、执行蔬菜生产上市安定法，促进蔬菜生产上市现代化，负责蔬菜供求调查和调整，管理蔬菜价格政策，指导监督蔬菜供给安定基金的使用，还要负责蔬菜灾害防治。蔬菜课内按主要品种设置股，如黄瓜股，由专门蔬菜官负责该品种的管理工作。

政府部门对农产品流通的管理，是分层次依法定责，各司其职、各负其责、各掌其权。农村水产大臣作为政治家参加内阁，参与国家大政方针制定，特别是涉及本省所管事务的大政方针的制定，但对省内日常事务倒很少过问，多由主管事务次官负责处理。局长负责本局主管的事务政策和人事工作，日常事务也是管得不多。业务权限主要是由课长一级掌握，俗称课长当家，成百上千万的资金使用，课长有权依法审批，对上级报告一下就可以了。课长多是经过长期培养从激烈竞争中选拔的有经济的中年人，精明能干。股长、课员、办事员负责处理日常分内分管事务。农林水产省官员大多是毕业名牌大学的优等生，或是经过严格公务员考试入选，素质很高。

政府同立法机构、咨询机构，中央政府同地方政府，管理农产品流通也是分工明确，互相配合。一项重大措施，首先要经国会立法，内阁制订政令，然后农林水产省制订省令和发布通告，负责贯彻落实。农林水产省内依法设有12个专业审议会，依法处理受权之事，并向农林水产大臣提供本专业的咨询、调查，依法审议同本专业有关法律在实施中的重要事项。审议会是非常务制咨询机构，其委员由大臣从有常识经济专家中聘任，按法律规定组织并进行活动。农林水产省的重大政策、规划等都要经审议会事先审议。地方政府也设有相应的审议机构。农产品流通在地方政府是由相应机构管理，如对批发市场管理，在都道府县一级是：县知事、农政部长（或商工部长）、园艺经济课长；在市一级是市长、经济部长、市场长。中央农林水产省同地方政府对于批发市场的布局规划，建设改造和发展，审批开设者、批发业者、中间批发商资格，监督交易行为，进行业务指导，统计信息处理，以及执行对违法者处罚等，都区别中央批发市场和地方批发市场，区别不同情节，明确分工管理权限，不存在争权、推诿或疏漏问题。

管理建立在统计信息分析的基础之上。除各局、课要对所管业务进行专门调查外，农林水产省设有专门的统计信息部，下设7课3室，负责省内所管业务的专门统计工作，并有一个现代化的全国信息网络。我们在考察中涉及的粮食、蔬菜、水果、水产品、畜产品等产品的生产、流通和消费情况，日方都提供了一本本专门统计资料。其中《蔬菜生产上市统计》，厚达348页，内容详细到全国主产区的每个市町村，每个具体品种的种植面积、产量、上市量、上市季节、上市市场、销售价格、农民收益等有关数字，一应俱全。一本资料在手，日本的蔬菜生产、流通和消费状况，一览无余。

（三）灵活有效的经济调节手段

日本政府对农产品流通的管理，除靠法律和行政手段外，还大量运用经济调节手段，颇为奏效。由于日本经济发达，国力雄厚，加上政府对农业和农产品流通的重视，农林水产省手中掌有大笔资金，用于扶持调节农产品生产和流通。1988年，仅用于农产品补贴的预算就达三兆日元，用于蔬菜生产和流通的预算也有 112.9 亿日元，其他农产品也都有大笔预算。农产品的生产和流通调节基金，来源稳定，形式多样。有的是国家财政直接拨款给农林水产省使用，有的是农林水产省通过所属金融机构经营信贷业务，有的是农林水产省直接控制的国营特定法人经营业务，有的是地方财政拨款，也有一部分来自民间的生产经营者等。资金的使用都要依照法律规定的内容和程序，由各级政府主管官员在职权范围内直接使用或监督有关机构（如金库等）使用，手续制度化，十分严格。

经济调节手段的运用，有四个显著特点：

1. 目的性计划性强。农林水产省有 9 个计划课，对各局所管事业在调查研究的基础上，制订发展规划，一般称之为事业推进对策。这些对策（规划），有长期的，有中期的，也有近期的；有预测性，指导性的，也有指令性的。但不论什么性质的计划，最终绝大多数是要实现的。其中除一些指令性计划，是通过行政命令强制推行外，多数计划则是通过协商和经济调节手段的诱导实现的。就是说，经济调节是实现政府经济计划目标的手段，或反过来说，经济计划是借助于经济调节手段来实现。例如：1989 年蔬菜 112.9 亿预算，就是围绕强化农业生产能力推进对策，培育主产地综合整备对策，食品流通加工消费改善对策和蔬菜供求平衡综合推进对策等四个方面的实施计划逐项分配使用的。

2. 注重增强供给和流通的后续力。除了对农产品的直接价格补贴外，政府十分注意利用调节基金，扶持改善生产和流通的基础条件。对整修土地、建设温室大棚等园艺设施、建设集货所和信息中心、开办和改造批发市场等有形固定资产方面的投资，补助大，舍得出钱。1988 年日本用于建设蔬菜生产基地、改善流通和加工设施的预算达 34.4 亿多日元。目前日本蔬菜人工设施面积达 45000 多公顷，居世界之首。1988 年，用于批发市场设施投资 92.7 亿日元。

3. 将中央、地方和民间的钱捆起来用。日本政府在农产品生产和流通中舍得花钱，但不随便花钱，特别注意花钱的效益。其办法是在建立各项调节基金时，不是由中央政府一家独资出钱，而是拉上地方政府和受益的生产者、经营者一起出钱。例如，指定蔬菜价格补贴制度规定，对于政府指定蔬菜，要建立供给安定基金，基金来源中，对于其中重要蔬菜：中央出 65%，地方政府出 17.5%，生产上市团体出 17.5%；对一般指定蔬菜，中央出 60%，地方政府出 20%，生产上市团体（主要是农协）出 20%。这些钱由农林水产省管的基金会掌握，按法律制度程序到时补给享受的出资的生产上市团体。再比如，建设批发市场、建设蔬菜园艺设施基地等，也都要政府和民间受益者共同出钱。这样，补助钱中有地方政府和民间受益者自己的一份，花起来就节省、讲效益，并监督使用。

4. 使用严格而灵活。补助金的使用有严格的法律制度程序，受政府和民间双重监督，享受补助的条件是严格的，也是公开的。例如，指定蔬菜补助金的享受条件：一是出现了合乎法定的上市蔬菜销售补贴价格规定的价格；二是生产指定的范围内的品种；三是达到规定的播种面积；四是向指定范围内消费地区上市 50%以上；五是全部上市率达三分之二以上。达不到这五条，不能享受补贴。但是否按这几条去做，农民有权自己决定。另外，在这几条之中，农民也有较大选择余地，如指定的蔬菜品种有 14 种之多，指定消费地市场范围包括 164 个城市的 96 个中央批发市场，农民可以根据自己的条件，选择适合的品种种植并卖到适合的市场上去。政府的补贴办法明码标价，又给农民一定的选择余地，就容易实现政府计划与农民积极性的统一，达到预期的调节目的。

图 10 为日本农林水产省组织图。

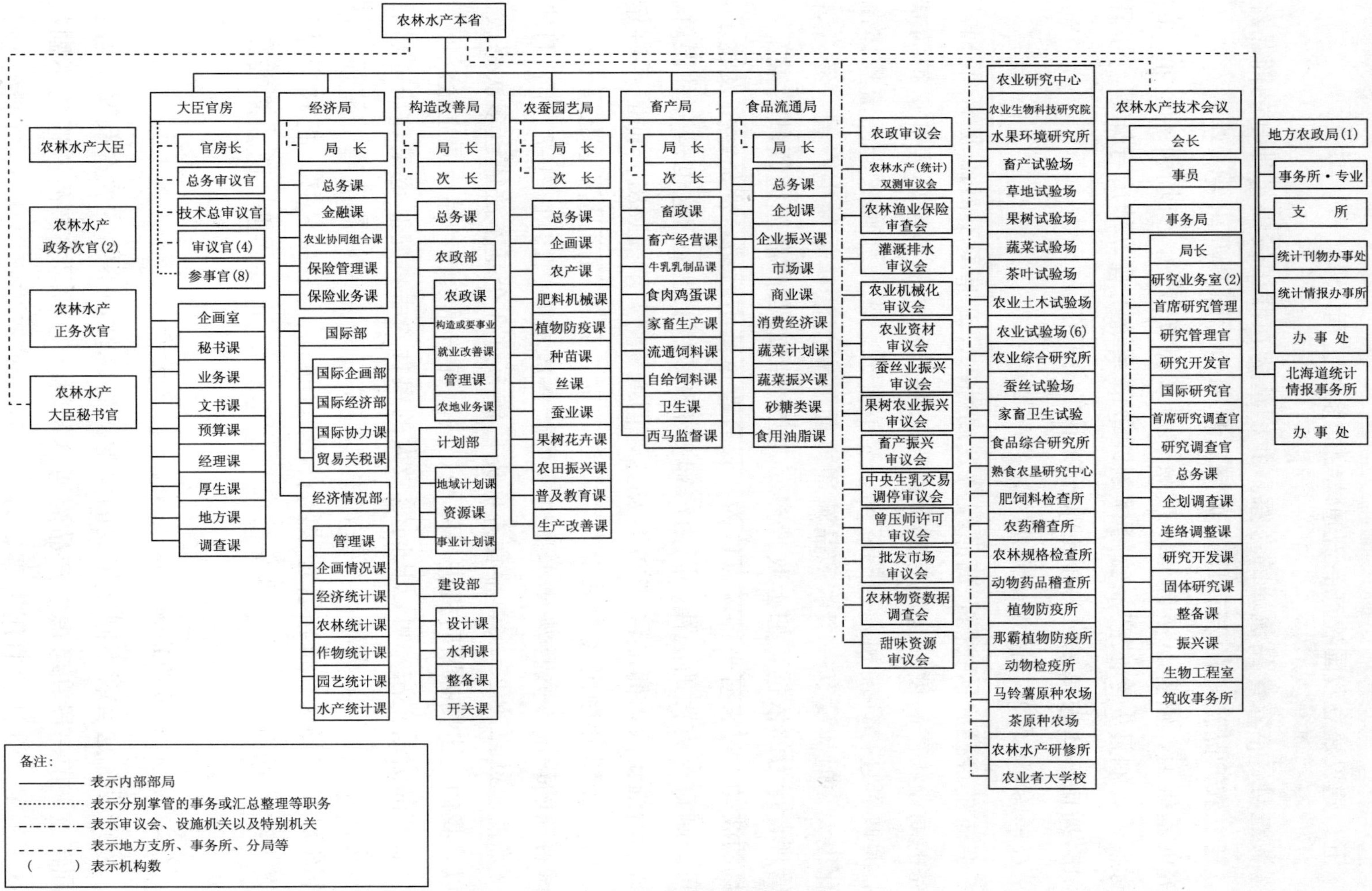

图10　日本农林水产省组织

五、建议建立我国农产品流通体制的系统工程

通过对日本农产品流通的考察，我们认为在我国发展有计划的商品经济，建立农产品流通的新秩序，必须从我国的实际情况出发，在充分调查研究的基础上，借鉴日本经验，按照“国家调节市场，市场引导企业”的目标模式，制订一个农产品流通体制改革的系统工程，然后有计划有步骤地组织实施。在当前，应当首先抓好以下几项工作：

（一）加紧农产品流通的立法

日本的经验启示我们，商品经济发展过程，就是一个商业立法的过程。完备的商业法律制度，是成熟的商品经济和有秩序的市场形成和运行的基础，是政府进行管理和调控的依据。改革开放以来，我国农产品流通体制变化很大，但却没有一个农产品流通方面的专门法律作为生产者、经营者和管理者行为的依据，加上政策多变，必然带来农产品流通领域的混乱和市场的波动。过去有一种观点认为，只有改革基本就绪，商品经济发达了，才可以制订这方面的法律，因为法律要有相对稳定性。这也是一种误解。日本明治维新后，商品经济并不发达，但明治 14 年（1881）即着手制定《商法》，1912 年制定《中央批发市场法》时，日本的商品流通也远未达到中国目前的程度。并且法律本身也不可能一成不变。1911—1975 年，日本对《商法》就修改 25 次，粮食方面先后颁布过 3 个基本法律也多次修改。所以，我们一定要抓紧时机进行商业立法，首先抓紧农产品流通立法。

农产品流通立法，可以从问题最大的粮食入手，先制定粮食法，然后再制定棉花、油料、糖料、麻类、生鲜食品等各大类商品流通的法律。同时制定批发市场法、价格管理法、农产品补贴法等有关法律。把农产品流通真正纳入法制的轨道，尽快结束目前市场活而无序和封锁分割并存的局面。

（二）区别不同产品制定农产品流通改革方案

农产品流通有着不同于工业品流通的特殊性，不同的农产品又有各自不同特点。前一段在考虑农产品流通体制时，对不同农产品流通的不同特点认识不足，设计“通用方案”较多，往往难于实行。从日本的情况看，还是要坚持区别对待，设计不同农产品流通的“专用方案”。从大的方面可

以考虑分为：①粮食流通方案；②生鲜食品流通方案，其中又区别：蔬菜、水果、水产、肉类、禽蛋等不同的流通改革方案；③工业农产品原料方案，如棉花、麻糖、蚕茧、烟、茶叶、畜产品、中药材等；④其他土杂农副产品流通方案。可以先从粮食和生鲜食品入手，分别设计出包括：流通模式、市场组织形式、管理方式、交易方式、法律制度、调节手段、方式和配套政策的改革方案，在充分论证的基础上，经批准后实行。

（三）试办有组织的批发市场，建立批发市场制度

我国目前的农产品批发市场，仍处于一种无组织的初级阶段。要适应流通发展和改革的需要，政府办批发市场，管批发市场，通过批发市场控制批发环节，进而控制农产品流通，安定市场，保证供给。把着眼点从过去抓批发公司转到抓批发市场上来。同时，改造国营农产品批发公司。可考虑根据所经营品种的不同，有的受政府委托进行垄断性经营，但引入竞争的市场机制，如平价粮与议价粮的经营；有的可走产供销加工一体化的路子，如经营工业原料的公司；有的变经营型为代理批发型，如蔬菜公司等。把这些公司经改造后引入批发市场，充当代理批发商。在批发市场制度的建立中，可较多地参考日本做法，但也要结合中国国土面积大，气候变化大，运输、包装和储藏条件落后等情况。当前可首先着手办中央直接控制的粮食批发市场和中央一级的蔬菜水果批发市场。围绕批发市场，组织力量制定法律、制订发展布局规划、明确管理方式、培训人员、制订具体的市场制度等，形成一个有组织的波及全国蔬菜水果生产和流通的批发市场工程。

（四）充分发挥供销社在农产品流通中的作用

我国农业小生产的状况在短期内不可能根本变化，是小生产适应大市场重要的出路，也可参照日本利用农协组织大流通的路子。我们应进一步深化供销社的改革，使供销社成为生鲜食品以及整个农产品流通的主要组织者。改革的关键仍然是把供销社由“官办”转“民办”，办成农民自己的组织，就要改经营性为服务性，改对农民的农产品购销经营为代理制，不赚本社农民社员的钱，使供销社对外部仍然是可以办成经营性，以赢利为目的，但对农民社员不能以赢利为目的。在此基础上，政府要赋予供销社组织农产品流通的法律地位和身份，并给予必要的经济扶持。要制定《供

销社法》，明确供销社的性质、地位、作用、组织和活动方式。

（五）逐步改革农产品流通的行政管理体制

目前对农产品流通的管理，政府机构多家插手，政出多门，导致政策矛盾，调节手段不协调，互相扯皮，市场未乱政府先乱了。从长远看，农产品流通必须政出一门。由目前的农业生产部门同商业部门分环节（生产和流通）管，改为日本农林水产省那样，按产品把生产和流通统一管起来。但目前中国的特殊情况是：市场机制尚未形成，农产品流通和市场的安定供给还要依靠国有公司来承担，加上商业政企尚未真分开。所以，像某些城市试行的那样，仅把农产品流通管理权或加上批发公司转移到农业行政部门，而把零售企业留在商业行政部门，不仅仍然造成生产和流通的脱节，而且又增加批发与零售管理的分享，影响批零协调。这无助于产销售统筹，也无助于市场的安定供给。所以，我们认为，或者当前仍维持目前农、商行政机构的权限和职能，先推动政企分开、市场机制成熟发育，然后水到渠成再合并或转移农商行政部门机构和职能。那里企业与市场已就绪，动政府一层对市场和企业不会带来混乱和波动。或者如果现在一定要动机构，就连同商业行政部门对农产品流通的全部管理职能，以及所属的农产品、食品系统的公司、零售企业，一齐移交农业行政部门，然后在农业系统再继续完成政企分开和市场培育的改革任务。即要么不动，要么全动，但不能半动半不动。全动有一个难点还要考虑到，即农产品经营中，有很大部分是供销社负责，供销社现已不是国有公司系统，要动还要把供销社也移到农口，并同时进行相应的供销社改革，并理顺与国营商业公司的关系。

（六）依法建立农产品流通的经济调节制度

我国目前对农产品流通的经济调节手段，十分软弱。调节办法无法可依，无章可循，带有极大的主观随意性，调节基金少而不稳，许多情况下是没有稳定来源，渠道单一，花一个钱要一个钱。在这种情况下，调节资金难以有效使用，市场供给得不到预期的改善，生产者和消费者得不到实惠，经营者也不满意，而国家财政负担反倒越来越重，也助长了低效经营和腐败现象的发生。所以，应当通过专项立法，明确每种农产品流通的调节基金的来源、使用范围、管理使用权限和程序、监督方式，提高经济调节的水平，使之法制化制度化，从根本上改变随意给钱和随意花钱的状况。

后 记

书稿编完之后，觉得有两点情况还需要说明一下。一是随着学习认识的深入，书中对个别问题的看法，前后颇有不同之处；二是为了宣传一个观点，或为了办成一件事情，又颇多反复呼吁，四方建言之处。我考虑再三，还是“立此存照”，保留了这些探索和建言的历史痕迹，或许从中可以看出些许中国农产品流通改革和发展的艰难吧。

为了支持本书的出版，我的两位老领导，商务部姜增伟副部长和原国家内贸局丁俊发副局长，在百忙之中分别作序鼓励，全国城市农贸中心联合会马增俊会长和纳绍平副会长也给予了大力的支持，中国财富出版社的寇俊玲、彭佳逸编辑，更是为此书的出版提出了很好的建议，付出了辛勤的劳动，在此谨向大家表示由衷感谢。

赵尔烈

2013 年 2 月